रघुवीर सहाय और प्रतिरोध की संस्कृति

रघुवीर सहाय
और
प्रतिरोध की संस्कृति

अभय कुमार ठाकुर

वाणी प्रकाशन

वाणी प्रकाशन

4695, 21-ए, दरियागंज, नयी दिल्ली 110 002

शाखा

अशोक राजपथ, पटना 800 004

फ़ोन: +91 11 23273167 फ़ैक्स: +91 11 23275710

www.vaniprakashan.in
vaniprakashan@gmail.com

RAGHUVIR SAHAY AUR PRATIRODH KI SANSKRITI
by Abhay Kumar Thakur

ISBN : 978-93-5072-671-6
Criticism

प्रथम संस्करण

मूल्य : ₹ 325

हर्ष प्रिंटर्स, दिल्ली-110 093 में मुद्रित

वाणी प्रकाशन का लोगो मक़बूल फ़िदा हुसेन की कूची से

प्रस्तावना

रघुवीर सहाय स्वाधीन भारत के उन महत्त्वपूर्ण रचनाकारों में से थे जिनकी रचनाओं में स्वातंत्र्योत्तर भारत के विविध रूप और समस्याएँ सम्पूर्णता से उद्घाटित हुई हैं। अपने रचना-कर्म के प्रति जितनी सजगता उनमें थी, उतनी स्वाधीन भारत के बहुत कम लेखकों में देखने को मिलती है। समय के लम्बे अंतराल के बावजूद उनकी प्रासंगिकता कम नहीं हुई क्योंकि अपनी रचनाओं में उन्होंने जिन मुद्दों को उठाया है, वे हमारे समय और समाज को आज भी आन्दोलित कर रहे हैं। पैंतालीस वर्षों के लम्बे रचनाकाल में भी वे कभी पुराने नहीं पड़े। उनकी रचनाएँ गतिशील जीवन-यथार्थ से हमेशा सार्थक संवाद बनाये रहीं। रघुवीर सहाय रचनाकारों की उस पीढ़ी का प्रतिनिधित्व करते हैं, जिन्होंने स्वाधीनता-प्राप्ति के साथ अपने रचना-कर्म की शुरुआत की थी। स्वभावतः उनकी प्रारम्भिक रचनाओं में आस्था, विश्वास एवं रोमांटिकक-मोह का स्वर मुखर है। "दूसरा सप्तक" (1951) एवं "सीढ़ियों पर धूप में" (1960) की अधिकांश रचनाएँ इस रोमांटिक भावना से प्रभावित हैं। नेहरू-युग का आशावाद एवं नये समाज के निर्माण का स्वप्न इन रचनाओं में बार-बार झलक मारता है। लेकिन रघुवीर सहाय की रोमांटिक प्रवृत्ति छायावादी रूमानियत से भिन्न है, क्योंकि यह यथार्थ और सहज है। उनकी रचनाओं में भावोच्छवास नहीं, बल्कि एक प्रकार का संयम और नियंत्रण है। "सहज" और "सामान्य" के प्रति उन्मुखता उनकी रचनाओं का केन्द्रीय स्वर है। ये रचनाएँ जीवन की छोटी से छोटी वास्तविकता को भी अपने में समाहित करना चाहती हैं। इनमें नदी स्नान जाने वाले लोगों की दिनचर्या से लेकर ठेलों की खड़खड़ाहट एवं छापेखानों का स्वर सभी कुछ शामिल है। वास्तव में रघुवीर सहाय की रचनाओं में पायी जानेवाली "सामान्य" के प्रति यह उन्मुखता "नयी कविता" की मानव-विशिष्टता सम्बन्धी धारणा के अनुकूल ही है। नयी कविता के रचनाकारों का आरम्भ से ही यह आग्रह रहा है कि इतिहास के घटना-चक्रों के बीच उपेक्षित साधारण मनुष्य और उसके जीवन को सम्पूर्णता में व्यक्त किया जाये। निस्सन्देह रघुवीर सहाय ने अपनी रचनाओं

में सामान्य जीवन और उसके विविध रूपों को प्रामाणिक ढंग से अभिव्यक्त किया है।

नयी कविता (1951-60) के दौर में रघुवीर सहाय की एक विशिष्ट स्थिति है। उन्होंने अपने रचनात्मक जीवन की शुरुआत रोमानी कविताओं से की, लेकिन वे स्वातंत्र्योत्तर भारत के उन रचनाकारों में भी अग्रणी थे जिनकी रचनाओं में यथार्थवादी प्रवृत्तियाँ प्रथमतः आकार ले रही थीं। नेहरू-युग के "आशावाद" से बहुत हद तक प्रभावित होने के बावजूद वे उस युग की असंगतियों से बेखबर नहीं थे। इसीलिए अपनी रचनाओं में उन्होंने प्रणय और सौन्दर्य के वर्णन के साथ-साथ जिन्दगी के उखड़ेपन एवं "अकेलेपन" का भी बयान किया है। वास्तव में, यथार्थ के साथ गहरी संपृक्ति उनकी रचनाओं की बुनियाद है। स्वाभाविक तौर पर उनकी साठोत्तरी रचनाओं में वह रोमांटिक आशावाद बहुत कम दिखायी पड़ता है, जो उनकी प्रारम्भिक रचनाओं की बुनियाद है। इस दौर की रचनाओं में मोहभंग, पाखंड एवं आत्म-प्रवंचना की जीवन-विरोधी स्थितियों को बिना किसी लाग-लपेट के उद्घाटित किया गया है। विकृत राजनीति और असमानतामूलक समाज-व्यवस्था के बीच आम लोगों का मानवीय गरिमा के साथ जीना किस कदर असम्भव होता गया है, रघुवीर सहाय की साठोत्तरी रचनाएँ इस मनुष्य-विरोधी स्थिति की चश्मदीद गवाह हैं। लेकिन पराजय और निराशा की स्थितियों को सम्पूर्णता में व्यक्त करने के बावजूद, वे इसे मनुष्य की अनिवार्य नियति नहीं मानते। वे स्वाधीन भारत की जीवन-विरोधी स्थितियों की पहचान कर उसे बदलने का आह्वान भी करते हैं। उनकी रचनाओं में सिर्फ आतंक और दहशत ही नहीं, बल्कि मनुष्य की अपराजेय जिजीविषा भी है। वास्तव में रघुवीर सहाय का साहित्य "प्रतिबद्ध साहित्य" है जो पराजय के क्षण में भी हमें अमानवीय शक्तियों से लड़ने का साहस देता है।

अपनी रचनाओं में रघुवीर सहाय ने मानव-जीवन और उसके विविध आयामों को सम्पूर्णता में व्यक्त किया है। उन्होंने "लोकतंत्र", "साम्प्रदायिकता", "जातिप्रथा", "स्त्रियों की स्थिति", "भाषा की विकृति, जनसंचार माध्यमों की नकारात्मक भूमिका" आदि राजनीतिक-सामाजिक समस्याओं का गहराई से विश्लेषण किया है। आज स्वाधीन भारत की जो तस्वीर हमारे सामने है, उसके लिए रघुवीर सहाय लोकतांत्रिक व्यवस्था की विसंगतियों को जिम्मेदार मानते हैं। स्वाधीन भारत के सत्ताधीशों ने "आधुनिकता", "धर्मनिरपेक्षता", "जनतात्रिक अधिकारों की बहाली" और "प्रगति" की निरन्तर घोषणाएँ कीं, लेकिन लोकतांत्रिक मूल्यों की स्थापना के लिए आवश्यक सामाजिक परिवर्तन की ओर कभी ध्यान नहीं दिया। फलतः लोकतांत्रिक व्यवस्था अन्याय और असमानता की बढ़ोतरी करने वाली तानाशाही व्यवस्था में परिवर्तित हो गयी। ऊपर से लोकतंत्र का भव्य दृश्य प्रस्तुत करने के बावजूद यह संसदीय व्यवस्था

सच्चे अर्थों में जनतंत्र कभी नहीं बन पायी। इस शासन में जनता की हिस्सेदारी तो नहीं ही है, सरकारी नीतियाँ भी जनता के हितों को दृष्टि में रखकर नहीं बनायी जातीं, बल्कि कुछ विशिष्ट लोगो के हितों से संचालित होती हैं। इस "लोकतंत्र" में जनता का अधिकार चुनाव के समय महज वोट देने तक सीमित है, शेष बुनियादी अधिकारों के लिए राजनेता और अफसरों के पास गिड़गिड़ाना ही उसकी नियति बन जाती है। ज़ाहिर है यह लोकतांत्रिक व्यवस्था "जनता" में आस्था और विश्वास की भावना नहीं जगाती, बल्कि उसकी कमजोरियों का लाभ उठाकर उसे कायर और असहाय बनाती है। जाति, धर्म और भाषा के विभिन्न कठघरों में लोगों को बाँटकर सत्ता को शीर्ष पर समेटे रहना ही इस व्यवस्था का एकमात्र उद्देश्य होता है। रघुवीर सहाय ने अपनी रचनाओं में बार-बार स्वातत्र्योत्तर भारत की इस विकृत राजनीति का पर्दाफाश किया है। उनकी रचनाएँ स्वाधीन भारत में सामान्य मनुष्य की असुरक्षा, बदहाली और यंत्रणा को प्रामाणिक ढंग से उद्घाटित करती हैं जो हर दिन मनुष्य से एक दर्जा नीचे रहने का दर्द झेलता है, वास्तव में, रघुवीर सहाय की रचनाएँ अपने ही देश में बेगाने हो गये लोगों की पीड़ा और बेबसी का प्रामाणिक दस्तावेज है।

राजनीतिक-सामाजिक समस्याओं के विविध रूपों का वर्णन करने के साथ-साथ रघुवीर सहाय ने भाषा और संस्कृति के सवालों पर भी गहराई से विचार किया है। उनके यहाँ भाषा का सवाल मानव-अस्मिता के सवाल से गहरे रूप से जुड़ा हुआ है। स्वातंत्र्योत्तर भारत में "अंग्रेज़ी" भाषा को प्रतिष्ठित करके अधिकांश जनता को किस तरह बुनियादी अधिकारों से बेदखल कर दिया गया है, रघुवीर सहाय ने अपनी रचनाओं में बार-बार इस त्रासदी को अभिव्यक्त किया है। उनके अनुसार "अंग्रेज़ी" भाषा के माध्यम से भारत पर एक प्रकार की "सांस्कृतिक दासता" थोप दी गयी, जिसने हमारी रचनात्मकता एवं मौलिकता का लगातार दमन किया। अंग्रेज़ी को भारतीय समाज की प्रतिनिधि-भाषा एवं देशी भाषाओं को दास-भाषा की स्थिति तक ले आने में रघुवीर सहाय मध्यवर्ग को विशेष रूप से उत्तरदायी मानते हैं। यह वर्ग प्रशासन, अर्थतन्त्र, शिक्षा-संस्थान तथा व्यापार-वाणिज्य पर अंग्रेजी के माध्यम से कब्जा करके शेष भारतीय जनता को बुनियादी अधिकारों से वंचित किये हुए है। हिन्दी प्रेमी भक्तों और सलाहकारों ने इस स्थिति को कभी चुनौती नहीं दी, बल्कि इसी तंत्र में उन्होंने अपने लाभों और अवसरों को सुरक्षित कर लिया। स्वाधीनता के बाद "हिन्दी विकास" के नाम पर हिन्दी सलाहकारों, सरकारी अधिकारियों तथा हिन्दी अध्यापकों ने जो भाषा विकसित की, वह अंग्रेजी का ही स्थानापन्न रूप था। यह अनुवादधर्मी कृत्रिम भाषा सामान्य भारतीय मनुष्य की रचनात्मक प्रतिभा का विकास नहीं करती, बल्कि अभिजात वर्ग के स्वार्थों को ही पुष्ट करती है। रघुवीर

सहाय के अनुसार हिन्दी का विकास तभी सम्भव है, जब उसका दायरा विस्तृत हो वह देश के सामान्य मनुष्य की आशा-आकांक्षा को प्रतिबिम्बित कर सके। यह तभी सम्भव है जब एक ओर वह विभिन्न स्थानीय बोलियों से और दूसरी ओर विभिन्न देशी भाषाओं से अपना सम्पर्क बनाये रखे। रघुवीर सहाय के अनुसार जब तक अपने दैनिक जीवन की भाषा में जनता को राष्ट्रीय नीतियों के निर्माण में हिस्सा नहीं मिलेगा, तब तक एक मजबूत और संगठित राष्ट्र का निर्माण सम्भव नहीं है। अतः हिन्दी एवं विभिन्न देशी भाषाओं के इस्तेमाल की माँग सामान्य जनता को अधिकार सम्पन्न बनाये जाने की जनतांत्रिक माँग है।

अपनी रचनाओं में रघुवीर सहाय ने साहित्य और राजनीति के सम्बन्धों पर भी विस्तार से विचार किया है। साहित्य और राजनीति का सम्बन्ध एक ऐसा ही जीवन्त मुद्दा है, जिसकी चर्चा आधुनिक साहित्य चिन्तन में प्रमुखता से हुई है। रघुवीर सहाय साहित्य और राजनीति में घनिष्ठ सम्बन्ध मानते हैं, लेकिन वे साहित्य को राजनीति का "अनुचर" नहीं मानते। उनके अनुसार सामाजिक परिवर्तन में जितनी महत्त्वपूर्ण भूमिका "राजनीति" की होती है उससे कम महत्त्वपूर्ण भूमिका साहित्य की नहीं होती। रचनाकार के दायित्व एवं स्वतंत्रता का मुद्दा भी आधुनिक साहित्य-चिन्तन का एक प्रमुख सरोकार रहा है। रघुवीर सहाय यद्यपि व्यक्ति की "निजता" को महत्त्वपूर्ण मानते हैं, लेकिन साहित्य को समाज-निरपेक्ष नहीं समझते। उनके अनुसार रचनाकार का काम न्याय और बराबरी की स्थितियों का समर्थन एवं असमानता तथा दमन की स्थितियों का विरोध करना है। वे रचना की "स्वायत्त दुनिया" में विश्वास नहीं करते, बल्कि प्रत्येक सार्थक रचना को पतन का विकल्प मानते हैं। रघुवीर सहाय इस बात से काफी चिंतित थे कि वर्तमान समय में अधिकांश बुद्धिजीवी और लेखक सामाजिक संकट का सामना नहीं करके दिनोंदिन अपनी सुरक्षित दुनिया में कैद होते जा रहे हैं। उनके अनुसार ज्वलंत सामाजिक प्रश्नों से बेखबर होकर रचना की स्वायत्त दुनिया में कैद हो जाना एक सजग नागरिक के दायित्व से पलायन करना है। "संस्कृति और संचार" एक अन्य महत्त्वपूर्ण मुद्दा है जिस पर रघुवीर सहाय ने गहराई से विचार किया है। उनके अनुसार, वर्तमान संचार साधनों ने एक ऐसी संस्कृति को जन्म दिया है, जिसमें अनुकरण की प्रधानता एवं रचनात्मकता का अभाव है। संचार के ये साधन जनता को जागरूक नहीं बनाते, बल्कि उसके आत्मविश्वास को छीनकर उसे कायर और असहाय बनाते हैं। रेडियो, टेलीविजन, वीडियो, समाचारपत्र एवं फिल्म भारतीय जनता को नये समाज और राष्ट्र के निर्माण के लिए प्रोत्साहित नहीं करते, बल्कि उसकी कमजोरियों का प्रदर्शन कर उसका उपहास उड़ाते हैं। वास्तव में, यह संस्कृति हमारा चेहरा बनाने का नहीं अपितु मिटाने का काम करती है।

अन्तर्वस्तु एवं रूप का सम्बन्ध किसी भी रचना का महत्त्वपूर्ण आयाम है। रघुवीर सहाय साहित्य में अन्तर्वस्तु एवं रूप का सम्बन्ध अन्योन्याश्रित मानते हैं। वे किसी एक को प्राथमिक और दूसरे को गौण नहीं समझते हैं। जहाँ तक भाषा का सवाल है, रघुवीर सहाय ने नये युग-सत्य को उद्घाटित करने के लिए नयी भाषा एवं मुहावरे का ईजाद किया है। यह नितान्त सहज और पारदर्शी भाषा है जो समकालीन जीवन की विसंगतियों को प्रतीकों और बिम्बों के माध्यम से ढँकती नहीं, बल्कि उन्हें पूरी भयावहता के साथ उद्घाटित करती है। उनकी भाषा में पारदर्शिता, सहजता और सपाटबयानी को देखकर ही अनेक आलोचकों ने उनकी भाषा को "अखबारी भाषा" कहा है। लेकिन रघुवीर सहाय की भाषा अखबार की भाषा की तरह इकहरी नहीं है, बल्कि उसमें जीवन के जटिल यथार्थ को सम्पूर्ण रूप से अभिव्यक्त करने की अद्भुत क्षमता है। इतना अवश्य है कि उनकी भाषा लोकजीवन के अत्यन्त निकट है। अपनी रचनाओं में "रामदास", "हरचरना", "दयावती", "रामलाल", "रामगुलाम", "मुसद्दीलाल" आदि व्यक्तिवाचक नामों का प्रयोग कर रघुवीर सहाय ने एक नये तरह के शिल्प का विकास किया है। ये नाम सिर्फ़ व्यक्तिगत नाम नहीं हैं, बल्कि मान्यताओं और मूल्यों के समूचे संसार को उद्घाटित करते हैं। जहाँ तक छन्द का सवाल है रघुवीर सहाय की रचनाओं में एक नये तरह का लय-विन्यास पाया जाता है। यद्यपि वे "छन्द" को रचना का महत्त्वपूर्ण अंग मानते हैं लेकिन छन्द से उनका आशय महज पद्यात्मकता से नहीं है, बल्कि ऐसी युक्ति से है जो भाषा को एक नया अर्थ दे सके और जिसमें गद्य एवं पद्य का किताबी सवाल अर्थहीन हो जाए। उन्होंने छन्द को लेकर कई तरह के प्रयोग किये हैं। एक ओर उनकी अनेक श्रेष्ठ रचनाएँ "छंदबद्ध" हैं तो दूसरी ओर अनेक रचनाएँ छंदमुक्त भी हैं। दरअसल उनकी अधिकांश रचनाओं में एक नये तरह की लय पायी जाती है जो पारंपरिक छन्द के अनुशासन से प्रायः मुक्त है।

वस्तुतः रघुवीर सहाय स्वतंत्र भारत के उन विरले रचनाकारों में से हैं जिन्होंने न केवल समकालीन जीवन के यथार्थ का सम्पूर्णता से साक्षात्कार किया, बल्कि उस यथार्थ को बदलने की भी कोशिश की। उनकी रचनाओं में एक ओर यदि सामान्य मनुष्य की पीड़ा, बेबसी एवं यंत्रणा का चित्रण है तो दूसरी ओर इन मनुष्य-विरोधी स्थितियों का प्रतिरोध भी है। उनकी रचनाएँ पहले मनुष्य-विरोधी स्थिति की पहचान करती हैं और फिर उसे बदलने के लिए प्रेरित करती हैं। स्वतंत्र भारत के अनेक रचनाकारों की तरह रघुवीर सहाय कुंठा और निराशा को जीवनमूल्य के रूप में प्रतिष्ठित नहीं करते, बल्कि इसके कारणों की छानबीन कर उसका प्रतिकार करने के लिए तत्पर होते हैं। उनकी रचनाएँ न केवल स्वातंत्र्योत्तर भारतीय जीवन का

प्रामाणिक दस्तावेज हैं, बल्कि जीवन-विरोधी स्थितियों के खिलाफ "प्रतिरोध" भी हैं। अतः समय बीतने के साथ रघुवीर सहाय और भी अधिक प्रासंगिक होते जाएँगे, इसमें सन्देह की गुंजाइश नहीं है।

यह पुस्तक मेरे पीएच.डी. के शोध प्रबन्ध का संशोधित रूप है। लगभग सत्रह वर्षों के अंतराल के बावजूद समाज में मनुष्य विरोधी स्थितियों के प्रसार में कोई अन्तर नहीं आया है। लोकतंत्र की विसंगतियों : जाति प्रथा, साम्प्रदायिकता, भाषा की विकृति, साहित्य और राजनीति, 'जनसंचार माध्यमों की नकारात्मक भूमिका' एवं 'सांस्कृतिक दासता' जैसे स्वाधीन भारत के जिन महत्त्वपूर्ण मुद्दों पर रघुवीर सहाय ने विस्तार से विचार किया है, वे आज भी समाज के ज्वलंत प्रश्न हैं। रघुवीर सहाय के माध्यम से इन मुद्दों पर अपने विचारों को पाठक के सामने रखना ही इस पुस्तक का अभिप्राय है।

यह पुस्तक स्वातन्त्र्योत्तर भारतीय परिदृश्य और रघुवीर सहाय के रचना कर्म को नए ढंग से विश्लेषित करने में जितनी सहायक होगी मेरा प्रयास उतना ही सार्थक होगा।

इसके लेखन में मेरे गुरू एवं शोध निर्देशिका प्रो. निर्मला जैन का प्रोत्साहन एवं मार्गदर्शन सर्वत्र व्याप्त है। अपने शिक्षकों डॉ. कृष्णदत्त पालीवाल एवं डॉ. रामेश्वर राय के स्नेह एवं सौजन्य का आभारी हूँ जिनसे समय-समय पर बहुमूल्य परामर्श मिलता रहा है। पत्नी 'आभा' की प्रेरणा जीवन की अन्य सफलताओं की तरह इस पुस्तक का भी आधार है। अन्त में उन सभी मित्रों का कृतज्ञ हूँ जिनका सहयोग इस पुस्तक के लेखन और प्रकाशन में मिला है।

अनुक्रम

प्रस्तावना **5-10**

प्रथम अध्याय : स्वातन्त्र्योत्तर भारतीय परिदृश्य और रघुवीर सहाय का रचना-कर्म **13-39**

- स्वतन्त्रता आन्दोलन के दौरान प्रकल्पित भारत एवं स्वतन्त्रता पश्चात् उभरे भारत के स्वरूप में अन्तर
- स्वाधीनता आन्दोलन और रघुवीर सहाय का रचना-कर्म
- साठोत्तरी दौर एवं रघुवीर सहाय का साहित्य

द्वितीय अध्याय : रघुवीर सहाय की रचनाओं में राजनैतिक-सामाजिक सरोकार **40-73**

- संसदीय राजनीति का अमानवीय स्वरूप
- सामान्य मनुष्य की पीड़ा और बेबसी
- असमानता एवं जीवन-विरोधी स्थितियाँ
- विकास बनाम विनाश
- साम्प्रदायिकता
- जातिप्रथा एवं अलगाववाद
- स्त्रियों की स्थिति

तृतीय अध्याय : भाषा और राजनीति **74-92**

- भाषा और मानव-अस्मिता
- स्वातन्त्र्योत्तर भारत में भाषा-नीति
- रघुवीर सहाय की रचनाओं में हिन्दी भाषा का प्रश्न
- हिन्दी बनाम अंग्रेजी
- हिन्दी तथा अन्य भारतीय भाषाएँ
- हिन्दी की पूजा या हिन्दी का प्रयोग
- राष्ट्रभाषा, राजभाषा एवं जनभाषा

- भाषा तथा मानव-अधिकार

चतुर्थ अध्याय : रघुवीर सहाय की रचनाओं के साहित्यिक-सांस्कृतिक सरोकार 93-119

- साहित्य एवं राजनीति
- साहित्य और समाज
- दायित्व और स्वतन्त्रता
- संस्कृति एवं संचार
- उपभोक्तावादी संस्कृति और सृजन कर्म

पंचम अध्याय : रचना संगठन 120-148

- अन्तर्वस्तु और रूप
- भाषिक संरचना
- सपाटबयानी और काव्यभाषा
- प्रतीक और बिम्ब
- नाटकीयता
- विसंगति एवं शब्द-क्रीड़ा
- छन्द एवं गद्य

प्रथम अध्याय

स्वातन्त्र्योत्तर भारतीय परिदृश्य और रघुवीर सहाय का रचना-कर्म

रघुवीर सहाय स्वाधीन भारत के उन महत्त्वपूर्ण रचनाकारों में से हैं, जिन्होंने अपने समय और समाज से सार्थक संवाद हमेशा बनाये रखा। यद्यपि उन्होंने 1946 से लिखना शुरू किया था, लेकिन उनकी अधिकांश रचनाएँ स्वातंत्र्योत्तर भारत से ही सम्बन्ध रखती हैं। "कामना" शीर्षक से उन्होंने पहली कविता लिखी थी, जिसकी रचना तिथि 7 अक्टूबर 1946 थी। वैसे उनकी पहली प्रकाशित कविता "आदिम संगीत" थी जो *आजकल* के अगस्त 1947 अंक में प्रकाशित हुई थी। 1946 से 1990 तक रघुवीर सहाय लगातार लिखते रहे, लेकिन बदलते हुए समाज और मनुष्य से उन्होंने हमेशा संवाद बनाये रखा। यही कारण है कि लगभग 45 वर्षों तक सृजनरत रहने के बावजूद वे कभी पुराने नहीं पड़े, बल्कि समय बीतने के साथ उनकी रचनाओं की प्रासंगिकता बढ़ती ही गयी। रघुवीर सहाय रचनाकारों की उस पीढ़ी का प्रतिनिधित्व करते हैं जिन्होंने स्वाधीनता प्राप्ति के साथ अपने रचनाकर्म की शुरुआत की थी। स्वभावतः इन लेखकों की रचनाओं में आस्था और उत्साह का भाव प्रचुर मात्रा में विद्यमान है, जिसकी झलक साहित्य में नव-रोमांटिक उत्थान के रूप में देखने को मिलती है।

वास्तव में स्वाधीन भारत के प्रथम दशक में रचित समूचे साहित्य का सम्बन्ध किसी न किसी रूप में "स्वतंत्रता" से ही रहा है। तत्कालीन साहित्य में व्यक्त यथार्थ या स्वप्न, आस्था या मोहभंग, आशा या निराशा का सम्बन्ध भी स्वतंत्रता से ही है। इस प्रकार "स्वतंत्रता" स्वाधीन भारत के प्रथम दशक में रचित समूचे हिन्दी साहित्य का केन्द्रिय विषय है। स्वाधीनता प्राप्ति के साथ देश में सांस्कृतिक पुनर्जागरण की लहर आयी, जिसके कारण साहित्य में नव-रोमांटिक दौर की शुरुआत हुई। अधिकांश

रचनाकारों के लिए आजादी एक नये युग में प्रवेश की सूचना थी। अतः उनमें आशा एवं उत्साह की भावना स्वाभाविक ही थी। "दिल्ली मेरा परदेस" की भूमिका में रघुवीर सहाय ने स्वयं स्वीकार किया है कि :

"मेरे जैसे कई लेखकों के लिए, जो आजादी के वर्ष 1947 में लिखना शुरू कर चुके थे, उसके बाद के करीब दस वर्ष एक तरह के उत्साह के वर्ष थे। उत्साह सब में था, पर हम कुछ अलग ही थे। हम लोग राष्ट्र के नाम पर स्थापित किये जाने वाले हर किस्म के दकियानूसीपन की आलोचना बिना किसी भय के कर सकते थे। हमें अस्पष्ट सही, विश्वास था कि राष्ट्र को हम ही बना रहे हैं, हमसे पिछली पीढ़ी के लोग तो केवल कालक्रम के संयोग से अधिकारी स्थानों पर हैं—उनकी सृजन-शक्ति क्षय हो रही है और वे एक नये राष्ट्र की रचना का संकल्प सिर्फ दोहरा रहे हैं। हम इसके विपरीत प्रयोग कर रहे हैं, दुनिया को और अपने देश को समझ रहे हैं और नयी प्रतीतियाँ और संवेदनाएँ विकसित कर रहे हैं जो आगे रचनात्मक शक्तियों के काम आएँगी।"[1]

आशा और विश्वास की यह मनःस्थिति तत्कालीन रचनाओं में बार-बार दिखाई पड़ती है। स्वाधीनता प्राप्ति के प्रथम दस-बारह वर्षों में प्रकाशित कविता-संग्रहों के नाम ही इस नयी रूमानियत का आभास देने के लिए काफी हैं। अज्ञेय का "हरी घास पर क्षण भर" (1949), "बाबरा अहेरी" (1954), एवं "इन्द्रधनुष रौंदे हुए ये" (1957), गिरिजाकुमार माथुर का "धूप के धान" (1950) एवं "शिलापंख चमकीले", नागार्जुन का "सतरंगे पंखों वाली" (1959), रघुवीर सहाय का "सीढ़ियों पर धूप में" (1959), नरेश मेहता का "बनपाखी सुनो" (1959), श्रीकांत वर्मा का "भटका मेघ" (1959), केदारनाथ सिंह का "अभी बिल्कुल अभी" (1959), रामविलास शर्मा का "रूप-तरंग" (1959), धर्मवीर भारती का "कनुप्रिया" एवं "सात गीत वर्ष" (1959), त्रिलोचन का "दिगंत" (1957) एवं दिनकर का "नीलकुसुम" (1954) आदि। यही नहीं इस दौर की कथाकृतियों के शीर्षक यथा अज्ञेय का "नदी के द्वीप" (1951), कृष्ण बलदेव वैद का "उसका बचपन" एवं निर्मल वर्मा का "परिन्दे" (1960) भी इस रोमानियत से अछूते नहीं हैं। अपने समकालीन रचनाकारों के साथ रघुवीर सहाय ने भी अपनी रचनाओं में इस स्वातंत्र्योत्तर मनःस्थिति को बार-बार व्यक्त किया है। दूसरा सप्तक (1959) में प्रकाशित उनकी अधिकांश कविताओं पर रागात्मकता एवं रूमानियत का गहरा असर है। प्रभाकर माचवे ने दूसरा सप्तक की समीक्षा करते हुए बिल्कुल ठीक लिखा है कि "रूमानियत और छायावाद का गाढ़ा रंग उस पर है। "पहला पानी" शीर्षक कविता में स्वाधीनता के बाद उत्पन्न नये आशा एवं विश्वास को व्यक्त करते हुए रचनाकार कहता है कि अब जीवन एवं समाज से दकियानूसीपन मिट रहा है एवं नये समाज़ का निर्माण हो रहा है :

"खुल कर बरसा पहला पानी

इन धुले-धुले बिरवों के नीचे से होकर
वह चली गाँव की गैल-गैल
कच्ची मिट्टी की सुधर गेंहुई दीवारें
मन ही मन भीगीं,
छवनी छप्पर नतशिर धारण करते जल
लम्बे लम्बे जनपथ पर रहँकल की टेढ़ी-मेढ़ी लीकें
घुलती जातीं
फिर मिट्टी में जीवन की आशा जागी है
गलते हैं दकियानूसी मिट्टी के ढेले।"[2]

"दूसरा सप्तक" में संकलित अधिकांश कविताओं में आशा एवं विश्वास का स्वर मुखर है। "वसन्त", "पहला पानी" एवं "प्रभाती" इस दृष्टि से उल्लेखनीय कविताएँ हैं। वास्तव में स्वाधीनता आन्दोलन के बाद का प्रथम दशक मुख्यतः "रोमांटिक मोह" का काल रहा है। इस दौर में अधिकांश रचनाकार पंडित नेहरू के आशावाद एवं लोकतान्त्रिक मूल्यों से सम्मोहित थे। 14 अगस्त की रात को संविधान सभा को सम्बोधित करते हुए अपने चिरस्मरणीय भाषण में उन्होंने इस आशावाद और विश्वास की भावना को उत्साहपूर्ण ढंग से अभिव्यक्त करते हुए कहा :

"वर्षों पहले हमने किस्मत के साथ बाजी लगायी थी, और अब समय आ गया है कि हम अपनी प्रतिज्ञा को, पूरी तरह न सही, काफी हद तक पूरा करें। मध्यरात्रि में जब सारी दुनिया सो रही होगी, भारत नया जीवन और स्वतंत्रता लेकर जगेगा। एक क्षण, जो इतिहास में विरले ही आता है, ऐसा होता है जब हम पुरातन से नूतन की ओर जाते हैं, जब एक युग समाप्त हो जाता है, और जब किसी राष्ट्र की बहुत दिनों से दबी आत्मा को वाणी मिल जाती है। यह उपयुक्त है कि हम इस पवित्र क्षण में भारत तथा उसकी जनता की सेवा, और उससे भी अधिक बड़े मानवता के उद्देश्यों की पूर्ति के लिए अपने आप को अर्पित करें...आज हम एक दुर्भाग्यपूर्ण अवधि को समाप्त कर रहे हैं और भारत को अपने महत्व का फिर एक बार अहसास हो रहा है।"[3]

पंडित नेहरू द्वारा व्यक्त "नये जीवन एवं स्वतंत्रता" की यह भावना स्वाधीन भारत के लेखकों को बहुत दिनों तक मोहाविष्ट बनाये रही। इसने साहित्य में नवजीवन के उल्लास एवं रागात्मकता की सृष्टि की, जिसके प्रमुख उपकरण प्रेम एवं सौन्दर्य थे। स्वातंत्र्योत्तर भारतीय लेखकों की यह उत्साहधर्मी मानसिकता बहुत स्वाभाविक थी क्योंकि दो सौ वर्षों की गुलामी के बाद देश को पहली बार स्वाधीनता मिली थी। औपनिवेशिक शोषण एवं दमन का अन्त हो गया था। 1951 में गणतंत्र की घोषणा द्वारा प्रत्येक नागरिक को लोकतांत्रिक अधिकारों की गारंटी प्रदान की गयी थी। बालिग मताधिकार के आधार पर आयोजित पहले आम चुनाव ने जनमानस

को लोकतांत्रिक व्यवस्था का अहसास भी करा दिया था। कुल मिलाकर गणतंत्र की घोषणा, नये संविधान के अमल में आने तथा प्रथम पंचवर्षीय योजना जैसे विकास कार्यक्रमों की शुरुआत ने जनमानस में आशा एवं विश्वास की एक नई लहर पैदा की, जिससे वामपंथियों का रुख भी नरम हो गया था। स्वातंत्र्योत्तर भारत के प्रथम दशक की अधिकांश रचनाएँ नेहरू-युग की "रोमानियत" से गहरे रूप से प्रभावित हैं। रघुवीर सहाय की अधिकांश प्रारम्भिक रचनाएँ जो "दूसरा सप्तक" (1951) एवं "सीढ़ियों पर धूप में" (1960) में संकलित हैं, इसी मनःस्थिति का परिचय देती हैं।, इस दौर की अधिकांश रचनाओं में प्रणय, सौन्दर्य एवं जीवन के प्रति आस्था का भाव ही मुखर है। "मेरा एक जीवन है" नामक कविता में रघुवीर सहाय ने इस मनःस्थिति को व्यक्त करते हुए लिखा हैः

"सारे संसार में फैल जाएगा एक दिन मेरा संसार
सभी मुझे करेंगे—दो चार को छोड़—कभी न कभी प्यार
मेरे सृजन, कर्म-कर्तव्य, मेरे आश्वासन, मेरी स्थापनाएँ
और मेरे उपार्जन, दान-व्यथा, मेरे उधार
एक दिन मेरे जीवन को छा लेंगे—ये मेरे महत्त्व
डूब जाएगा तंत्रीनाद कवित्त रस में, राग में, रंग में, मेरा यह ममत्व
जिससे मैं जीवित हूँ।
मुझ परितृप्त को तब आकर वरेगी, मृत्यु, मैं प्रतिकृत हूँ।[4]

रघुवीर सहाय की प्रारम्भिक रचनाएँ इसी "प्रतिकृत" मानसिकता को व्यक्त करती हैं जिसमें रोमानी भाव-बोध गहरे रूप से जुड़ा हुआ है। लेकिन रघुवीर सहाय की रोमानियत छायावादी रोमानियत से इस बात में भिन्न है कि इसमें सहजता और साधारणता की तुलना में भावोच्छ्वास बहुत कम है। यही कारण है कि शमशेर बहादुर सिंह ने रघुवीर सहाय को "नॉर्मल रोमांस का कवि" कहा है। रघुवीर सहाय की रचनाओं की महत्त्वपूर्ण विशेषता यह है कि उसमें प्रकृति एवं मानवीय जीवन के सहज सामान्य चित्र हैं जो यथार्थपरक होने का अहसास कराते हैं। सामान्य जीवन की सामान्य स्थितियों से काव्य की अन्तर्वस्तु का ग्रहण रघुवीर सहाय की अभिनव उपलब्धि है। यह मानसिकता केवल रघुवीर सहाय की रचनाओं में ही नहीं पायी जाती, बल्कि 1950 के आसपास विकसित "नयी कविता" के अधिकांश रचनाकारों में इसके पर्याप्त संकेत मिलते हैं। "नयी कविता" दौर की इस नव-रोमांटिक काव्य-प्रवत्ति की व्याख्या करते हुए डॉ. नामवर सिंह ने लिखा है :

"यह नव-रोमांटिक काव्य-प्रवृत्ति छायावादी रूमानियत से इस बात में भिन्न है कि इसका प्रकृति-सौन्दर्य वायवी और सामान्य नहीं बल्कि यथार्थ और विशेष है। ...यही नहीं बल्कि इनका ऐन्द्रिय-बोध अनुभूत और सुनिश्चित होने का विश्वास दिलाता है। ये कविताएँ रागात्मक होते हुए भी भावोच्छ्वसित नहीं हैं, बल्कि

आत्म-सजगता से नियंत्रित और संयमित हैं। छायावादी गीतों की तरह इस काव्य-प्रवृत्ति में भी दर्द की कमी नहीं है, पर छायावाद के समान ही इनमें भी कहीं न कहीं आशा का एक धुंधलका क्षितिज दिखायी पड़ता है।"[5]

रघुवीर सहाय की रचनाओं की यह अन्यतम विशेषता है कि वे रोमांटिक होते हुए भी यथार्थ जीवन से गहरे रूप से जुड़ी हुई हैं। निराला की रचनाओं में भी हमें यथार्थ और रोमान का ऐसा ही सामंजस्य दिखायी पड़ता है। इसी यथार्थपरक दृष्टि के कारण रघुवीर सहाय की प्रेम एवं सौन्दर्य सम्बन्धी रचनाएँ भी सामान्य जीवन से गहरी संपृक्ति का बोध कराती हैं। "स्वीकार" नामक कविता में रचनाकार ने अपनी इस सौन्दर्य-दृष्टि को इस प्रकार व्यक्त किया है :

"तुम में कहीं कुछ है
कि तुम्हें उगता सूरज, मेमने, गिलरियाँ, कभी-कभी का मौसम
जंगली फूल-पत्तियाँ, टहनियाँ, भली लगती हैं
आओ उस कुछ को दोनों प्यार करें
एक दूसरे के उसी विगलित मन को स्वीकार करें।"[6]

यह एक नया सौन्दर्य-बोध है जो जीवन की छोटी से छोटी वास्तविकता को भी अपने में समाहित करना चाहता है। रघुवीर सहाय के लिए जीवन की कोई भी घटना हेय नहीं है। वे उन रचनाकारों से भिन्न हैं जो अद्भुत और विशिष्ट अनुभव को ही कविता अथवा कला मानते हैं।

रघुवीर सहाय की कला-दृष्टि "विशिष्ट" नहीं बल्कि "सामान्य" केन्द्रित दृष्टि है। यह दृष्टि उदात्त की अवहेलना नहीं करती, लेकिन उपेक्षित सामान्य जीवन को केन्द्र में रखती है। "सामान्य" के प्रति यह उन्मुखता "नयी कविता" की मानव विशिष्टता सम्बन्धी मूल अवधारणा से जुड़ी हुई है। नयी कविता के रचनाकारों का आरम्भ से ही यह आग्रह रहा है कि इतिहास के घटनाचक्रों के बीच उपेक्षित साधारण मनुष्य और उसके जीवन को सम्पूर्णता में व्यक्त किया जाए। नयी कविता के कवि के रूप में रघुवीर सहाय की विशिष्टताओं को रेखांकित करते हुए रामस्वरूप चतुर्वेदी कहते हैं कि "रघुवीर सहाय इस दृष्टि से विशिष्ट हैं, कि साधारण को साधारण रूप में देखकर ही अर्थ देते हैं, उसे सार्थक बनाते हैं, उसे संगीत देते हैं।" सहज और सामान्य जीवन से लगाव के कारण ही रघुवीर सहाय जीवन की छोटी-छोटी और महत्त्वहीन लगनेवाली घटनाओं को भी अपनी रचनाओं में समाहित करते हैं। "आज फिर शुरू हुआ" नामक कविता इस दृष्टि से उनकी प्रतिनिधि रचना कही जा सकती है, जिसमें जीवन के छोटे-छोटे अनुभवों को एक नयी सार्थकता मिलती है :

"आज फिर शुरू हुआ जीवन
आज मैंने एक छोटी सी सरल सी कविता पढ़ी
आज मैंने सूरज को डूबते देर तक देखा

जी भर आज मैंने शीतल जल से स्नान किया
आज एक छोटी-सी बच्ची आयी, किलक मेरे कन्धे चढ़ी
आज मैंने आदि से अन्त तक एक पूरा गान किया
आज फिर जीवन शुरू हुआ।"[7]

वास्तव में, रघुवीर सहाय की रचनाएँ जीवन से गहरे साक्षात्कार का साक्ष्य प्रस्तुत करती हैं। उसमें एक ओर "कुएँ पर लगी हुई बहुओं की भीड़" एवं "गोरू की चिकनी पीठों पर बिछलती हुई साँझ" है तो दूसरी ओर नदी स्नान को जाने वाले लोग हैं, "दूधवालों के खनकते बरतन" हैं, "ठेलों की खड़खड़ाहट" एवं छापेखानों से निकलनेवाले अखबार भी हैं।

अशोक वाजपेयी ने रघुवीर सहाय की कविताओं की समीक्षा करते हुए बिल्कुल ठीक लिखा है कि वे कवि के "अमित जीने" का साक्ष्य प्रस्तुत करती हैं। उनके अनुसार :

"कविता को कवि के गहन ढंग से जीने का साक्ष्य होना चाहिए। यह एक बड़ी माँग है। पर ऐसी दुनिया में जहाँ जीवन अधिकाधिक उथला, अर्थहीन और मूल्यच्युत होता जाता है, और ऐसे समाज में जहाँ फिल्मी गीतों से उसके ज्यादातर लोग वे दोनों मनोरंजन सुविधा पूर्वक पा लेते हैं जो पहले कभी उन्हें कविता और संगीत से मिलते थे, कविता यदि जीने के कर्म को उसकी मानवीयता और गरिमा में शक्तिपूर्वक प्रस्तुत और परिभाषित नहीं करती, तो उसका और कौन सा कर्तव्य हो सकता है? यदि संसार के विनाश के विरुद्ध रचनात्मक कर्म ही एकमात्र बचाव है। जैसा कि अमरीकी कवि-समीक्षक केनेथ रेक्सराथ ने कहा है तो कवि के लिए सबसे अधिक रचनात्मक क्या यह नहीं हो सकता कि वह मानव-अस्तित्व के अन्तःसलिल हो रहे उत्सों को फिर से प्रकाश में लाये? हम ऊबे और थके और उखड़े हुओं को अपने जीने की क्रिया की गहराई और विशदता पर कविता के माध्यम से बल देकर हममें उस कर्म के लिए नई दिलचस्पी, नया महत्वबोध उत्पन्न करें ताकि हम जीवन में अर्थ, उद्देश्य और मूल्य की खोज और प्रतिष्ठा कर सकें? ऐसे बहुत से कवि नहीं हैं जो रघुवीर सहाय की तरह अपनी कविताओं में प्रायः हर कहीं किसी न किसी रूप में ऐसा साक्ष्य प्रस्तुत करते हैं।"[8]

यहाँ श्री अशोक वाजपेयी की मान्यता से सहमत होते हुए भी यह जोड़ना आवश्यक प्रतीत होता है कि केवल रघुवीर सहाय की कविताएँ ही नहीं, बल्कि उनकी सम्पूर्ण रचनाएँ, जिनमें कहानियाँ, निबंध एवं टिप्पणियाँ भी शामिल हैं, "अमित जीने" का साक्ष्य प्रस्तुत करती हैं।

रघुवीर सहाय की कविताओं की तरह उनकी कहानियाँ भी "जीवन की सहज मानवीयता" की मार्मिक पहचान करती हैं एवं उसे हम तक पहुँचाती हैं। उनकी कहानियाँ मानवीय सम्बन्धों और जीवन की वास्तविकताओं को अनवरत रूप से

जानने की कोशिश या छटपटाहट हैं। इस संदर्भ में रघुवीर सहाय के एक कहानी-संग्रह का नाम "जो आदमी हम बना रहे हैं" काफी सार्थक प्रतीत होता है। दरअसल उनकी कहानियों में भी मानवीय आस्था और जिजीविषा का वही स्वर सुनायी पड़ता है, जो उनकी कविताओं में है। "एक जीता जागता व्यक्ति", "इन्द्रधनुष", "उमस के बाहर", "सेब", "मुक्ति का एक क्षण", "मेरे और नंगी औरत के बीच", आदि इस दृष्टि से उल्लेखनीय हैं जिनमें जीवन के प्रति गहरा विश्वास अन्तर्निहित है। एक "जीता-जागता व्यक्ति", नामक कहानी में एक चिड़िया की अदम्य जिजीविषा का चित्रण किया गया है। जिस प्रकार अपनी कविताओं में रघुवीर सहाय सामान्य जीवनानुभव को अर्थवत्ता प्रदान करते हैं उसी प्रकार कहानियों में भी छोटी से छोटी घटनाओं को सार्थक संगति प्रदान करते हैं। "एक जीता-जागता व्यक्ति" नामक कहानी में कोलतार के कीचड़ में फंसी हुई एक चिड़िया मुक्त होने की लगातार कोशिश करती है और उसकी मुक्ति की इस छटपटाहट को देखने वाले दो आदमी हैं। कहानी में एक छोर पर जिजीविषा है तो दूसरे छोर पर "दया" और "सहानुभूति" है और स्वयं रचनाकार किसी भी प्रकार की "दया" के विरुद्ध है। वस्तुतः यह कहानी एक साधारण सी चिड़िया की "जिजीविषा" और जीवन-संघर्ष की कहानी है :

"मैंने कहा मैं तुम्हें छुड़ाने आ रहा हूँ।

जकड़े हुए पंजों पर उसका शरीर दायें से बायें पागल की तरह डोलने लगा, जैसे कह रहा हो, नहीं, नहीं।

मैंने कहा, मैं तुम्हें आहिस्ते से छुड़ा दूँगा।

उसने हाँफकर चोंच बन्द की और फिर खोली, कहा, नहीं, नहीं, मैं खुद छूटने को बेकरार हूँ।

मैं उसे केवल भयभीत कर सका था और मैं कुछ कर भी नहीं सकता था पर उसने अपनी सारी ताकत जुटा ली थी और यह सिर्फ वही कर सकती थी। मैंने मौन रहकर उसे आँख भर देखा। जैसे सम्मोहित होकर वह एक पल थिर आँखों से मुझे देखती रही, फिर काँपकर ऐसे फड़फड़ायी जैसे यह उसका आखिरी फड़फड़ाना है। फिर उसने पंख खोल दिये और उन्हें तान दिया। अचानक वह छूट गयी।"[9]

अपनी कविताओं की तरह ही रघुवीर सहाय अपनी कहानियों में भी जीवन की सहजता और साधारणता को व्यक्त करते हैं। यातनामय स्थितियों में भी अदम्य जिजीविषा और संघर्ष रघुवीर सहाय की आरम्भिक रचनाओं की विशिष्टता है। रचनाकार की इस मनःस्थिति के निर्माण में स्वाधीन भारत के उस "दौर" का योगदान महत्त्वपूर्ण है, जिसे आलोचकों ने सामान्यतः "नेहरू युग" कहा है। यह युग मुख्यतः आस्था, विश्वास एवं रोमान का युग था, लेकिन आशा एवं विश्वास के साथ ही मोहभंग एवं निराशा की

स्थितियाँ भी उस युग में मौजूद थीं, भले ही उनका स्वर "स्वाधीनता" के जयगान में थोड़ा दब गया हो। भारत विभाजन एवं स्वाधीनता के बाद होने वाले भयानक साम्प्रदायिक दंगों ने मानवीय मूल्यों को हिलाकर रख दिया। स्वाधीनता के बाद देश में जो शासन-व्यवस्था अपनायी गयी, वह साम्राज्यवादी शासन-व्यवस्था से बुनियादी तौर पर भिन्न नहीं थी। गणतंत्र एवं जनता के मौलिक अधिकारों की घोषणा के बावजूद सामान्य जनता की स्थिति में कोई खास फर्क नहीं आया। वह दमन एवं शोषण का अब भी वैसे ही शिकार थी जैसे पराधीन भारत में। इसीलिए रोमांटिक मोह के उस युग में भी अनेक रचनाकार एवं चिंतक ऐसे थे, जिनके लिए "स्वाधीनता" एक अधूरी उपलब्धि थी। विख्यात मार्क्सवादी विचारक रजनी पामदत्त "स्वाधीन भारत" की विसंगतियों का उद्‌घाटन करते हुए कहते हैं कि :

"साम्राज्यवाद के पुराने शासन-तंत्र को ज्यों का त्यों अपना लिया गया था, वही नौकरशाही थी, वे ही अदालतें थीं, वही पुलिस थी, और दमन के तरीके भी वही थे। निहत्थी जनता पर पुलिस अब भी पहले की तरह ही गोली चलाती थी, लाठी-चार्ज करती थी। अब भी पहले की तरह ही सभा पर रोक लगायी जाती थी, अखबार बन्द किये जाते थे, लोगों को बिना मुकदमा जेलों में बन्द किया जाता था, मजदूर यूनियनों और किसान संगठनों का दमन किया जाता था और जेलों में हजारों उग्रवादी राजनीतिक कार्यकर्ता भरे हुए थे। भारत में साम्राज्यवाद के आर्थिक हितों की, उसकी पूँजी की, उसकी अतुलित संपत्ति की बड़ी वफादारी के साथ रक्षा की जाती थी, और साम्राज्यवादी शोषण का चक्र अबाध गति से घूम रहा था।...नयी भारत-सरकार द्वारा प्रकाशित सरकारी आँकड़ों के अनुसार, उनके शासन के पहले तीन वर्षों में, यानी 15 अगस्त 1947 से 1 अगस्त 1950 तक उसकी पुलिस और फौज ने जनता पर 1982 बार गोली चलायी, 3784 आदमियों को जान से मारा, लगभग 10,000 को जख्मी किया, 50,000 को जेल में बन्द किया और जेलों के अन्दर 82 राजबन्दियों को गोली से उड़ा दिया।"[10]

स्वाधीनता-आन्दोलन के दौरान जिस राष्ट्र के नवनिर्माण का स्वप्न देखा गया था, स्वाधीनता प्राप्ति के बाद वह राष्ट्र कभी अस्तित्व में आया ही नहीं। ऐसा राष्ट्र जिसके निर्माण में देश के निर्धनतम व्यक्ति की भी प्रभावकारी भूमिका हो। गांधीजी ने ऐसे राष्ट्र की तस्वीर इन शब्दों में प्रस्तुत की है :

"मैं ऐसे भारत के लिए काम करूँगा जिसमें सबसे दरिद्र व्यक्ति भी महसूस कर सकें कि यह उनका देश है और उसके निर्माण में उनकी प्रभावकारी आवाज है। यह ऐसा भारत होगा जिसमें न उच्च वर्ग होगा, न निम्न वर्ग। वह ऐसा भारत होगा जिसमें सारे समुदाय पूर्ण मेलजोल के साथ रहेंगे। ऐसे भारत में अस्पृश्यता के लिए कोई जगह नहीं हो सकती...महिलाओं को पुरूषों की तरह ही समान अधिकार होंगे...यही है मेरे सपनों का भारत।"[11]

गाँधीजी ने जिस "भारत" की बात की है, वह केवल उनका ही नहीं बल्कि अधिसंख्य जनता के सपनों का "भारत" भी था। लेकिन ऐसा "भारत" स्वाधीनता के बाद कभी दिखाई ही नहीं दिया। आज़ादी मिलने के साथ ही देश के विभाजन के बाद साम्प्रदायिक दंगों के कारण सामूहिक नरसंहार और बलात्कार की जो घटनाएँ हुईं, उसने मनुष्य के विश्वास को न केवल बुरी तरह तोड़ा, बल्कि उसके भीतर दहशत, अविश्वास एवं अनास्था भी पैदा की। स्वाधीनता प्राप्ति के बाद साम्राज्यवादी शक्तियों और अर्धसामंती सत्ता-नीति ने जनता को अपनी जमीन, भाषा एवं संस्कृति से काटकर अपने ही घर में शरणार्थी बनने पर मजबूर किया। अज्ञेय के शब्दों में—"युद्ध समाप्त होकर भी नहीं हुआ। जो लोग पहले इसलिए लड़े थे कि संघर्ष बन्द हो, उन्हें बाद में इसलिए लड़ना पड़ा कि और कई संघर्ष चालू रखे जाएँ।"[12]

राजनीतिक स्वाधीनता मिल जाने के बाद भी आर्थिक और सांस्कृतिक स्वाधीनता हमसे कोसों दूर रही। यही नहीं देश का विभाजन इस तरह किया गया कि आर्थिक एवं राजनीतिक सम्बन्ध पूरी तरह छिन्न-भिन्न हो गये। औद्योगिक एवं कृषि-प्रधान क्षेत्रों को अलग-अलग कर आर्थिक विकास के रास्ते में बड़ी भारी रूकावट खड़ी कर दी गयी। यही नहीं मुद्रास्फीति, बेरोजगारी एवं अकाल की स्थिति ने जनता को पूरी तरह विक्षुब्ध करके रख दिया। मार्क्सवादी विचारक के. दामोदरन के शब्दों में :

"राजनीतिक स्वतन्त्रता मिल जाने का मतलब यह नहीं था कि भारत के अर्थतंत्र का औपनिवेशिक स्वरूप खत्म हो गया है। ब्रिटिश पूँजी अब भी अड्डा जमाये थी। इसी प्रकार, सामन्ती अवशेष भी कायम थे। युद्ध ने अर्थतंत्र में जो असन्तुलन उत्पन्न किया था तथा देश के विभाजन के फलस्वरूप उत्पादक शक्तियों का जो विस्थापन और विशृंखलन हुआ था, उसने परिस्थिति को और भी बदतर बना दिया। मुद्रास्फीति, रोजमर्रा जरूरत की चीजों के अभाव, बेरोजगारी तथा अकाल के खतरे ने जनता में असंतोष पैदा कर दिया। बुनियादी तौर से अर्ध विकसित अर्थ तंत्र के सभी प्रमुख लक्षण देश के राजनीतिक ढाँचे में उभर आये।"[13]

हिन्दी में भी कुछ रचनाकार ऐसे थे जो नेहरू-युग के आश्वासनों से सन्तुष्ट नहीं थे। गज़ानन माधव मुक्तिबोध, हरिशंकर परसाई एवं राहुल सांकृत्यायन उनमें अग्रणी थे, जो रोमांटिक-मोह के युग में भी मोहभंग की मनःस्थिति से गुजर रहे थे। मुक्तिबोध ने 1953 में लिखा था कि "चाँद का मुँह टेढ़ा है"। इसी प्रकार कांग्रेसी सत्ता अपने चरमोत्कर्ष काल में भी उन्हें "लकड़ी का रावण" प्रतीत हुई थी। हरिशंकर परसाई ने भी "सदाचार का ताबीज", "पगडंडियों का जमाना" आदि गद्य-कृतियों के माध्यम से उस युग के भ्रमों को अनावृत्त किया। धर्मवीर भारती का काव्य-नाटक "अंधायुग" भी नेहरू-युग के "मोह" और "मोहभंग" दोनों स्थितियों को प्रामाणिक ढंग से अभिव्यक्त करता है। राहुल सांकृत्यायन ने तो 1948 में ही पंडित नेहरू की

नीतियों से अपनी असहमति जाहिर कर दी थी। पंडित नेहरू को लिखे गये पत्र में वे लिखते हैं कि :

"गरीबी, भूख, बीमारी, बेकारी—हमारे देश को इनसे कोई छुटकारा मिलता नहीं दिखायी देता—छुटकारा मिलना तो दूर, इनमें बिना किसी रोक-टोक के वृद्धि होती जा रही है। चोटी के अधिकारी 'अन्धा बाँटे रेवड़ी' वाली कहावत को चरितार्थ कर रहे हैं।...हम स्वीकार करते हैं कि इस स्थिति ने हमें काफी विक्षुब्ध कर दिया है। जो धरती पर अपना पसीना बहाता है—उसे जोतता है, आप उसे धरती का मालिक नहीं बना रहे हैं—यह सब न करके आप मुआवजा का जोड़-तोड़ लगा रहे हैं और दस साल के लिए राष्ट्रीयकरण को स्थगित करके आपने गली-सड़ी और बदनाम व्यवस्था को एक तरह से जीवन-दान दे दिया है।"[14]

"नयी कविता" के दौर में (1951-60 ई.) रघुवीर सहाय की स्थिति विशिष्ट है। उन्होंने अपने "रचना-जीवन" की शुरुआत रोमानी कविताओं से अवशय की, लेकिन वे स्वातंत्र्योत्तर भारत के उन रचनाकारों में भी अग्रणी थे जिनकी रचनाओं में यथार्थवादी प्रवृत्तियाँ आकार ले रही थीं। प्रारम्भ में "नेहरू-युग" के "मोह" से बहुत दूर तक आविष्ट रहने के बावजूद वे उस युग की असंगतियों से बेखबर नहीं थे। यह अवश्य है कि "नयी कविता" के दौर में रघुवीर सहाय ने जो रचनाएँ की हैं, उनमें क्रान्ति का आवेश एवं गर्जन-तर्जन नहीं है, लेकिन मानव-जीवन की बुनियादी समस्याओं से रचनाकार पूरी तरह वाकिफ है और इन समस्याओं के प्रति उसका दृष्टिकोण बहुत साफ है। रचनाकार के दायित्व को स्पष्ट करते हुए रघुवीर सहाय कहते हैं कि :

"...मैं जानता हूँ कि मुझे अपनी कविताओं और नाटकों में क्या कहना है। गुलामी और गरीबी, युद्ध और बेकारी के साथ कैसा व्यवहार करना चाहिए इसे जानने में क्या देर लगती है?...गरीबी और बेकारी, युद्ध और गुलामी लेखक के दुश्मन हैं और मनुष्य के जानी दुश्मन हैं। उनसे ऐसा ही व्यवहार कीजिए जैसा दुश्मन दुश्मन के साथ करता है।"[15]

1952 में अपनी एक कविता "हमने यह देखा" में रघुवीर सहाय स्वातंत्र्योत्तर भारतीय समाज की विसंगति के तीखे ढंग से अभिव्यक्त करते हैं। वे कहते हैं कि जिस समाज के अधिकांश व्यक्ति "अपमान, अकेलेपन, फाका और बीमारी की स्थितियों में जीने के लिए विवश हैं, वह कभी स्वाधीन समाज नहीं हो सकता।" वह यातना और शोषण को मनुष्य की नियति मानकर उसका वर्णन नहीं करते, बल्कि इसे "अभिजात तरीके की मक्कारी" मानते हैं। वे पूछते हैं :

"यह तो है ही, शुभचिन्तक यों कहते हैं
अपमान, अकेलापन, फाका, बीमारी
क्यों है? और वह सब हम ही क्यों सहते हैं?

हम ही क्यों यह तकलीफ उठाते जायें
दुख देनेवाले दुख दें और हमारे
उस दुख के गौरव की कविताएँ गाएँ!"[16]

निश्चय ही रघुवीर सहाय छायावादी और नई कविता के रोमानी कवियों की तरह दुःख को गौरवान्वित नहीं करते, बल्कि इसे मिटाने की बात करते हैं। अज्ञेय की तरह वे "दुःख सबको माँजता है" कहकर दुःख का दार्शनिकीकरण नहीं करते, उसे ठोस रूप प्रदान करते हैं। रघुवीर सहाय का यह दुःख वैयक्तिक पीड़ा नहीं है, बल्कि यह "जिन्दगी के उखड़ेपन" से पैदा हुआ है। "नयी कविता" के अंतर्गत भी जिन्दगी के इस उखड़ेपन की बात बहुत की गयी है, लेकिन रघुवीर सहाय की विशिष्टता यह है कि वे महज उखड़ेपन के दर्द का बयान नहीं करते, बल्कि उससे मुक्त होने के लिए आवश्यक माँग भी रखते हैं :

"हमको तो अपने हक सब मिलने चाहिए
हम तो सारा का सारा लेंगे जीवन
"कम से कम" वाली बात न हमसे कहिए।"[17]

मनुष्य विरोधी सामाजिक स्थितियों की पहचान तथा उसे बदलने की आकांक्षा ही रघुवीर सहाय को "नये" कवियों के बीच एक विशिष्ट स्थान प्रदान करती है। यद्यपि रघुवीर सहाय की रचनाओं में भी अलगाव, मोहभंग एवं अकेलेपन की स्थितियाँ मौजूद हैं, लेकिन इसी कारण उन पर अस्तित्ववादी प्रभाव को चस्पा कर देना बहुत उचित नहीं होगा। वे "अकविता" वालों की तरह निराशा और कुंठा को गरिमा प्रदान नहीं करते, बल्कि अपनी रचनाओं में इन मनुष्य विरोधी स्थितियों से लड़ने की कोशिश करते हैं। यदि एक ओर रघुवीर सहाय यह कहते हैं कि "इस हाहाहूती नगरी में अकेला हूँ" (सीढ़ियों पर धूप में, पृ. 87) तो दूसरी ओर विश्वास के साथ यह भी कहते हैं कि "सारे संसार में फैल जाएगा एक दिन मेरा संसार/सभी करेंगे—दो चार को छोड़—कभी न कभी प्यार" (वही, पृ. 88), न केवल कविताएँ बल्कि रघुवीर सहाय की कहानियाँ भी बुनियादी तौर पर जीवन से मुठभेड़ की कहानियाँ हैं। अतः रामविलास शर्मा के कथन में कुछ अतिरेक जान पड़ता है जब वे "नई कविता" के अधिकांश कवियों को अस्तित्ववाद के प्रभाव से ग्रस्त क्षयिष्णु रचनाकार प्रमाणित करते हैं। वे कहते हैं :

"हिन्दी के अधिकांश नयी कविता लिखने वालों का हाल रोकांते जैसा है। ऊब, ऊबकाई, अकेलापन, बुरे-बुरे सपने, त्रास, आत्महत्या की चाह, सड़ांध का बोध, भीड़ में अजनबीपन का अहसास होने की समस्या से परेशानी आदि-आदि लच्छन इनमें भी मिलते हैं। बीमार आदमी को कभी-कभी हर चीज बीमार नजर आती है, इन कवियों को चीजें बीमार ही नहीं, मुर्दा भी नजर आती हैं।"[18]

दरअसल डॉ. रामविलास शर्मा का यह कथन "नयी कविता" से अधिक

"अकविता" वालों पर लागू होता है। "नयी कविता" के दौर में मुक्तिबोध, रघुवीर सहाय एवं अन्य अनेक ऐसे रचनाकार मौजूद थे जो मनुष्य-विरोधी स्थितियों की पहचान कर उसे बदलने की आकांक्षा व्यक्त करते हैं। लेकिन "अकविता" का संसार यथास्थितिवादी प्रवृत्तियों का संसार है, जिसमें निराशा और कुंठा को विशिष्ट गरिमा प्रदान कर दी गयी है। उसमें सामाजिक परिवर्तन की आकांक्षा एवं जीवन-संघर्ष की स्थिति बहुत कम देखने को मिलती है। रघुवीर सहाय की खास बात यह है कि वे न केवल जीवन-विरोधी स्थितियों की पहचान करते हैं, बल्कि उसे तोड़ने का संकल्पन भी करते हैं :

"तोड़ो तोड़ो तोड़ो
ये पत्थर ये चट्टानें
ये झूठे बंधन टूटें
तो धरती को हम जानें
सुनते हैं मिट्टी में रस है जिससे उगती दूब है
अपने मन के मैदानों पर व्यापी कैसी ऊब है
आधे आधे गाने।"[19]

वास्तव में नयी कविता के दौर में रघुवीर सहाय की स्थिति थोड़ी विशिष्ट है। "नयी कविता" के प्रतिनिधि कवि होने के बावजूद वे उसकी रूढ़ियों एवं संकीर्णताओं से काफी हद तक मुक्त रहे हैं। जो "नयी कविता" सामान्य मनुष्य की प्रतिष्ठा के आग्रह के साथ प्रारम्भ हुई थी, वह जीवन के गतिशील यथार्थ से दिनोंदिन दूर होती जा रही थी। स्वाधीनता के एक दशक बीतते-बीतते युगयथार्थ क्रमशः जटिल होने लगा था और दूसरी ओर "नयी कविता" लगातार सैद्धान्तिक-बहसों में फंसती जा रही थी। "मानव विशिष्टता" "लघुमानव", "क्षण", "अर्थ की लय" एवं "अनुभूति की प्रामाणिकता" जैसी सैद्धान्तिक बहसें मुखर हो उठी थीं और इनके शोर में जीवन की बुनियादी समस्याएँ पृष्ठभूमि में चली गयी थीं। इन्हीं परिस्थितियों में रघुवीर सहाय ने "नयी कविता" की सीमाओं के बारे में लिखा था कि "...नयी कविता और अब उपन्यास को भी लेकर जितनी प्रवृत्ति मूल्यान्वेषण और सैद्धान्तिक शिलान्यास की बढ़ चली है उससे थोड़ी सी आशंका होती है कि कहीं असली चीजें अनदेखी ही न रह जायें। ...अभी ही नयी कविता के जन्मदाताओं की रचनाओं से लिये गये कुछ प्रतीक और शब्द नवोदित कवियों तथा आलोचकों को भयंकर रूप से प्रिय हो चले हैं और यह देखकर कि उनमें कोई मौलिक अर्थात् वह जो कि अभिप्राय से संपृक्त है, अर्थ नहीं रह गया और वे रूढ़ और स्वीकृत फार्मूलों की तरह प्रयुक्त होने लगे हैं, निराशा होती है। "क्षण" और "दर्द" ऐसे ही दो शब्द हैं। जीवित क्षण का अनुभव जिस अभिव्यक्ति को जन्म देता है, उसका परिचय पाये बिना "क्षण का दर्द" और "क्षण में जीना" इत्यादि टुकड़े नये कवि प्रसन्न होकर प्रयोग कर रहे हैं।"[20]

"लघुमानव" भी एक ऐसा ही शब्द था, जो "नयी कविता" के दौर में अधिकांश रचनाकारों का आदर्श और उद्देश्य बन गया था।

"नयी कविता" में इस "लघुमानव" की अवधारणा पर अत्यधिक जोर दिये जाने के कारण रचना साधारण और सहज जीवन की समस्याओं से बिल्कुल कट गयी थी। विजयदेव नारायण साही "सहज मानव" की अवधारणा को ही "लघुमानव" की धारणा मानते हैं। उनके अनुसार "लघुमानव" "सहजमानव" का विरोधी नहीं है, बल्कि इन कल्पना चित्रों की कसौटी यह है कि "वे जीवन और साहित्य के विराट् और प्रमथित कर देनेवाले उतार-चढ़ाव में कोई पैटर्न, कोई डिजाइन, कोई तारतम्य या संगति देखने में मदद कर सकते हैं या नहीं।" (नयी कविता 5-6, पृ. 82) साही की चेतावनी के विपरीत यह "लघुमानव" अधिकांश नये कवियों का आदर्श बन गया, जिसके कारण जीवन और साहित्य के बीच "तारतम्यता या संगति" देखने की बात गौण हो गयी। इसीलिए नयी कविता के एक अन्य कवि जगदीश गुप्त "लघुमानव" सम्बन्धी प्रतिमान पर अत्यधिक बल देने के खिलाफ हैं। वे लिखते हैं :

"मेरे विचार से नयी कविता के प्रतिमानों की खोज में उत्साहवश लघुता पर अत्यधिक बल देना अनावश्यक है। जहाँ तक वह उपेक्षित और दलित मानवता के प्रति हमारी एकता और सद्भावना की द्योतक हों, वहीं तक ग्राह्य है, उससे अधिक नहीं, अन्यथा यह भ्रम हो जाने की सम्भावना है कि हम मानव-व्यक्तित्व को मूलतः और अनिवार्यतः लघु मानते हैं। ...सहज एवं प्रकृत मानव-व्यक्तित्व को परखना या उपलब्ध करना ही वस्तुतः आधुनिक साहित्य का लक्ष्य है, उसकी लघुता का निरंतर गुणगान नहीं।"[21]

रघुवीर सहाय "लघुमानव" का तिरस्कार नहीं करते क्योंकि "छोटा आदमी" को समझना वास्तव में "बहुत बड़े विराट को समझना है"। लेकिन वे भी साही एवं जगदीश गुप्त की तरह "लघुमानववाद" के विरोधी हैं। रघुवीर सहाय, डॉ. नामवर सिंह की लघुमानव सम्बन्धी धारणा पर तब शंका प्रकट करते हैं जब डॉ. नामवर सिंह छोटे आदमी को छोटे परिवेश से समीकृत कर देते हैं। रघुवीर सहाय ने इस धारणा से असहमति व्यक्त करते हुए लिखा है :

"...प्रत्येक गम्भीर और अकृत्रिम आधुनिक कलाकार उस विराट दायित्व के प्रति जागरूक है जो जीवन की परम्परा ने आज उस पर डाला है। यह इसी विराट परिवेश का बोध है जिससे वह प्रत्येक साधारण मानवीय घटना या मानवीय इकाई में जीवन को पूर्णतः प्रतिबिम्बित होते देख पाता है। छोटा आदमी बराबर छोटा परिवेश नहीं है। छोटा आदमी आसान भी नहीं है, उसको कलात्मक सामग्री के रूप में उपयोग करना बहुत बड़ा काम है और प्रसंगवश बहुत बड़े विराट को समझना है।"[22]

वास्तव में "नयी कविता" के प्रतिनिधि कवि होने के बावजूद रघुवीर सहाय उसकी रूढ़ियों और संकीर्णताओं के प्रति पूरी तरह सजग थे। "अनुभूति की निजता"

और स्वायत्तता को रचना-प्रक्रिया का केन्द्र-बिन्दु मानने के कारण अधिकांश नये कवि गतिशील युग यथार्थ को व्यक्त करने में असमर्थ सिद्ध होने लगे। इस तरह "नयी कविता" दौर के अधिकांश रचनाकार सत्य को सम्पूर्णता में नहीं देख पा रहे थे, बल्कि "अधूरे साक्षात्कार" को ही "प्रामाणिक अनुभूति" मानकर सन्तुष्ट हो रहे थे। हिन्दी में प्रचलित विभिन्न "वाद" यथा "प्रयोगवाद", "नयी कविता", "अकविता" आदि घोषणाओं एवं पिटे-पिटाये फॉर्मूलों से भरते जा रहे थे और जीवन की मूलभूत समस्याएँ पीछे छूटती जा रही थीं। इन्हीं दिनों रघुवीर सहाय ने विभिन्न सैद्धान्तिक "वादों" की अप्रासंगिकता को रेखांकित करते हुए लिखा :

"नयी कविता, प्रयोगवादी कविता, अकविता या नकविता (यह नाम किसी नये नकवि को पसन्द हो तो ले सकता है) या नवगीत—ये सब मेरे लिए कोई अर्थ नहीं रखते। ये सब नाम आज के संकट के इर्द-गिर्द मँडराते हुए शिकारी हैं जिनमें उस संकट पर झपट्टा मारने की हिम्मत नहीं है। होते ही वे कविता हो जाएँगे।"[23]

दरअसल उन्नीस सौ साठ के आसपास युग-यथार्थ अधिकाधिक जटिल होता जा रहा था। देश की स्वाधीनता का एक दशक गुजर चुका था, लेकिन जनता की स्थिति में कोई बुनियादी परिवर्तन नहीं हुआ था। प्रथम पंचवर्षीय योजना एवं विकास की अन्य महत्वाकांक्षी परियोजनाओं ने कोई करिश्मा नहीं दिखाया। सामान्य जनता का जीवन-स्तर अब भी अत्यन्त दयनीय था। ऐसे में चीन के हाथों देश की पराजय ने "मोहभंग" की स्थिति को और भी तीव्र कर दिया। अतः 1960 के बाद का समय मूलतः "मोहभंग" का समय था। 1962 में भारत-चीन युद्ध और उसमें भारत की अपमानजनक पराजय ने नेहरू-युग के भ्रमों को पूरी तरह ध्वस्त कर दिया। 1960 के आसपास इस बदली हुई मानसिकता को रेखांकित करते हुए मधुलिमये ने लिखा था :

"1960 तक भारतीय अर्थव्यवस्था में ठहराव आ गया था। महत्त्वाकांक्षी द्वितीय पंचवर्षीय योजना के लक्ष्य अधूरे रह गये थे। अनेक भव्य परियोजनाओं में बहुत बड़ी धनराशि लम्बे समय से अवरूद्ध पड़ी थी। इन परियोजनाओं के निर्माण में प्रशासनिक अवरोध था, आर्थिक अपव्यय और अनुभव की कमी निहित थी। अर्थव्यवस्था गहरे संकट के दौर से गुजर रही थी। इन्हीं परिस्थितियों में चीन के साथ सम्बन्ध बिगड़ने शुरू हो गये थे। चीन का सामना करने के लिए भारत जल्दबाजी में बिना पर्याप्त मनोवैज्ञानिक, आर्थिक एवं सैनिक तैयारी के ही आगे बढ़ा। अतः इसमें आश्चर्य की कोई बात नहीं थी कि अक्टूबर-नवम्बर 1962 के सीमा-युद्ध में चीन के हाथों भारत की बुरी तरह पराजय हुई।"[24]

जाहिर है ऐसी स्थिति में किसी भी प्रकार के रोमांटिक उत्थान की सम्भावना नहीं थी। नंगा यथार्थ सामने खड़ा था जिसकी अभिव्यक्ति करना किसी भी सार्थक रचनाकार के लिए अनिवार्य था। ऐसी स्थिति में रघुवीर सहाय "नयी कविता" की गतिरोधक सीमा से बाहर आकर अपनी रचनाओं में समकालीन यथार्थ को सम्पूर्णता

से व्यक्त करने की कोशिश करते हैं। "एक अधेड़ भारतीय आत्मा" नामक कविता में उन्होंने मोहभंग की स्थिति को तीखे ढंग से व्यक्त किया है :

"बीस बरस बीत गये
लालसा मनुष्य की तिलतिल कर मिट गयी
... ...
टूटते टूटते जिस जगह आकर विश्वास हो जाएगा कि
बीस साल
धोखा दिया गया
वहीं मुझे फिर कहा जाएगा विश्वास करने को
पूछेगा संसद में भोला भाला मंत्री
मामला बताओ हम कार्रवाई करेंगे
हाय हाय करता हुआ हाँ-हाँ करता हुआ हें-हें करता हुआ
दल का दल
पाप छिपा रखने के लिए एकजुट होगा
जितना बड़ा दल होगा उतना ही खाएगा देश को"[25]

स्वाधीन भारत में जनता की दयनीय स्थिति के लिए वह राजनैतिक तंत्र जिम्मेदार था, जिसने "लोकतंत्र" को कुछ विशिष्ट लोगों की बपौती बनाकर छोड़ दिया। सामाजिक सम्बन्धों को बिना बदले एवं प्रत्येक व्यक्ति को अधिकार सम्पन्न बनाये बिना सार्थक लोकतंत्र की बुनियाद नहीं रखी जा सकती। लेकिन स्वाधीन भारत के राजनेताओं ने सामाजिक सम्बन्धों में परिवर्तन किये बगैर जिस लोकतंत्र का विकास किया, वह स्वाभाविक तौर पर गैर-बराबरी एवं शोषण को बढ़ाने वाला सिद्ध हुआ। पंडित नेहरू ने "लोकतंत्र" में प्रत्येक नागरिक की भागेदारी का जो आश्वासन दिया था, वह समय बीतने के साथ खोखला साबित होता गया। "आत्महत्या के विरूद्ध" नामक कविता में रघुवीर सहाय ने लोकतांत्रिक व्यवस्था के खोखलेपन को उजागर करते हुए लिखा है कि :

"कितना आसान है पागल हो जाना
और भी जब उस पर इनाम मिलता है
नकली दरवाजे पीटते हैं जवान हाथों को
काम सर को आराम मिलता है : दूर
राजधानी से कोई कस्बा दोपहर बाद छटपटाता है
एक फटा कोट एक हिलती चौकी एक लालटेन
दोनों, बाप मिस्तरी, और बीस बरस का नरेन
दोनों पहले से जानते हैं पेंच की मरी हुई चूड़ियाँ

नेहरू-युग के औजारों को मुसद्दीलाल की सबसे बड़ी देन"[26]

इन पंक्तियों में लेखक ने एक ओर नेहरू-युग के भ्रमों और खोखलेपन का उद्घाटन किया है तो दूसरी ओर लोकतांत्रिक व्यवस्था के निरन्तर मनुष्य-विरोधी होते चले जाने की सूचना भी दी है। यह कविता स्वाधीन भारत में "राजधानी से दूर छटपटाते कस्बे", में "एक फटा कोट", "एक हिलती चौकी" और "एक लालटेन" के बीच घिसे हुए पेंच को कसने की मजबूरी में विफलता और निराशा झेल रहे अधिसंख्य भारतीयों की विडम्बना को प्रस्तुत करती है। "मिस्तरी बाप" और "बीस बरस का नरेन" महज दो व्यक्ति नहीं, बल्कि स्वाधीन भारत में लगातार दयनीय होती जाने वाली दो पीढ़ियों के प्रतिनिधि हैं। नेहरू-युग में आधुनिकता, धर्मनिरपेक्षता, विकास, व्यक्ति के लोकतांत्रिक अधिकारों की बहाली आदि बड़ी-बड़ी घोषणाएँ हुईं, लेकिन सामान्य भारतीय मनुष्य को "एक फटा कोट", "एक हिलती चौकी" और "एक लालटेन" के अलावा और कुछ नसीब नहीं हुआ। सभी बुनियादी समस्याओं को नेपथ्य में डालकर सत्ता के लिए जोड़-तोड़ करना ही स्वातंत्र्योत्तर भारतीय राजनीति का एकमात्र उद्देश्य बन गया। इस मनुष्य-विरोधी राजनीति का खुलासा करते हुए रघुवीर सहाय ने 1969 में ही लिखा था कि :

"आज के राजनीतिक वाद-विवाद में प्रायः सभी विषय मूल प्रश्न से हटकर उठ रहे हैं। अछूत प्रथा पर उठने वाला शोर, 10 सूत्री कार्यक्रम का ढिंढोरा इत्यादि ऐसे ही विषय हैं। नीति निर्धारित करनेवाले अत्यन्त मौलिक प्रश्नों पर, जिनमें भाषा और भारतीय एकता सर्वप्रमुख हैं, इस समय किसी राजनीतिक दल की आस्था नहीं है। इसी तरह भारतीय अर्थव्यवस्था की आधार भूमिहीन श्रमशक्ति के पुनर्वास की समस्या किसी के लिए मौलिक समस्या नहीं बनकर आ रही है। अनिश्चित वर्षा की नींव पर टिके अस्सी प्रतिशत भारतीय कृषि समाज के लिए छोटी सिंचाई किसी राजनीतिक दल के लिए प्रमुख राजनीतिक कार्यक्रम आज नहीं है, ठीक उसी तरह जैसे नयी पीढ़ी की आगत-प्रतिभा के भविष्य के लिए निज भाषा में विद्या-अध्ययन किसी राजनीतिक दल का कार्यक्रम आज नहीं है। इन सब विषयों पर अधूरे, कामचलाऊ और दिशाहीन नौकरशाही फैसलों को सबने मानो मान लिया है। परिणाम यह है कि भारतीय राजनीति की समस्त हलचल इस समय शिखर पर हो रही है।"[27]

दरअसल भारतीय राजनीति का साठोत्तरी "दौर" बुनियादी तौर पर पाखंड एवं "आत्मप्रवंचना" का दौर रहा है। इस दौर में मानवीय चिन्ता का दायरा सिकुड़ता गया एवं पाखंड बढ़ता गया है। लोकतंत्रीय मान्यताएँ बराबर ध्वस्त हुई हैं, और शोषण एवं गैर-बराबरी की स्थितियाँ लगातार बढ़ी हैं। इसी दौर में सत्ताधीशों द्वारा सामान्य मनुष्य को अपने ही देश में बेगाना बनाया गया है। साठोत्तरी दौर के इस पतन को रेखांकित करते हुए रघुवीर सहाय ने अपने निबंध-संग्रह "वे और नहीं होंगे जो मारे जाएँगे" की भूमिका में लिखा है कि :

"इसी दौर में मजबूत केन्द्र के बहाने राजनीति का केन्द्र में एकत्र होना और राष्ट्रीयता के बहाने मानवीय चिन्ता का सिकुड़ कर छोटा होना जारी रहा। इसी बीच विशिष्ट लोगों के मन में मानव-सम्बन्ध क्रूर और जनसाधारण के मन में कर्म निरानन्द होता गया। अब जब मैं बीते रास्ते की ओर देखता हूँ तो मुझे अनेक लोकतंत्रीय मान्यताओं और मूल्यों के पतन को रोकने की एक लम्बी और बार-बार अधूरी, कई बार विफल यात्रा के पड़ाव दिखायी पड़ते हैं। ...इसीलिए यह समझने की जरूरत जान पड़ती है कि जो मारे जाते हैं वे गैर नहीं हैं। अपने नियामकों द्वारा हम अपनों से ही पराये बनाये जाते रहे हैं।"[28]

1997 में जब भारत अपनी स्वाधीनता की स्वर्णजयंती मनाने की तैयारी हर्षोल्लास के साथ कर रहा है, रघुवीर सहाय की यह टिप्पणी बहुत प्रासंगिक जान पड़ती है क्योंकि लोकतंत्र केवल कुछ लोगों की समृद्धि का नाम नहीं है बल्कि आर्थिक एवं सामाजिक समानता, शासन-व्यवस्था में जनता की हिस्सेदारी, शोषण की अनुपस्थिति एवं सामाजिक न्याय की भावना इसमें बुनियादी तौर पर शामिल है। साठोत्तरी दौर की अपनी रचनाओं में रघुवीर सहाय ने वर्तमान लोकतांत्रिक व्यवस्था की विसंगतियों एवं जनतंत्र को भ्रष्ट करनेवाले जनप्रतिनिधियों के पाखंड को सम्पूर्ण रूप से बेनकाब किया है। "मेरा प्रतिनिधि" शीर्षक कविता में रघुवीर सहाय कहते हैं :

"सिंहासन ऊँचा है सभाध्यक्ष छोटा है
अगणित पिताओं के
एक परिवार के
मुँह बाये बैठे हैं लड़के सरकार के
लूले काने बहरे विविध प्रकार के
हल्की सी दुर्गन्ध से भर गया है सभाकक्ष।
सुनो वहाँ कहता है
मेरा प्रतिनिधि
मेरी हत्या की करुण कथा
हँसती है सभा
तोंद मटका
ठठाकर
अकेले अपराजित सदस्य की व्यथा पर
फिर मेरी मृत्यु से डरकर चिंचिया कर
कहती है
अशिव है, अशेमन है, मिथ्या है।"[29]

संसद, जो लोकतान्त्रिक व्यवस्था का सर्वप्रमुख आधार है, वर्तमान समय में किस कदर मानव-विरोधी हो गया है, रघुवीर सहाय की उपर्युक्त कविता इसका स्पष्ट

प्रमाण है। अपनी कविताओं में ही नहीं बल्कि कहानियों और निबन्धों में भी रघुवीर सहाय ने भारतीय लोकतन्त्र की असंगतियों एवं राजनेताओं के चरित्र को बार-बार उद्घाटित किया है। इसके साथ ही आम आदमी की यातना और शोषण के प्रश्न को भी उन्होंने बार-बार अपनी रचनाओं में उठाया है।

स्वाभाविक तौर पर साठोत्तरी दौर में रघुवीर सहाय के रचना-संसार में वह सौन्दर्यमूलक मानवीय करुणा और आशावाद दिखायी नहीं देता जो "सीढ़ियों पर धूप में" तथा "दूसरा सप्तक" की केन्द्रीय चेतना कही जा सकती है। इस दौर की उनकी रचनाओं में आतंक, दहशत और सामान्य मनुष्य के लगातार उपेक्षित होते जाने की भावना मुखर है। "बड़ी हो रही है लड़की" नामक कविता साठोत्तरी दौर के मनुष्य-विरोधी रूप को समर्थ ढंग से व्यक्त करती है। इस युग में उम्मीद और साहस को मिटाकर सामान्य जन को कायर और असहाय बनाया गया है ताकि वह फासिस्टवादी व्यवस्था का प्रतिरोध न कर सके :

"वही बड़ी होगी
डरी और दुबली रहेगी
और मैं न होऊँगा
वे किताबें, वे उम्मीदें न होंगी
जो उसके बचपन में थीं
कविता न होगी, साहस न होगा
एक और ही युग होगा जिसमें ताकत ही ताकत होगी
और चीख न होगी।"[30]

स्वाधीन भारत में जिस तरह का मनुष्य-विरोधी माहौल विकसित होता गया है, वह मनुष्य को बहुत देर तक साहसी और आशावादी बने नहीं रहने देता। आज हिंसक और प्रतिक्रियावादी शक्तियाँ इतनी सक्रिय हैं कि समाज में उनसे लड़ने की सामर्थ्य धीरे-धीरे बहुत कम होती जा रही है। इन्हीं स्थितियों में रघुवीर सहाय ने लिखा था कि :

"एक जगह ऐसी आती है जहाँ पर कि दहशत जिन्दगी का एक अनिवार्य अनुभव बन जाती है। आप जिन्दगी-भर मूढ़ नहीं बने रह सकते हैं और आप जिन्दगी भर वृथा-साहसी भी नहीं बने रह सकते हैं। दोनों को मिलाइएगा तो कहीं एक ऐसी जगह आएगी जहाँ पर यह तनाव मिलेगा कि हम कुछ करना चाह रहे हैं और कुछ लोग उसको नहीं होने देना चाह रहे हैं और वे लोग इतने ताकतवर हैं कि वे हमें रोकने के लिए किसी भी तरह का तरीका अपना सकते हैं। ...इसलिए दहशत होना जरूरी है।"[31]

"हँसो-हँसो जल्दी हँसो" संग्रह की अधिकांश कविताओं में भय, शोषण एवं असहायता की स्थितियाँ विद्यमान हैं। "सड़क पर रपट" नामक कविता भारतीय

समाज में संवेदनहीनता एवं क्रूरता की बढ़ती हुई मनःस्थिति को प्रामाणिक ढंग से उजागर करती है। इसमें एक ओर आधा पेट खाना खाकर जीने के लिए विवश मनुष्य हैं, सड़क पार करने के लिए इन्तजार करते बूढ़े और बच्चे हैं तो दूसरी ओर नियम तोड़कर "अगली गाड़ी से अगिया जाते हुए" एवं "अंगूठा उठाकर मोटर रोकते हुए" रँगे-चुँगे नौजवान भी हैं :

"मैंने इस तरह के आदमी इस बरस पिछले के मुकाबले बहुत देखे
जिनको खाने को पूरा नहीं मिला बरस भर
कैसे भी पहुँच जाते हैं दफ्तर वक्त से
घर लौट आते हैं देर सबेर घरवालों को कभी अस्पताल
में पड़े नहीं मिलते हैं
मैंने इस वर्ष देखे एक खास किस्म के नौजवान रँगे-चुंगे
चुस्त
उठाकर अँगूठा रोकते हुए मोटर
सवारी का हक भाईचाराना माँगते
... ...
इस वर्ष मैंने देखा बल्कि एक दिन देखा
एक दिन अस्पताल एक दिन स्कूल के सामने
खड़ा हुआ एक लंगड़ा बूढ़ा एक दिन नन्हा लड़का पार
जाने को एक एक घंटे इन्तजार में
कि कोई कार वाला गाड़ी धीमी करे"[32]

उपर्युक्त कविता शोषण और आतंक के बीच असंगठित साधारण लोगों की विवशता का न केवल बयान करती है, बल्कि इस "विवशता" के कारण की भी तलाश करती है। रघुवीर सहाय के अनुसार, इस असहायता का कारण वह समाज है जिसमें लोग बुरी तरह बँटे हुए हैं। जाति, धर्म और "भाषा" के आधार पर बँटे समाज को भ्रमित करना राजनेताओं के लिए आसान हो जाता है और इस प्रकार बिना किसी राजनीतिक और सामाजिक सक्रियता, के ये भ्रष्ट राजनेता एवं अफसर अपने ऐशो-आराम सुरक्षित रखते हैं। सामाजिक भेदभाव को स्थाई बनाने में उन बुद्धिजीवियों की भूमिका भी अत्यन्त महत्त्वपूर्ण है, जो जनता के बीच समाज और देश को जोड़नेवाली शक्तियों की चर्चा नहीं करते, बल्कि जाति, धर्म और भाषा के भेदों पर विस्तारपूर्वक विचार करते हैं। ये बुद्धिजीवी इस तरह से भेदमूलक "व्यवस्था" को स्थाई बनाने की कोशिश करते हैं ताकि "विशिष्ट वर्ग" के अधिकार हमेशा सुरक्षित वने रहें। "ग्यारहवीं कहानी" नामक कहानी में रघुवीर सहाय इस मानसिकता का पर्दाफाश करते हैं :

"रूस और अमेरिका के दृष्टान्त का प्रभाव भारत में पड़ने का अवसर मिल सका और धीरे-धीरे सभी राजनैतिक दल जो कभी न कभी सरकार में शामिल होने के हकदार होते, आपस में भेदभाव भूलकर रूस और अमेरिका की तरह दोस्त होने लगे। सारे भेदभाव राजनैतिक दलों के परस्पर सम्बन्धों से दूर होकर जन-साधारण में चले गये। इससे जन-साधारण में कोई खलबली नहीं मची। ये भेदभाव तो हजारों वर्षों से उनके जाने पहचाने थे। एक जाति को दूसरी जाति को मार डालने को तैयार होने में बहुत देर नहीं लगी। उसे केवल कुछ वर्षों की शिक्षा ही भुलानी थी। राजनैतिक प्रेक्षकों और टिप्पणीकारों को भी बस इतना ही कहना पड़ा कि हमारे देश में भेदमूलक तत्व हमेशा से रहे हैं और यह कथन बौद्धिक निरपेक्षता से ओतप्रोत होने के कारण बहुत स्वीकृत भी हुआ।"[33]

इसी सामाजिक विभाजन का लाभ उठाकर फासिस्ट शक्तियाँ आतंक और दहशत का साम्राज्य कायम करती जा रही हैं और सामान्य मनुष्य को असहाय और कायर बनाकर उसे "अकेला" करती जा रही हैं। "हँसो हँसो जल्दी हँसो" एवं "रामदास" जैसी कविताएँ इस तथ्य को तीव्र ढंग से अभिव्यक्त करती हैं। अतः रघुवीर सहाय इस आतंक और भय के माहौल में उन सहधर्मियों की तलाश करते हैं जो इस माहौल का प्रतिरोध कर सकें एवं जनता में आशा और विश्वास का संचार कर सकें। "आने वाला खतरा" शीर्षक कविता रचनाकार की व्यग्रता को सामने लाता है:

"इस लज्जित और पराजित युग में
कहीं से ले आओ वह दिमाग़
जो खुशामद आदतन नहीं करता
कहीं से ले आओ निर्धनता
जो अपने बदले में कुछ नहीं माँगती
और उसे एक बार आँख से आँख मिलाने दो।"[34]

रघुवीर सहाय की रचनाओं की यह अन्यतम विशेषता है कि वे आतंक, दहशत और हिंसा के सर्वग्रासी प्रभाव का चित्रण करने के बावजूद इन्हें जीवन-मूल्य के रूप में स्थापित नहीं करती हैं। 1960 से 1974 के बीच लिखी गयी रघुवीर सहाय की रचनाएँ इसका प्रमाण हैं। रचनाकार की इस दौर की रचनाएँ मनुष्य-विरोधी जीवन-स्थितियों को सम्पूर्णता में व्यक्त करती हैं, लेकिन "अकविता" की तरह वे यथास्थितिवाद का समर्थन नहीं करतीं। रघुवीर सहाय की रचनाओं में शोषित जनों का वह संघर्ष बराबर चित्रित हुआ है, जो वे मौजूदा शोषक व्यवस्था में जीने के लिए कर रहे हैं। "सेब बेचना" नामक कविता में उन्होंने उस शोषित आदमी के जीवन-संघर्ष को संयत ढंग से व्यक्त करना चाहा है जो पूँजीपति और मध्यवर्ग दोनों के शोषण का एक साथ शिकार है। इसी तरह "सरकस" कहानी में एक नवयुवक के जीवन-संघर्ष का चित्रण है जो मनुष्यविरोधी सामाजिक व्यवस्था में जीते रहने के

लिए अनिवार्य है। "किले में औरत" एवं "ग्यारहवीं कहानी" भी ऐसी ही कहानियाँ हैं जो साधारण मनुष्य के संघर्ष को प्रामाणिक ढंग से अभिव्यक्त करती हैं। रघुवीर सहाय की रचनाओं की यह महत्त्वपूर्ण विशेषता है कि वे सिर्फ अत्याचार का वर्णन नहीं करतीं, बल्कि अत्याचार के कारणों की भी छानबीन करती हैं और उनका प्रतिरोध भी करती हैं। "अकविता" वालों की तरह रघुवीर सहाय "निराशा" और विफलता को मनुष्य की अनिवार्य नियति नहीं मानते हैं। "अकविता" के जीवन-विरोधी मूल्यों पर टिप्पणी करते हुए स्वयं रघुवीर सहाय कहते हैं :

"ऐसे बहुत से कवि हमारे यहाँ हुए हैं जिन्होंने यह लिखकर बहुत नाम कमाया कि जिन्दगी मिट चुकी है, वह लाश है, उसमें कुछ नहीं रहा। ...यह जो अकविता वाला संसार है : यह उसी यथास्थितिवादी मध्यवर्गीय बुद्धिजीवी का संसार है जो कि यह देखकर कि कहीं दलों के बने-बनाये राजनैतिक नेतृत्व को बदल देनेवाली शक्तियाँ सफल न हो जाएँ, बहुत परेशान था। उन्हीं को सारी दुनिया टूटती हुई, बिखरती हुई, जलती हुई लाश, धुआँ वगैरह दिखायी दे रही थी। हमारे आलोचकों ने इस तरह के साहित्य को क्रान्ति और परिवर्तन का साहित्य कहा, जबकि यह यथास्थितिवादियों का विलाप था और उस साहित्य ने यह कोशिश की कि निराशा और कुंठा को एक खास तरह की गरिमा—छायावाद ने उसको जो गरिमा दी थी, उसी परम्परा में एक नयी गरिमा दे।"[35]

साठोत्तरी दौर में रघुवीर सहाय की रचनाएँ अपने देश और उसके "मार तमाम लोगों" से सार्थक संवाद की कोशिश हैं और इसी मायने में वे प्रतिबद्ध रचनाएँ हैं। इन रचनाओं में सिर्फ दहशत ही नहीं, बल्कि उम्मीद भी है। इनमें सिर्फ "विनाश की खबर" और "असमर्थ करुणा" ही नहीं है, बल्कि जीवन की ललकार भी है। "मुझे कुछ और करना था" नामक कविता इस बात का ज्वलंत प्रमाण है :

"इस डरावने समाज में रहकर चीखते रहने के अलावा कुछ
और मुझे करना था इस ठसाठस भरे कमरे में हाथ में तश्तरी लिए
खड़े खड़े
खाते रहने के अतिरिक्त—रिक्त तश्तरी के अतिरिक्त—
तोड़ना था मुझे
बहुत कुछ इसी वर्ष
...   ...
गाना था गरजना था हँसना था मुझे शायद
कहीं शायद जाना था
सालन पकाना था समेटकर आस्तीन
... ...
ललकारना था मुझे बाँके को

गोद में लेकर सुलाना था अपने हाथों पीटे हुए बच्चे को
मुझे कुछ और करना था हाँफते हुए नमस्ते करने के अलावा
आज सुबह"[36]

1975 और उसके बाद के वर्ष भारतीय राजनीति और समाज में गहरे उथल-पुथल के वर्ष थे। जून 1975 में आपातूकाल की घोषणा "भारतीय लोकतंत्र" के मूल्यों और मान्यताओं पर कड़ा प्रहार था। 1976 के अंत में आपातूकाल समाप्त हुआ और मार्च 1977 में आम चुनाव हुआ। कांग्रेस पार्टी हारी और केन्द्र में "जनता पार्टी" की सरकार बनी। इसे अनेक लोगों ने "दूसरी आजादी" की संज्ञा दी। लेकिन इस तथाकथित "दूसरी आजादी" ने भी समाज और देश में कोई बुनियादी परिवर्तन नहीं किया, बल्कि सत्ता के लिए जोड़-तोड़ को ही अपना मुख्य लक्ष्य बनाये रखा। हताश होकर जनता ने एक बार पुनः कांग्रेस पार्टी को सत्तासीन किया। इस घटना-बहुल एवं नाटकीय परिवर्तन वाले युग का अत्यन्त सटीक विश्लेषण विख्यात व्यंग्यकार हरिशंकर परसाई ने किया है। उन्होंने इस दौर को "विकलांग श्रद्धा" का दौर कहा है। परसाई के अनुसार :

"वास्तव में यह दौर राजनीति में मूल्यों की गिरावट का था। इतना झूठ, फरेब, छल पहले कभी नहीं देखा था। दगाबाजी संस्कृति हो गयी थी। दोमुँहापन नीति। बहुत बड़े-बड़े व्यक्तित्व बौने हो गये। श्रद्धा सब कहीं से टूट गयी।...भ्रष्ट राजनीतिक संस्कृति ने अपना असर सब कहीं डाला। किसी का किसी पर विश्वास नहीं रह गया था—न व्यक्ति पर, न संस्था पर। कार्यपालिका, विधायिका और न्यायपालिका का नंगापन प्रकट हो गया।...यह विकलांग श्रद्धा का भी दौर था।"[37]

एक जागरूक रचनाकार होने के नाते रघुवीर सहाय ने भी राजनीति और समाज में बढ़ रहे पाखंड को अच्छी तरह समझा था। लोकतांत्रिक एवं सामाजिक मूल्यों के विघटन के कारण मानवीय अधिकारों के लिए संघर्ष करनेवाले लोग लगातार पराजित होते दिखायी पड़ रहे हैं एवं प्रतिगामी शक्तियाँ सबल होती जा रही हैं। इसी के साथ उपभोक्तावादी संस्कृति एवं सांस्कृतिक उपनिवेशवाद का हमला भी आज जोरों पर है। इसके कारण सामाजिक सम्बन्ध बुरी तरह छिन्न-भिन्न हो गये हैं और एक ही समाज और राष्ट्र में रहनेवाले लोगों के बीच अजनबीपन की भावना बढ़ी है। आज प्रत्येक अनुभव एक "उत्तेजना" और प्रत्येक मनुष्य एक "वस्तु" में रूपान्तरित हो गया है। सबसे दुःखद स्थिति यह है कि इस "उपभोक्तावादी संस्कृति" और "सांस्कृतिक गुलामी" से अभिभूत देश की अधिकांश युवा-प्रतिभा इसका प्रतिरोध कर पाने की स्थिति में नहीं है। "उदारीकरण" और "वैश्वीकरण" के नाम पर स्थापित आर्थिक और सांस्कृतिक दासता का चारों ओर जयगान हो रहा है। इन स्थितियों में एक "समतामूलक" समाज-रचना का संकल्प दकियानूसी विचार कहकर खारिज कर दिया जाता है। जीवन के हर क्षेत्र में अनुकरण की संस्कृति

प्रतिष्ठित हो रही है और "आविष्कार की संस्कृति" उपेक्षित हो रही है। रघुवीर सहाय अपनी रचनाओं में वर्तमान दौर के इस बहुआयामी संकट की पहचान करते हैं और फिर उसका प्रतिरोध करते हैं। "कुछ पते कुछ चिट्ठियाँ" कविता-संग्रह के "निवेदन" में उन्होंने समकालीन संकट का खुलासा करते हुए लिखा है कि :

"कवि का आज का संकट नया नहीं है। नया केवल संघर्ष के पिछले दौर में पराजय का बोध है और साथ ही यह प्रश्न भी कि अन्याय और दासता की पोषक और समर्थक शक्तियों ने जब ऐसी स्थिति उत्पन्न कर दी है कि मानवीय अधिकारों के लिए संघर्ष करनेवाले अपनी हर लड़ाई में उन्हीं के आदर्शों की पूर्ति करते दिख रहे हैं जिनके विरुद्ध संघर्ष है, तब रचनाकार इस संघर्ष में अपनी हिस्सेदारी कैसे निबाहे। ...भाषा के अनेक प्रकारों पर व्यावसायिक और राजनैतिक कब्जे ने भाषा की रचनात्मकता को अनेक प्रकार से विकृत और कुंठित किया है, नयी प्रतिभा को सामाजिक चेतना के विषय में बलपूर्वक अशिक्षित करके मनुष्यों के बीच साझेदारी के सम्बन्ध तोड़े हैं और उनकी जगह बनावटी रागात्मकता के नये समझौते आरोपित किये हैं जो उसके किसी पक्ष को कोई आत्मिक बल नहीं देते। वे प्रत्येक अनुभव को एक सनसनी और प्रत्येक मनुष्य को एक वस्तु बनाते चले जाते हैं। इस ध्वंस व्यापार का प्रतिष्ठान नयी प्रतिभा को लगातार लुभाता और पथभ्रष्ट करता रहता है।"[38]

यह बहुआयामी संकट स्वातंत्र्योत्तर भारत की "प्रतिक्रियावादी शक्तियों" की साझेदारी के कारण और भी गहरा होता जा रहा है। इसके कारण पूरा देश दो "संसारों" में बँट गया है। एक तरफ "अनुकरण की संस्कृति" के पुजारी लोग हैं जो ऐश्वर्य एवं विलास में डूबे हुए हैं, दूसरी तरफ अपनी जिन्दगी के लिए संघर्ष करते अधिकांश सामान्य जन हैं। "कैसियस क्ले की हार" नामक कविता में रघुवीर सहाय इन दो "संसारों" की वास्तविकताओं का उद्घाटन करते हैं :

"ताकतवर लोग खोजते हैं कमजोर को
एक तरफ अस्पताल, झोपड़ी, हजार वर्ष से
वंचित जाति वर्ग लाश लुटे लोग
ढहे घर दुआर जिसको वे अभय दें और
दूसरी तरफ चित्रकार जो अपने खून से
कागज़ पर उनकी तस्वीर आँकें
जन के मन भय भरें।"[39]

वास्तव में स्वातंत्र्योत्तर भारत की राजनैतिक व्यवस्था ने "जनता" को विश्वास एवं प्रेरणा देने का काम नहीं किया है, बल्कि उसके मन में भय एवं कायरता की भावना भरने की कोशिश की है। आज की इस मूल्यहीन राजनीति में छल और पाखंड चरमोत्कर्ष पर है। स्वाभाविक तौर पर राजनैतिक व्यवस्था द्वारा दिये गये आश्वासनों को जनता फरेब मात्र मानती है। स्वाधीनता के बाद के पचास वर्षों का इतिहास यही

दिखाता है कि "सामाजिक न्याय", "मानवीय गरिमा" और "शोषणमुक्त समाज" के वायदे खोखले नारे मात्र साबित हुए हैं। "मोहभंग" की स्थिति इस हद तक पहुँच गयी है कि सरकार द्वारा दिया गया शान्ति और समृद्धि का आश्वासन अब जनता में उत्साह की भावना नहीं जगाता, बल्कि उन्हें आतंकित करता है :

जब कोई सरकार नागरिकों को शांति और समृद्धि का आश्वासन देने के लिए राजाज्ञा का आश्रय लेती है, चौकन्ना होने का समय आ जाता है कि इसका प्रतिलोम तो नहीं होनेवाला है?"[40]

वर्तमान मूल्यविहीन संस्कृति ने लोगों को इतना असहाय बना दिया है कि वे "प्रतिकार" की भाषा लगातार भूलते जा रहे हैं। हर तरफ खामोशी और निश्चिन्तता है। कहीं भी प्रतिरोध नहीं, सिर्फ सर्वसम्मति है। हमारे पास ही हत्या हो रही होती है, लेकिन हमें दूर दिखायी देती है क्योंकि हम अपना "चेहरा" ही भूलते जा रहे हैं। इस सर्वग्रासी उदासीनता के खिलाफ जो भी बोलता है, उसे तुरन्त मार दिया जाता है। आज के इस दौर में अपराध, दमनतंत्र एवं मनुष्य-विरोधी राजनीति सभी संगठित हैं केवल उनके खिलाफ़ बोलनेवाला मनुष्य अकेला है। इस मनुष्य-विरोधी स्थिति की पहचान करते हुए रघुवीर सहाय लिखते हैं :

"दुनिया ऐसे दौर से गुजर रही है जिसमें
हर नया शासक पुराने के पापों को आदर्श मानता
और जन वंचित जन जो कुछ भी करते हैं कामधाम रागरंग
वह ऐसे शासक के विरुद्ध ही होता
यह संस्कृति उसको पोसती है जो सत्य से विरक्त है
देह से सशक्त और दानशील धीर हैं
भड़ककर एक बार जो उग्र हो उसे तुरन्त मार देती है"[41]

लेकिन पराजय और निराशा के इस क्षण में भी रघुवीर सहाय हार नहीं मानते। वे "विनाश" की स्थितियों को सम्पूर्णता में अभिव्यक्ति करते हैं, लेकिन "विनाश" को अनिवार्य नियति नहीं मानते। मनुष्य की "क्षमता" और संघर्ष में उन्हें पूरा विश्वास है। एक लेखक के नाते वे मानते हैं कि "रचना विनाश के विरूद्ध कार्रवाई है"। उनके अनुसार लेखक का काम जीवन-विरोधी परिस्थितियों की पहचान करना तो है ही, उन स्थितियों के खिलाफ़ जनता को जागृत करना भी उसका महत्वपूर्ण काम है। सिर्फ सत्ता के सुख और ऐश्वर्य का उपभोग करनेवाले तथाकथित "बुद्धिजीवी" रघुवीर सहाय के अनुसार कभी भी सार्थक रचनाकार नहीं हो सकते। "राष्ट्रीय पराजय के क्षण में" नामक निबन्ध में वे लिखते हैं कि :

"नीति-निर्धारण और उसके पालन में बुद्धिजीवियों का सहयोग लेना अपने आप में कोई आपत्तिजनक बात नहीं है, किन्तु जिन बुद्धिजीवियों का शासक वर्ग के ही मुट्ठीभर लोगों से सम्पर्क हो और जो एक-दूसरे के विचारों का पिष्टपेषण

करके ही बुद्धिजीवी कहलाते हों, वे अपने को छोड़कर और किसी की क्या मदद करेंगे? अगर वे सचमुच दम रखते हैं तो आज की समस्याओं की असली शक्ल खोलें। उन समस्याओं का एक दूसरे से सम्बन्ध पहचानें और ऐसी भाषा में देश को बतायें जो जनता की हो और नये सिरे से उन्हीं लक्ष्यों की ओर चलने का रास्ता दिखायें जिन को राष्ट्रीय पराजय के क्षण में लोग यह कहकर छोड़ दे रहे हैं कि अब ये प्राप्त नहीं किये जा सकते।"[42]

राष्ट्रीय पराजय के क्षण में भी रघुवीर सहाय न्याय और समता के आदर्श को नहीं भूलते। वह आज के बहुमुखी संकट से जितनी अच्छी तरह वाकिफ़ हैं, उतनी ही अच्छी तरह रचना और रचनाकार के दायित्व से भी। उनके अनुसार, हर सार्थक रचना पतन का विकल्प होती है, और यदि वह नहीं होती है तो वह रचना सार्थक नहीं है। बल्कि रघुवीर सहाय तो उसे "रचना" भी नहीं मानते। वह "यथार्थ" की एक भोंडी नकल मात्र है। उनके अनुसार :

"वह रचना जो पाठक या श्रोता के मन में पतन का विकल्प जाग्रत नहीं करती, न तो साहित्य की उपलब्धि होती है, न समाज की। विकल्प की चेतना के विपरीत यदि कविता कुछ करती है तो वह यथास्थिति को ही यथार्थ के रूप में आरोपित करने का दुष्प्रयत्न और रचना-परम्परा की विश्व-उपलब्धियों को पीछे लौटाने का दूसरा नाम है और रचना नहीं है। वह रचना के साधन का रचना-विरोधी उद्‌देश्यों के हाथों में पड़ना है।"[43]

दरअसल रघुवीर सहाय की रचनाएँ महज यथार्थ का चित्रण नहीं करतीं, बल्कि "कुरूप यथार्थ" के कारणों को खोजकर उसका प्रतिरोध भी करती हैं। वे उन लेखकों में नहीं हैं जो वास्तविकता के तटस्थ चित्रण को ही साहित्य समझते हैं और इस प्रकार के साहित्य की सृष्टि कर "आत्म संतुष्ट" बने रहते हैं। वे "कला" की इस "तटस्थ" भूमिका के विरूद्ध हैं। वे तो कलाकारों से अधिसंख्य शोषित जनों का पक्ष लेने का आग्रह करते हैं। उनके अनुसार, सिर्फ "अत्याचार" का वर्णन करना पर्याप्त नहीं है क्योंकि यह तो "शोषितों" को ही असहाय और अकेला बनाती है। जरूरत इस बात की है कि रचनाकार अत्याचारियों को स्पष्टता से समाज के सामने लायें। वास्तव में सच्ची "कला" तो यही होगी :

"देखो जिनको मारा है उनके चेहरों को
उन पर कोई रंग नहीं है
पर सौदागर ज़रा देर में उनमें कोई रंग डालकर
उनको कपड़े पहना देंगे चिकनाए आवरण पृष्ठ पर
यदि तुम रंगों का यह हमला रोक सको तो रोको वरना
मत आँको तस्वीरें
कम-से-कम

विरोध में
और अगर चेहरे गढ़ने हों तो अत्याचारियों के चेहरे खोजो
अत्याचार के नहीं
इसको हम जानते बहुत हैं, वह अब भी छिपता फिरता है।"[44]

"अत्याचार का चेहरा गढ़ने के बदले" अत्याचारियों के चेहरे की खोज रघुवीर सहाय की रचनाओं को "प्रतिबद्ध रचना" बनाती है। इन रचनाओं में न केवल बदलते हुए "युग-सत्य" और मानवीय सम्बन्धों का यथार्थपरक चित्रण है, बल्कि मनुष्य-विरोधी स्थितियों का सार्थक प्रतिरोध भी। यही "प्रतिरोध" रघुवीर सहाय को यथार्थवादी रचनाकारों में विशिष्ट स्थान प्रदान करता है और उनकी रचनाओं को हिन्दी साहित्य की अमूल्य निधि के रूप में स्थापित करता है।

सन्दर्भ

1. दिल्ली मेरा परदेस, पृ.2
2. दूसरा सप्तक, पृ. 142-143
3. विपिन चन्द्र, आधुनिक भारत, पृ. 245 पर उद्धृत
4. सीढ़ियों पर धूप में, पृ. 88
5. आलोचना, नवांक 28 (पूर्णांक 65), जनवरी-मार्च 1974, पृ. 67
6. सीढ़ियों पर धूप में, पृ. 99
7. वही, पृ. 165
8. अशोक वाजपेयी, फिलहाल, पृ. 93
9. जो आदमी हम बना रहे हैं, पृ. 20
10. रजनी पामदत्त, भारत : वर्तमान और भावी, पृ. 287-88
11. विपिन चन्द्र, आधुनिक भारत, पृ. 214 पर उद्धृत
12. अज्ञेय (सम्पा.), प्रतीक-3, 1948, पृ. 119
13. के. दामोदरन, भारतीय चिन्तन परम्परा, पृ. 502
14. हंस, दमन विरोधी अंक, जून 1948, पृ. 641
15. सीढ़ियों पर धूप में, पृ. 220
16. वही, पृ. 107
17. वही, पृ. 109
18. डॉ. रामविलास शर्मा, नयी कविता और अस्तित्ववाद, पृ. 115
19. सीढ़ियों पर धूप में, पृ. 112
20. कल्पना, फरवरी 1958, पृ. 2
21. नयी कविता 4, पृ. 16
22. कल्पना, फरवरी 1958, पृ. 2
23. लिखने का कारण, पृ. 61
24. By 1960 Indian economy had become stagnant. The targets of the ambitious Second Five Year Plan remained unfulfilled. Huge funds were locked up in

grandiose projects with long gestation period. Their construction was characterised by bureautratic delays. wasteful expenditure and bungling of inexperience. The economy was in serious trouble. On the top of this came the conflict with china. India rushed into it without adequate psychological, economic and military preparetion. Not surprisingly therefore, we suffered a humiliating defeat at the hands of China in the Border war of OctoberèNobvember 1962.

Madhu Limaye, Politics after Freedom, p. 411.

25. आत्महत्या के विरुद्ध, पृ. 78-79
26. वही, पृ. 86
27. भँवर, लहरें और तरंग, पृ. 13-14
28. वे और नहीं होंगे जो मारे जाएँगे, भूमिका
29. आत्महत्या के विरूद्ध, पृ. 18
30. हँसो हँसो जल्दी हँसो, पृ. 23
31. लिखने का कारण, पृ. 155
32. हँसो हँसो जल्दी हँसो, पृ. 31
33. जो आदमी हम बना रहे हैं, पृ. 79
34. हँसो हँसो जल्दी हँसो, पृ. 10
35. लिखने का कारण, पृ. 156
36. हँसो हँसो जल्दी हँसो, पृ. 29
37. हरिशंकर परसाई, विकलांग श्रद्धा का दौर, कैफियत
38. कुछ पते कुछ चिट्ठियाँ, निवेदन
39. लोग भूल गये हैं, पृ. 38
40. कुछ पते कुछ चिट्ठियाँ, प्रश्नमंच, पृ. 19
41. लोग भूल गये हैं, पृ. 48
42. ऊबे हुए सुखी, पृ. 116
43. कुछ पते कुछ चिट्ठियाँ, निवेदन
44. लोग भूल गये हैं, पृ. 19।

द्वितीय अध्याय

रघुवीर सहाय की रचनाओं में राजनैतिक-सामाजिक सरोकार

रघुवीर सहाय की रचनाओं में बीसवीं शताब्दी का भारतीय समाज अपने सम्पूर्ण विरोधाभासों के साथ मौजूद है। बीसवीं सदी विविध सफलताओं और विराट चिन्ताओं का कालखंड रही है। डिकेंस की शैली में, इस सदी को सबसे अच्छा और सबसे बुरा—इन दो चरम स्थितियों का समाहार कहा जा सकता है। इस शताब्दी ने एक ओर साम्राज्यवाद का ह्रास देखा, तो दूसरी ओर नव-उपनिवेशवाद का उत्थान भी। वैज्ञानिक और प्रौधोगिकी ने विस्मयजनक प्रगति की, लेकिन उसका लाभ विशिष्ट वर्गों को ही मिला है। आम जनता अब भी अपने तमाम अधिकारों से वंचित, अस्तित्व की लड़ाई लड़ रही है। अनेक देशों में जनतांत्रिक सरकार की स्थापना हुई है, लेकिन लोकतंत्र मानवीय नैतिकता से रहित होकर सिर्फ सत्ता का पर्याय बनकर रह गया है। विराट संसाधनों के बावजूद दुनिया की अधिकांश जनता अभाव की जिन्दगी बसर कर रही है। एक ओर विश्वग्राम की संकल्पना है, तो दूसरी ओर जातिवाद, भाषाभेद और क्षेत्रीयतावाद के दुराग्रह सिर उठा रहे हैं। बीसवीं शताब्दी की इस संक्रमणशील स्थिति को विख्यात समाजशास्त्री श्री श्यामाचरण दुबे इस प्रकार स्पष्ट करते हैं :

"बीसवीं सदी विराट उपलब्धियों और चिन्ताजनक असफलताओं के सौ वर्षों का कालखंड रही है। ...इस सदी ने साम्राज्यवाद का उत्कर्ष देखा, उसका ह्रास देखा और अब नव-उपनिवेशवाद का उदय देख रही है। इस बार यह सहयोगी प्रयास है; उसका विरोध कम है, स्वागत अधिक। ...अस्तित्व के विराट प्रश्न हाशिये पर चले गये हैं और वैश्वीकरण के नाम पर एक भोगवादी संस्कृति पुरस्कृत हो रही है। विज्ञान और प्रौद्योगिकी ने आश्चर्यजनक प्रगति की है ...पर उनका लाभ सीमित क्षेत्रों और सीमित वर्गों को ही मिला है। ...संसाधनों के होते हुए भी संसार के दो-तिहाई भाग

को, अभाव की संस्कृति में जीना पड़ता है। ...सांस्कृतिक अस्तित्व और अस्मिता के प्रश्न भी बीसवीं सदी में अत्यंत जटिल हो गये। एक ओर विश्वग्राम की परिकल्पना है, दूसरी ओर जातिवाद, भाषावाद और क्षेत्रीयतावाद के आग्रह और दुराग्रह हैं। जातीय भावना का उत्कर्ष राष्ट्रों और राज्यों को विखंडन की ओर ले जा रहा है। एक ओर नारा लगता है कि "ईश्वर मर गया" दूसरी ओर धार्मिक भावनाएँ बलवती होती हैं और उनकी एक धारा कट्टरतावाद की ओर मुड़ती है। ...बीसवीं सदी की ये विडम्बनाएँ अपने आप में एक लम्बी कार्यसूची है जो इक्कीसवीं सदी को विरासत में मिलेगी।"[1]

रघुवीर सहाय की रचनाएँ भी बीसवीं सदी की उपलब्धियों और विराट चिन्ताओं को पूरी ईमानदारी से व्यक्त करने की कोशिश करती हैं विशेषतः भारतीय समाज और संस्कृति के सन्दर्भ में। भारतीय स्वाधीनता आन्दोलन जिन मूल्यों और मान्यताओं को लेकर लड़ा गया था, स्वातंत्र्योत्तर भारत में वे मान्यताएँ हाशिए पर चली गयी हैं। प्रत्येक व्यक्ति की समता और समृद्धि की गारंटी, शोषण और वर्गभेद की समाप्ति, लोकतंत्रीय संस्थाओं के विकेन्द्रीकरण के माध्यम से आम जनता के अधिकार की बहाली, स्त्री और दलित जैसी नेपथ्य में पड़ी सामाजिक इकाइयों को राष्ट्रीय मुख्यधारा में शामिल करना—ये तमाम बातें आज अव्यावहारिक और आदर्शवादी कहकर खारिज़ कर दी जाती हैं। लोकतंत्र, जिसे शासन में जनता की हिस्सेदारी का माध्यम होना चाहिए, आज सत्ता प्राप्ति का उपकरण मात्र बनकर रह गया है। रघुवीर सहाय भारतीय लोकतंत्र के चारित्रिक पतन से काफी परेशान रहे हैं तथा लोकतांत्रिक व्यवस्था के विभिन्न पहलुओं पर उन्होंने अपनी रचनाओं में काफी विस्तार से विचार किया है। भारतीय राष्ट्र और समाज के वर्तमान संकट का स्रोत रघुवीर सहाय लोकतांत्रिक पद्धति के त्रुटिपूर्ण क्रियान्वयन में मानते हैं। आज के भारतीय लोकतंत्र की सच्चाई यह है कि "लोक" उसमें कहीं भी शामिल नहीं है सिवाय हर पाँच वर्ष के अंतराल पर वोट देने के। लोकतंत्र, जो मनुष्य की समता, स्वतंत्रता और बंधुत्व जैसे आदर्श का प्रतीक था, इस समय केवल शिखर पर होनेवाले जोड़-तोड़ का प्रतीक बन चुका है। भारतीय लोकतंत्र का मूल्यांकन करते हुए रघुवीर सहाय 1 फरवरी 1970 को लिखते हैं :

"भारतीय गणराज्य के 21वें वर्ष में आज सभी स्तरों पर वाद-विवाद जारी है कि हम किधर जा रहे हैं। बहस का उद्‌देश्य शुभ है किन्तु सभी स्तरों पर जाँच एक गोल दायरे में घूमकर रह जाती है क्योंकि उसका उपयोग समस्याओं की जिम्मेदारी कभी किसी पर और कभी किसी पर डालकर राजनीतिक कीचड़ उछालने में किया जा रहा है और जाहिर है इस खेल में बाजी उसी के हाथ रहेगी जिसके पास सत्ता है और प्रचार के साधनों पर जिसका प्रकट या प्रच्छन्न कब्ज़ा है। वह इस बहस को कभी निर्णय की हद तक जाने नहीं देगा क्योंकि वह हिन्दुस्तान की असलियत से आँखें चार नहीं कर

सकता। हिन्दुस्तान की असलियत है कि यह विशाल देश विश्व में बड़े शक्ति गुटों की कृपा पर आश्रित है और उसके कुल 20-25 प्रतिशत नागरिक साक्षर और शरीर से सबल हैं और ये ही समस्त राजनीतिक शक्ति का हिस्सा-बाँट आपस में किये हुए हैं बाकी 75 प्रतिशत निरक्षर और निर्बल प्राणी जिनमें से 27 करोड़ 1963 में बीस पैसे रोज पर बसर कर रहे थे, अंग्रेजों के छोड़े हुए खंडित हिन्दुस्तान में अपनी अंधश्रद्धा, भाग्यवादिता और भयभीत लिये हुए सत्ता के व्यापारियों के जाति, भाषा और धर्म के झगड़ों को बनाये रखने का सामान मुहैया करते हैं। वे आज भी शासित हैं–अपने शासित आप नहीं जैसा कि उन्हें एक स्वतन्त्र देश में आजादी के 22 बरस में हो जाना चाहिए था। यह कहना कि उन्हें वोट का अधिकार भी है और अवसर की स्वतंत्रता भी, स्कूली निबन्ध का सा तर्क है।"[2]

जब देश में स्वाधीनता की पचासवीं वर्षगाँठ बड़े हर्षोल्लास के साथ मनायी जा रही थी, भारतीय लोकतंत्र के बारे में रघुवीर सहाय की टिप्पणी थोड़े-बहुत संशोधनों के साथ उतनी ही सार्थक मालूम हो रही थी। लोकतंत्र में जनता की हिस्सेदारी अभी भी नगण्य है। सरकारी नीतियों के केन्द्र में भी "जनता" नहीं बल्कि "विशिष्ट वर्ग" ही है। चंद लोगों के हाथ में सम्पूर्ण सत्ता का केन्द्रीकरण हो गया है तथा विशाल भारतीय जनमत निर्णय लेने के अधिकार से वंचित है। लोकतंत्र की परिभाषा "जनता का, जनता द्वारा और जनता के लिए" शासन पद्धति के रूप में की गयी थी, लेकिन वर्तमान भारतीय लोकतंत्र न "जनता" का है और न "जनता" द्वारा संचालित है। यह मात्र "जनता" के लिए विकसित तंत्र बनकर रह गया है। विख्यात समाजवादी विचारक श्री जयप्रकाश नारायण के शब्दों में :

"हमारा लोकतन्त्र बहुत संकुचित आधार पर टिका हुआ है। यह ऐसे उल्टे पिरामिड की तरह है, जो सिर के बल खड़ा है। ...केवल यह तथ्य कि हर बालिग भारतीय को वोट देने का हक है, शासन पद्धति के पिरामिड को व्यापक आधार नहीं दे सकता। करोड़ों की संख्या में बिखरे हुए व्यक्तिगत मतदाता बालुका-कणों के ऐसे ढेर की तरह हैं, जो किसी भी संरचना की बुनियाद नहीं बन सकते।

...अब तक संसदीय सत्ता का ढाँचा लोकतंत्र का सर्वोत्तम विकसित रूप था। किन्तु वह बहुत ही अपर्याप्त है। मात्र "जनता का जनता के लिए किन्तु जनता द्वारा नहीं" ऐसा राज चला ले सकनेवाली आज की परिस्थिति से किसी भी लोक-शासनवादी को समाधान नहीं होना चाहिए। बल्कि यह जरूरी है कि जनता अपने कारोबार में प्रत्यक्ष एवं वास्तविक हिस्सा ले। लोकतंत्र के संचालन में लोगों का अपना हिस्सा कितना है, प्रत्यक्ष सहयोग कितना है और लोगों को यह तंत्र कितना "अपना" लगता है, उस पर लोकतन्त्र की सफलता निर्भर है।"[3]

रघुवीर सहाय भी मनुष्य की स्वतंत्रता और लोकतंत्र में अभिन्न सम्बन्ध मानते हैं। जो व्यवस्था व्यक्ति की रचनात्मकता का विकास न कर, उसे सिर्फ़ वोट

देनेवाली मशीन बनाकर छोड़ दे, वह वास्तविक "लोकतंत्र" नहीं हो सकती। सच्चा लोकतन्त्र समाज में व्याप्त दकियानूसी, यथास्थिति, अशिक्षा, जातिवाद, असमानता और हिंसा को समाप्त कर मनुष्य को सर्जनात्मक बनाने का प्रयास करता है। जनतांत्रिक व्यवस्था की सार्थकता भौतिक उपलब्धियों का आँकड़ा संग्रह करना नहीं है, बल्कि मनुष्य को अधिकार सम्पन्न बनाना है। वह व्यवस्था कभी सुदृढ़ और स्थायी नहीं हो सकती जिसमें केवल पाँच साल के अंतराल पर वोट देना और बाकी समय अपने अधिकारों के लिए भीख माँगते रहना ही जनता का भाग्य बन जाता है। जनतंत्र तभी सच्चे अर्थों में सफल माना जा सकता है जब वह मनुष्य को मुक्त कर, उसमें रचनात्मकता का विकास करे! आंकड़ों की कलाबाजी और उसके आधार पर भौतिक उपलब्धि के दावे को रघुवीर सहाय जनतंत्र की सफलता का पैमाना नहीं मानते :

"आजादी के चालीस साल भौतिक उपलब्धियों के साल होंगे, हुआ करें। हमें यह जानकर कोई क्रान्तिकारी खबर नहीं मिलती कि अब हम कितना इस्पात और कितना सीमेंट पैदा कर रहे हैं। हम कितना रोज़गार पैदा कर रहे हैं यह जानने लायक बात है और इसी के साथ यह भी कि हमारी कितनी नई प्रतिभा अपने आपको रचनात्मक कर्म में लगा पा रही है और आविष्कार कर पा रही है, चाहे साहित्य में चाहे विज्ञान में। और सबसे बढ़कर हम यह जानना चाहेंगे कि राजनीति के द्वारा हमने मनुष्य को स्वतंत्रता की कितनी समझ दी है। अगर चालीस साल में हमने यही निष्कर्ष निकाला है कि समाज के टुकड़े करके फिर उन्हें एक जगह से संचालित करना ही राष्ट्र कहलाता है तो हमने गुलामी का केवल स्वातंत्र्योत्तर संस्करण तैयार किया है और कुछ नहीं।"[4]

वस्तुतः भारतीय लोकतंत्र और उस पर आधारित राजनीति अब तक गुलामी का स्वातंत्र्योत्तर संस्करण तैयार करने में ही अधिक मशगूल रही है। वर्तमान राजनीति जनता को जाग्रत कर उसका जीवन स्तर उठाने की नहीं, बल्कि उसकी कमजोरियों, अज्ञान और विभेदों का फायदा उठाकर सत्ता में आने के लिए समर्थन जुटाने की राजनीति बन गयी है। इस प्रकार से विक्रसित राजनीतिक व्यवस्था जनता में आस्था और विश्वास का संचार नहीं करती, बल्कि अपने ताम-झाम से जनता में भय पैदा करती है और इस भय के द्वारा एक प्रकार का अतार्किक आदर भी। प्रदर्शन पर आधारित राजनीतिक व्यवस्था का अत्यन्त सटीक वर्णन रघुवीर सहाय ने अपनी कविता "अधिनायक" में किया है। इस अधिनायकवादी व्यवस्था से भयाक्रांत भारतीय "जनता" किस प्रकार मनुष्य विरोधी स्थितियों का गुणगान करने के लिए विवश है, "अधिनायक" कविता इसको बहुत ही रोचक ढंग से प्रस्तुत करती है। इस व्यवस्था में "मनुष्य" सिर्फ सत्ता के गुणगान का उपकरण है; उसको अधिकार सम्पन्न और रचनात्मक बनाने का तो सवाल ही नहीं :

“मख़मल टमटम बल्लम तुरही
पगड़ी छत्र चँवर के साथ
तोप छुड़ाकर ढोल बजाकर
जय-जय कौन कराता है।
पूरब-पच्छिम से आते हैं
नंगे-बूचे नरकंकाल
सिंहासन पर बैठा, उनके
तमग़े कौन लगाता है।
कौन-कौन है वह जन-गण-मन
अधिनायक वह महाबली
डरा हुआ मन बेमन जिसका
बाजा रोज़ बजाता है।”[5]

भारतीय लोकतांत्रिक व्यवस्था की सबसे बड़ी खामी यह है कि इसने एक अनुत्तरदायी समाज की रचना की है। जनता को शासन पद्धति का भागीदार न बनाकर उसे मूक दर्शक बनाकर छोड़ दिया गया है। समस्त सामाजिक, राजनीतिक और आर्थिक अधिकारों से वंचित होकर भारतीय मनुष्य केवल “मतदाता” बन गया है। व्यक्ति के जिस एकमात्र अधिकार को राजनीतिज्ञों ने अनिवार्य माना है, वह है चुनाव के समय वोट देने का अधिकार। बाकी अधिकारों के लिए उसे हर समय अर्जी ही देनी पड़ती है : कभी राजनेताओं के पास, कभी अफसरों के पास। इस केन्द्रीकृत राजनीतिक व्यवस्था और नौकरशाहों पर अत्यधिक भरोसा करने के कारण भारतीय जनता अपना आत्मविश्वास खो बैठी है। “जनता” को यह विश्वास ही नहीं रह गया है कि वह कुछ कर सकती है। आज लोगों में सामान्यतः यह प्रवृत्ति पायी जाती है कि सब कुछ सरकार करेगी, उनका कोई उत्तरदायित्व नहीं है। लोगों में उत्तरदायित्वहीनता और विश्वास का अभाव अचानक नहीं उत्पन्न हुआ है, बल्कि वर्षों के सचेत प्रयत्न से यह “कर्महीनता” की स्थिति पैदा हुई है। स्वातंत्र्योत्तर भारत में नौकरशाही और अंग्रेजी भाषा के माध्यम से सत्ता का जो अत्यधिक केन्द्रीकरण हुआ है, यह उसी का नतीज़ा है। वर्षों से उत्तरदायित्वहीन और अधिकारों से वंचित भारतीय जनता अपने दायित्व से डरने लगी है। आज जनता स्वयं राज्य चलाने के लिए तैयार नहीं है, वह तो चाहती है कि कोई उसके लिए खाने-पीने, पहनने-ओढ़ने, शिक्षण इत्यादि की व्यवस्था कर दे; बस इतना ही पर्याप्त है। “एरिक फ्रॉम” ने अपनी पुस्तक “फीयर ऑफ फ्रीडम” में इस स्थिति की व्याख्या वैज्ञानिक ढंग से की है। उनकी मान्यता है कि मनुष्य स्वतन्त्र होने में भी डरता है, क्योंकि स्वतन्त्र व्यक्ति की कुछ जिम्मेदारियाँ होती हैं। इन जिम्मेदारियों को मनुष्य नहीं निभाना चाहता, अतः वह अपनी स्वतंत्रता का सौदा करता है। अपना दायित्व वह दूसरे के हाथों बेचकर अपनी

दुनिया में निश्चिन्त हो जाता है और इस प्रकार एक स्वतंत्र व्यक्ति भी गुलाम हो जाता है। समाज और व्यक्ति को स्वावलम्बी और उत्तरदायी बनाने की प्रक्रिया नीचे से शुरू होनी चाहिए, तभी व्यक्ति की रचनात्मक प्रतिभा का विकास होगा। गांधीजी जिसे "ग्राम स्वराज़्य" कहते थे वह इसी अवधारणा पर आधारित था कि विकेन्द्रीकरण द्वारा सत्ता का समुचित वितरण हो। इस प्रकार देश की छोटी से छोटी इकाई को भी अधिकार सम्पन्न और दायित्वपूर्ण बनाया जाए। गांधी जी चाहते थे कि अधिक से अधिक अधिकार जनता के हाथों में रहे। उन्होंने कहा भी था कि "वही सरकार सर्वोत्तम होती है जो न्यूनतम शासन करती है।" लेकिन स्वातंत्र्योत्तर भारत में संगठित राजनीति के जरिये सत्ता का अत्यधिक केन्द्रीकरण किया गया तथा स्वायत्त संस्थाओं और व्यक्तियों को सभी प्रकार के अधिकारों से वंचित कर उन्हें प्राणहीन कंकालों में बदल दिया गया। इस प्रकार स्वातंत्र्योत्तर भारतीय राजनीति में सत्ता के चरम केन्द्रीकरण के कारण देश की रचनात्मक प्रतिभा बड़े पैमाने पर नष्ट हो गयी। रघुवीर सहाय इस त्रासद स्थिति का वर्णन बड़े दुःख के साथ करते हैं :

"देश के राजनैतिक संगठन के अलग-अलग स्तरों पर जैसे ग्राम, नगर, जिला, प्रान्त और केन्द्र हैं, राज्य सत्ता का समुचित वितरण हुआ रहे तो व्यक्ति की राजनैतिक प्रतिभा को विकसित होने का पूरा अवसर मिलेगा। तब फिर सत्ता और वाणी के बीच का तनाव एक रचनात्मक योग दे सकेगा : घुट कर मर नहीं जाएगा जैसा कि उन समाजों में होता है, जहाँ केन्द्र ही सर्वस्व है। यदि भारत के राजनैतिक संगठन के नक्शे पर नजर डालें तो हम पंचायतराज, जिला परिषद, नगरपालिका जैसी तथाकथित स्वायत्त सत्ताओं के क्रमशः गुलाम होते जाने की कहानी उस पर अंकित पाएंगे।"[6]

भारतीय लोकतांत्रिक व्यवस्था की बहुत बड़ी खामी यह है कि इसने अधिकांश जनता को बुनियादी मानवीय आवश्यकताओं से वंचित कर उन्हें असहाय और अरक्षित स्थिति में छोड़ दिया है। भौतिक सुख-सुविधाओं से रहित और शिक्षा के अधिकार से वंचित मनुष्यों का बहुत बड़ा समूह "जीवित-मृत्यु" की दशा में जिन्दगी गुजार रहा है। शोषण, असमानता और वर्गभेद की स्थिति ने देश को कई टुकड़ों में बाँट दिया है। भारतीय समाज में बहुत बड़ी तादाद उन लोगों की है, जिनके लिए लोकतंत्र टूटे हुए सपने और बिखरती हुई आशाओं की दास्तान है। उजड़ते हुए गाँवों और शहर की झुग्गी झोपड़ियों में, औद्योगिक और वाणिज्यिक प्रतिष्ठानों के दमघोंटू वातावरण में जनता का अधिकांश हिस्सा मोहभंग, आक्रोश और असहायता की स्थिति में जीवन बसर कर रहा है। रघुवीर सहाय ने अपनी रचनाओं में लगातार क्षीण होते हुए भारतीय मनुष्य की विविध स्थितियों का विस्तार से वर्णन किया है। "हरचरना", "रामदास", "गिरीशे", "दयावती", "रामलाल", "रामगुलाम" आदि ऐसे ही व्यक्ति हैं.जिन्हें राष्ट्र और समाज की मुख्यधारा से काटकर हाशिये पर धकेल

दिया गया है। ये चरित्र अन्याय, शोषण और गैरबराबरी की सम्पूर्ण दुनिया को उद्‌घाटित करते हैं। वस्तुतः रघुवीर सहाय इस मनुष्य-विरोधी भारतीय राजनीति का खुलासा करते हुए लिखते हैं कि :

"दिन-ब-दिन भारतीय समाज के समूह-के-समूह कर्म के दायरे से बाहर ठेले जा रहे हैं—वे अपने धंधे और अपनी धरती से अपने सम्बन्ध अर्थात् अपने मानसिक जीवन के स्रोत से वंचित हो रहे हैं। कौशल और विद्या जो उनके हाथ में थी, नयी सत्ता संरचना में उनके हाथ से छिन रही है और नये कौशल तथा नयी विद्याओं में उनको हिस्सा नहीं मिल रहा है। ये गुण कुछ ही लोगों के लिए सुरक्षित रखे गये हैं और पूँजी तथा संगठन के भारी प्रतिष्ठान की अपनी आवश्यकताओं के अनुसार मनुष्यों को मशीनी मजदूर बनाते हुए उनमें इस प्रकार वितरित किये जाते हैं कि सभी निर्णायक ज्ञान कुछ ही हाथों में सिमटा रहे। व्यापक जन समाज को मशीनी मजूर या निरा उपभोक्ता बनाकर छोड़ देनेवाला यह प्रौद्योगिक तंत्र भारतीय जाति व्यवस्था और जमींदारी परम्पराओं की मदद से अमानवीय अत्याचार का एक नया संसार बना रहा है।"[7]

संपत्ति और सत्ता के असमानतापूर्ण वितरण ने भारतीय समाज के ताने-बाने को विच्छिन्न कर दिया है। एक ओर अकाल, भुखमरी और चरम निर्धनता की स्थिति है तो दूसरी ओर संपत्ति और सत्ता का अनैतिक प्रदर्शन। जनता का बहुत बड़ा समूह भोजन, वस्त्र, आवास, स्वास्थ्य सेवा और शिक्षा जैसी बुनियादी सुविधाओं से आज भी वंचित है। समाज और राष्ट्र छोटी-छोटी इकाइयों में बँट गया है। सत्ता और संसाधनों के आधार पर ध्रुवीकरण की स्थिति काफी स्पष्ट है : एक तरफ सभी तरह की सुविधाओं से लैस "अभिजात वर्ग" है, तो दूसरी तरफ जीवन की बुनियादी आवश्यकताओं से वंचित साधारण भारतीय आदमी। ये साधारण मनुष्य तीन दुनियाओं से अलग एक चौथी दुनिया की सृष्टि करते हैं, जहाँ व्यक्ति हर दिन मनुष्य से एक दर्जा नीचे जाने का दर्द झेलता है। श्री राधाकान्त नायक सामान्य मनुष्य के दर्द को अभिव्यक्त करते हुए कहते हैं :

"विगत दो शताब्दियों में औद्योगिक सभ्यता ने पर्याप्त वस्तु और सेवाओं का सृजन किया है, जिसने प्रत्येक व्यक्ति की जिन्दगी को विलासपूर्ण नहीं तो आरामदायक ज़रूर बना दिया है। फिर भी असमानतामूलक संरचना ने अधिकांश लोगों तक इन वस्तुओं और सेवाओं की पहुँच मुश्किल बना दी है। इस असमानतामूलक संरचना ने ऐसी स्थिति पैदा कर दी है जहाँ तीनों दुनियाओं की अधिकांश जनता भौतिक समृद्धि और सामाजिक-राजनीतिक गरिमा से वंचित कर दी गयी है।

इस स्थिति में अधिकांश जनता न केवल हाशिए पर धकेल दी गयी है, बल्कि इन्हें उपेक्षित चौथी दुनिया का सदस्य बनने को मजबूर कर दिया गया है।"[8]

इस तरह जीवन की बुनियादी आवश्यकताओं से वंचित मानव-समूह आज की

दुनिया में अपना कोई भविष्य नहीं देख पाता। वह किंकर्तव्यविमूढ़ स्थिति में है और सोच नहीं पाता कि क्या करें, अपने परिवार और बच्चों को लेकर कहाँ जाएँ :

"रोज-रोज थोड़ा-थोड़ा मरते हुए लोगों का झुंड
तिल-तिल खिसकता है शहर की तरफ :
फरमाइशी सम्भोग में सुनो एक उखड़ी साँस की
साँय-साँय, इस महान देश में क्या करें, कहाँ जायँ
घबराते लड़के गदराती औरत लेकर।"[9]

जनता की इस बदहाली का मुख्य कारण नैतिकताहीन राजनीति है : जो शिखर पर जोड़-तोड़ करना ही अपना मुख्य ध्येय मानती है, जनता उसके लिए महज़ सत्ता प्राप्ति का उपकरण है। इस राजनीतिक दिवालियेपन के कारण समाज में यथा-स्थितिवाद, शोषण एवं गैरबराबरी का आग्रह बढ़ा है और स्वतंत्रता के दिनों में जिस समाजवादी समाज की रचना का स्वप्न देखा गया था, उसकी सम्भावना क्रमशः लुप्त होती गयी है। वर्तमान राजनीतिक परिदृश्य में जनता मूक-दर्शक बनकर रह गयी है। समकालीन राजनैतिक पतन को उद्घाटित करते हुए रघुवीर सहाय ने लिखा है कि :

"आज की राजनीति प्रायः सम्पूर्ण रूप से शिखर पर, शिखर द्वारा, शिखर के लिए राजनीति हो गयी है। कुल राजनीति वे ही कर रहे हैं जो वोट देकर विधायिकाओं और संसद में भेजे गये थे। जिनका वोट लेकर वे गये थे वे हर परिवर्तन के साथ मुँह उठाकर सुनने के अलावा कुछ कर नहीं पा रहे हैं क्योंकि संसद या विधानसभा के बाहर उनको कोई नेतृत्व नहीं दे रहा है—ऐसा नेतृत्व कि एक स्वाधीन देश के अनुरूप अन्यायमुक्त समाज की रचना के लिए जीवन-दृष्टि दे सके।"[10]

ज़ाहिर है उस लोकतांत्रिक व्यवस्था में, जिसमें सामान्य मनुष्य लगातार असहाय और अरक्षित होता जा रहा है, जनता की आस्था लगातार क्षीण होती जाएगी। वर्तमान भारतीय परिदृश्य लोकतंत्र के प्रति जनता की क्रमशः घटती हुई आस्था का परिचायक है। आज भारत में लोकतंत्र के भविष्य पर गहरा वैचारिक मंथन चल रहा है। लोकतंत्र के स्थान पर "राष्ट्रपति शासन-प्रणाली" या अन्य वैकल्पिक शासन-व्यवस्थाओं की बात उठायी जा रही है। लम्बे समय से भारतीय राजनीति में अस्थायित्व का दौर चल रहा है, क्योंकि जनता किसी भी राजनीतिक पार्टी को अपने करीब नहीं पाती है। अंग्रेजों ने राजा और प्रजा का जो भेद कायम किया था, वह लोकतांत्रिक व्यवस्था में भी जस का तस विद्यमान है। इसलिए महज शासन व्यवस्था में परिवर्तन वर्तमान संकट का समाधान नहीं हो सकती। ज़रूरत तो राजनीतिक चरित्र के बदलने की है। संसद जनता के प्रति संवेदनशील और उत्तरदायी हो, तभी स्वस्थ लोकतंत्र का विकास सम्भव है। लेकिन आज न तो संसद और विधानसभा

जैसी लोकतांत्रिक संस्थाएँ अपने दायित्व का वहन कर रही हैं, और न ही जनता के चुने गये प्रतिनिधि लोक और समाज के प्रति अपने कर्तव्य का निर्वाह कर रहे हैं। समकालीन संकट को उजागर करते हुए वरिष्ठ सांसद श्री अटल बिहारी वाजपेयी कहते हैं :

"न तो संसद और न ही राज्य विधानसभाएँ अपना बुनियादी कार्य करने अर्थात् विधान बनाने में तनिक भी कार्यकुशलता और प्रतिबद्धता का परिचय दे रही हैं। इन लोकतांत्रिक संस्थाओं के प्रतिनिधि भी कुछ अपवादों को छोड़कर न तो विधायन की प्रक्रिया में प्रशिक्षित हैं और न ही वे इसके लिए आवश्यक ज्ञान और कार्यक्षमता का विकास करने को उत्सुक हैं।"[11]

समकालीन भारतीय जीवन में संसद सदस्यों के नैतिक चरित्र का इतना पतन हो चुका है कि संसद अब समाज और राष्ट्र के भविष्य पर बहस करने और सामाजिक परिवर्तन के लिये आवश्यक विधान बनाने का मंच नहीं बल्कि गाली-गलौज एवं भौतिक हिंसा के मंच में परिवर्तित हो गया है। संसद सदस्यों के व्यवहार से लोकसभा अध्यक्ष श्री पी.ए. संगमा इतने खिन्न हो गये कि उन्होंने अपना इस्तीफा देने की धमकी दे डाली। उनका वक्तव्य भारत की सर्वोच्च लोकतांत्रिक संस्था के दिवालियेपन को स्पष्ट करने के लिए काफी है। संसद सदस्यों को चेतावनी देते हुए श्री संगमा कहते हैं :

"क्या संसद और बोट क्लब में कोई फर्क है? संसद को गली में तब्दील कर देने के लिए क्या आप लोगों को शर्मिन्दा नहीं होना चाहिए?. . .मैं इस तरह के सदन का अध्यक्ष होने में अपने को लज्जित महसूस करता हूँ।"[12]

रघुवीर सहाय भारतीय राजनीतिज्ञों के पतनशील चरित्र से पहले ही अवगत हो चुके थे। "मेरा प्रतिनिधि", "फिल्म के बाद चीख", "लोकतंत्रीय मृत्यु", "आत्महत्या के विरूद्ध", "समझौता", "बड़े देशों की राजनीति" आदि कविताओं में ही नहीं अपने अनेक निबन्धों एवं टिप्पणियों में भी उन्होंने भारतीय संसद और राजनेताओं के भ्रष्ट चरित्र पर विस्तार से प्रकाश डाला है। "फिल्म के बाद चीख" कविता इस लिहाज से उनकी प्रतिनिधि रचना कही जा सकती है, जिसमें उन्होंने राजनेताओं के मनुष्य-विरोधी रूप का पर्दाफाश किया है। ये राजनेता दूर देश की विदेश नीति पर बहस चलाते हैं, लेकिन अपने समाज और अपनी जनता की समस्याओं का सामना करना नहीं चाहते। रघुवीर सहाय की मान्यता है कि ऐसी मूल्यहीन राजनीति के खिलाफ विरोध आज की अनिवार्यता है, तभी लोकतंत्र के इस जनविरोधी रूप का मुकाबला किया जा सकता है :

"पाँच दल आपस में समझौता किये हुए
बड़े-बड़े लटके हुए स्तन हिलाते हुए
जाँघ ठोंक एक बहुत दूर देश की विदेश नीति पर

हौंकते डौंकते मुँह नोच लेते हैं
अपने मतदाता का
एक बार जान-बूझकर चीखना होगा
जिन्दा रहने के लिए
दर्शकदीर्घा में से
रंगीन फिल्म की घटिया कहानी की
सस्ती शायरी के शेर
संसद सदस्यों से सुन
चुकने के बाद।"[13]

वास्तव में स्वतंत्रता के बाद जिस लोकतांत्रिक व्यवस्था का भारत में विकास हुआ, उसमें सत्ता के केन्द्रीकरण, नौकरशाही के वर्चस्व और विकास के नाम पर पश्चिमी देशों के अंधानुकरण ने सामाजिक असमानता और वर्गभेद को और भी मुखर बना दिया है। स्वाधीनता आन्दोलन के दौरान हमारे नेताओं ने केवल राजनैतिक स्वतंत्रता प्राप्त करने का लक्ष्य नहीं रखा था, बल्कि उसमें आर्थिक और सामाजिक स्वतंत्रता की प्राप्ति भी शामिल थी। गांधी के कार्यक्रमों में तो विर्शेष तौर पर ये तीनों स्वतंत्रताएँ आपस में मिली-जुली थीं और इनके माध्यम से मनुष्य की सम्पूर्ण मुक्ति पर बल देती थीं। लेकिन स्वाधीनता प्राप्ति के बाद "विकास" के नाम पर केन्द्र-प्रायोजित जो विभिन्न योजनाएँ लागू की गयीं, उन्होंने आम भारतीय मनुष्य से न केवल रोजगार और काम के साधन छीन लिये, बल्कि लोगों की आस्था और विश्वास को भी गहरा धक्का दिया है। अन्ततः इस केन्द्रीकृत व्यवस्था द्वारा सामान्य जन सभी प्रकार की स्वतंत्रताओं से वंचित होकर दास बना दिये गये। विभिन्न पंचवर्षीय योजनाओं द्वारा भारत में जिस प्रकार का औद्योगिकीकरण किया गया, वह इस देश की सामाजिक संरचना के बिल्कुल प्रतिकूल था। इस विकास नीति में "श्रम" की नहीं बल्कि पूँजी की प्रतिष्ठा थी। फलस्वरूप भारत जैसे कृषि प्रधान देश की 80% खेतिहर जनसंख्या, इस तथाकथित "विकास" से बिल्कुल अछूती रही। गांधीजी ने जब भारी मशीनें और विराट पूंजी का विरोध किया था तो उनका तर्क यही था कि ये चीजें साधारण आदमी से रोजगार और काम के साधन छीनकर उन्हें गुलाम बनाती हैं। इस प्रकार स्वाधीनता के बाद विकसित औद्योगिकीकरण की प्रक्रिया ने आर्थिक विषमता, शोषण और दासता का ही मार्ग प्रशस्त किया। नर्मदा आन्दोलन से जुड़ी प्रख्यात सामाजिक कार्यकर्ता मेधा पाटेकर ने इस विकास प्रक्रिया को विनाश की संज्ञा दी है। उनके अनुसार :

"आजादी मिलने के बाद जिस औद्योगीकरण की नींव भारत में डाली गयी, उसमें उपभोगवाद की जीवन-प्रणाली और उसके लिए ज़रूरी हमारी पूरी नीतियों का, विकास के नियोजन का विदेशीकरण और विश्वीकरण सम्मिलित था। होना

यह चाहिए था कि आम जनता की मूलभूत ज़रूरतों को पूरा करने को प्राथमिकता दी जाती और श्रम को प्रतिष्ठा। श्रम-निष्ठा के मूल्य के आधार पर इस खेती-प्रधान देश की संस्कृति और अर्थनीति पर आधारित गाँव-समाजों में बसे हुए लोगों की सहभागिता वाली नीति अपनायी जाती। हमने बिल्कुल ही अलग रास्ता अपनाया।"[14]

रघुवीर सहाय की रचनाओं में विनाश की इस पीड़ा को अनेक रूपों में व्यक्त किया गया है। उनका साहित्य समाज की खस्ताहाल स्थिति का प्रामाणिक दस्तावेज है। वह समाज जिसमें एक ओर मानवीय गरिमा और जीने के अधिकार से वंचित विशाल मानव समूह हैं, तो दूसरी ओर विलास और प्रदर्शन में डूबा हुआ अभिजात वर्ग है। मुक्तिबोध की तरह रघुवीर सहाय का रचना-संसार भी भयानक है, ललित नहीं। उसमें अभाव, गैरबराबरी, शोषण, अकाल, गरीबी, अशिक्षा और जहालत के चित्र ही अधिक हैं, प्रेम, करूणा और सहिष्णुता के चित्र उनकी रचनाओं में धीरे-धीरे कम होते गये हैं। रघुवीर सहाय की रचनाओं में भुखमरी और गरीबी से मरते हुए लोग हैं; अकाल से क्षीण होते हुए बच्चे हैं; खंडित स्वप्न और अधिकार वंचित युवक हैं, जिन्दगी से संघर्ष करती स्त्रियाँ हैं; ऊब और त्रास की जिन्दगी जी रहे वृद्ध हैं संक्षेप में रघुवीर सहाय का रचना-संसार उन लोगों से भरा पड़ा है जो अपनी जमीन, भाषा और संस्कृति से कटकर अपने ही देश में शरणार्थी का जीवन जीने के लिए अभिशप्त हैं। इस संदर्भ में विख्यात फिल्म निर्देशक श्री ऋत्विक घटक की यह मान्यता काफी संगत जान पड़ती है कि :

"जब मैं "शरणार्थी" या विस्थापित शब्द का प्रयोग करता हूँ तो मेरा आशय सिर्फ बंगलादेश के शरणार्थी नहीं होते। ...वर्तमान समय में हम सभी ने अपनी जड़ें खोदी हैं और हम सभी विस्थापित हैं।"[15]

"सुवर्णरेखा" फिल्म के प्रारम्भ में एक मजदूर कहता भी है कि "शरणार्थी! हममें से कौन शरणार्थी नहीं है?"

अपनी कविता "उन्नति" में रघुवीर सहाय केन्द्र प्रायोजित "विकास" की अमानवीय प्रक्रिया का खुलासा करते हैं। आज विभिन्न प्रकार के राष्ट्रीय एवं अंतर्राष्ट्रीय मेलों और प्रदर्शनों का आयोजन ही विकास माना जाता है। लेकिन इस तरह की उन्नति हमें और भी पिछड़ा एवं निर्धन बनाती है। इस प्रकार समाज एवं राष्ट्र विकास के नाम पर और भी सिकुड़ता जाता है :

"मेलों में धन लगे
विदेश से मिले साधन
हम उन्नति करते हैं
बार-बार निर्धन बन
राष्ट्र सिकुड़ता है
विपदा से जुड़ता है।[16]

अतः सही अर्थों में विकास तभी होगा, जब देश की सामाजिक संरचना के अनुकूल नियोजन होगा एवं देश में सुषुप्त पड़ी विशाल जनसंख्या का रचनात्मक उपयोग किया जाएगा, नहीं तो "विकास" के नाम पर हम पिछड़ेपन को ही प्रश्रय देते रहेंगे और कुछ विशिष्ट लोगों की उन्नति को सम्पूर्ण देश की उन्नति बताकर खुश होते रहेंगे। इस तरह की विकास परियोजना सामाजिक वर्गभेद को और गहरा बनाएगी और अन्ततः समाज और राष्ट्र को कमजोर करेगी। यह लोकतन्त्र के नाम पर नये तरह का "उपनिवेश" कायम करना होगा। रघुवीर सहाय के अनुसार :

"अन्ततः किसी भी विकासशील राष्ट्र की स्वाधीनता का दारोमदार इसी पर है कि वह अपने प्राकृतिक साधनों का इस्तेमाल कैसे करता है और किसके लिए करता है। आज़ादी की परिभाषाएँ कई हो सकती हैं, पर शायद उसकी सबसे अन्तिम कसौटी यह है कि इस लोक में धरती, समुद्र, आकाश से जो कुछ सम्पदा उपलब्ध है उसका बंटवारा मनुष्यों के बीच बराबर-बराबर है या नहीं। ...प्राकृतिक साधन के उपयोग की प्रौद्योगिकी पर राष्ट्र के नागरिकों के अधिकार को अर्थ देने के लिए एक ओर तो बड़े उद्योगों में अधिकाधिक श्रमिकों की हिस्सेदारी आवश्यक है, दूसरी ओर ऐसी प्रौद्योगिकी का आविष्कार जरूरी है जो भूमिहीन साधारण नागरिक को अपने श्रम पर अधिक से अधिक अधिकार दे सके। ...सही बात यह है कि जहाँ करोड़ों आदमी काम करने को तैयार खड़े हों और उनके दोनों हाथ ही उनके औजार हों वहाँ ऐसी प्रौद्योगिकी का इंतजार करना उनके प्रति अन्याय है जो सिर्फ कुछ आदमी ही नियंत्रित कर सकेंगे। क्योंकि फिर यही कुछ आदमी उनके भाग्य का भी निर्णय करने लगेंगे, और आर्थिक तथा राजनैतिक असमानता ही बढ़ेगी, राष्ट्र की संपत्ति नहीं।"[17]

वास्तव में किसी भी जनतंत्र की सफलता इस बात पर निर्भर करती है कि वह जनता के साथ अपने को किस हद तक जोड़ पाता है। जब तक जनतांत्रिक व्यवस्था लोगों की बुनियादी समस्याओं—भोजन, वस्त्र, आवास, शिक्षा, स्वास्थ्य आदि का समाधान करने में समर्थ नहीं होती, तब तक इसके प्रति लोगों की आस्था बनाये रखना बहुत कठिन है। आज हमारे देश में व्यापक गरीबी और बेरोजगारी की जो विकराल समस्या है, वह भारतीय लोकतंत्र के लिए कठिन चुनौती है। इन बुनियादी समस्याओं का समाधान किये बिना, भारतीय लोकतंत्र एक विडम्बना पूर्ण व्यवस्था ही साबित होगी। विख्यात समाजवादी चिंतक श्री मधु लिमये के शब्दों में :

"तीव्र आर्थिक विकास एवं जीवन-निर्वाह की न्यूनतम आवश्यकतों (पोषण, आवास, शिक्षा, स्वास्थ्य आदि) की पूर्ति के बिना सामान्य मनुष्य लोकतंत्र में अपनी भागीदारी सुनिश्चित नहीं कर सकता। मुझे इस बात की चिन्ता है कि जब तक आम आदमी को यह विश्वास न हो कि लोकतान्त्रिक व्यवस्था उसकी ज्वलंत समस्याओं का समाधान कर सकती है, तब तक जनसामान्य लोकतंत्र को आखिरी धक्का देनेवाले दुश्मनों के खिलाफ़ ऊँगली नहीं उठाएगा। भयानक गरीबी एवं व्यापक बेरोजगारी के

मध्य उदार लोकतंत्र और कुछ नहीं, एक विडम्बना ही कही जायेगी।"[18]

लेकिन स्वाधीनता के 50 वर्षों बाद भी साधारण आदमी जीवनयापन की बुनियादी आवश्यकताओं से वंचित है। 1996 में उड़ीसा के "बोलांगीर" जिले में पड़े भीषण अकाल में हजारों आदमी मारे गये। प्रत्येक वर्ष ठंड और लू से हजारों आदमी मर जाते हैं लेकिन यह घटना हमारे राष्ट्रीय जीवन में कोई हलचल नहीं मचाती। लोग इतने पस्तहिम्मत और कायर हो चुके हैं कि उन्होंने शान्ति के साथ मरना स्वीकार कर लिया है। प्राकृतिक विपदा में हर साल हजारों लोग आज भी मारे जाते हैं, लेकिन सरकार "रिलीफ" बाँटकर निश्चिन्त हो जाती है। लेकिन शहरों एवं गाँवों के बीच और उससे भी अधिक समृद्धि एवं विपन्नता के बीच की खाई पाटने की कोशिश नहीं की जाती। इस खाई को समानता पर आधारित "आर्थिक विकास" से ही पाटा जा सकता है :

"शहरी रंगभवन और लोकनाट्य की खुली धरती के बीच का अन्तर तो विचारों और कला-प्रयोगों से पाटा भी जा सकता है, किन्तु शोषण पर टिकी समृद्धि और सहनशक्ति पर टिकी विपन्नता के बीच का अन्तर शब्दों से नहीं भरा जा सकता—उसके लिए बराबरी पैदा करनेवाले आर्थिक उपाय ही आवश्यक हैं।"[19]

लेकिन स्वाधीनता के बाद इस वर्गभेद, शोषण और असमानता को खत्म करने की कोशिश करना तो दूर, आर्थिक उदारीकरण और वैश्वीकरण के साये में इसे निरन्तर बढ़ावा दिया जा रहा है। स्वाधीनता के इतने वर्ष बाद भारत सरकार की प्रतिबद्धता जनता के प्रति कम और "विश्व बैंक", "अन्तर्राष्ट्रीय मुद्रा कोष" "विश्व-व्यापार संगठन" जैसी अंतर्राष्ट्रीय संस्थाओं के प्रति अधिक दिखायी देती है। नौवें दशक में, बहुप्रचारित आर्थिक उदारीकरण और वैश्वीकरण की वजह से वर्गभेद और असमानता भयावह रूप से बढ़ी है। विश्व बैंक ने 1996 में जारी अपनी रिपोर्ट में स्वयं कहा है कि निर्धन देश और भी निर्धन होते गये हैं, जबकि विकसित देश और अधिक समृद्ध हुए हैं। यह समकालीन दुनिया का सबसे बड़ा संकट है, जिसे प्रसिद्ध मार्क्सवादी चिन्तक ऐजाज़ अहमद इस रूप में व्यक्त करते हैं :

"आजादी की सारी लड़ाइयाँ लड़ने के बाद भी अफ्रीका और एशिया के देश उतने ही महकूम (दास) हैं जितने आज से सौ बरस पहले थे, बल्कि उन देशों की दौलत और अपने देशो की गुरबत के नाते से देखा जाये तो पता चलेगा कि सौ बरस पहले की बनिस्बत हमारा देश आज ज्यादा महकूम है (वर्ल्ड बैंक ने खुद कहा है कि गरीब देशों के मुकाबले में अमीर देशों की फीक्स आमदनी 1870 में ग्यारह गुनी, 1960 में 38 गुनी और 1985 में 52 गुनी थी)।"[20]

ज़ाहिर है इस तरह मानव-जीवन की बुनियादी आवश्यकताओं एवं अधिकारों से वंचित विशाल मानव-समूह समाज और राष्ट्र का नवनिर्माण नहीं कर सकता। अतः स्वतन्त्रता के बाद जिस असन्तुलित विकास को प्रश्रय दिया गया, उसके

कारण लोगों के मन में राष्ट्र और समाज के प्रति निष्ठा कम होती गयी है और उसी अनुपात में अलगाव की भावना भी बढ़ी है। आज देश के अनेक भागों में भाषा, क्षेत्र और मजहब के नाम पर अलगाववाद का नारा बुलन्द किया जा रहा है। "बोडोलैंड", "झारखण्ड", "छत्तीसगढ़", "विदर्भ", "बुंदेलखण्ड" आदि स्वायत्त राज्यों की माँग इसी अलगाववाद की मुखर अभिव्यक्ति है। इस अलगाववाद का मुख्य कारण केन्द्र एवं राज्यों के असंतुलित सम्बन्ध हैं। केन्द्र विभिन्न राज्यों की स्थानीय समस्याओं की लगातार उपेक्षा करता है, फलतः "क्षेत्रीय अस्मिता" की अभिव्यक्ति करनेवाले राजनीतिक दलों का वर्चस्व बढ़ा है और इसी अनुपात में राज्यों का आपसी संवाद भी कम होता गया है। "द्रविड़ मुनेत्र कड़गम", "तमिल मनीला कांग्रेस", "अकाली दल", "तेलगूदेशम पार्टी", "शिवसेना", "महा गुजरात जनता पार्टी" आदि पार्टियाँ देश में क्षेत्रीय अस्मिता के बढ़ते रूझान का संकेत देती हैं। 1985 में क्षेत्रीय पार्टियाँ केवल 4 राज्यों में सत्तासीन थीं जबकि आज वे 8 बड़े राज्यों में सत्ता में भागेदारी कर रही हैं। यहाँ तक कि वर्तमान केन्द्र सरकार का अस्तित्व भी क्षेत्रीय राजनीतिक दलों के बिना असम्भव है। क्षेत्रीय अलगाव का सर्वाधिक प्रमुख कारण असन्तुलित विकास और प्राकृतिक संसाधनों का असमान वितरण है। "राष्ट्र" सिर्फ भूगोल का नाम नहीं है, वह एक भावना भी है और यह भावना तभी विकसित हो सकती है जब इसमें रहनेवाले लोगों को लगेगा कि यह उनका अपना देश है, सरकार उनकी अपनी है और विभिन्न लोकतांत्रिक संस्थाएँ उनके कल्याण के लिए हैं। लेकिन दुर्भाग्य से हमारे देश में, राष्ट्रीय एकता विभिन्न राज्यों की लोककलाओं की नुमाइश मात्र बनकर रह गयी : और विभिन्न राज्यों की जनता में आपसी सम्पर्क को गौण मान लिया गया है। इस प्रकार विभिन्न राज्यों के लोगों के बीच संवाद कम हुआ है और अजनबीपन की भावना बढ़ी है। ऐसी स्थिति में भूगोल कितना भी बड़ा रहे, राष्ट्र छोटा होता जाएगा। रघुवीर सहाय के शब्दों में :

"बड़े राष्ट्र की पहचान यही है कि वह अपने समाजों में साथ-साथ रहने-पहनने का चाव और स्वीकारने-अस्वीकारने का माद्दा जगता है। जो राष्ट्र अपने समाजों को बाँटकर, उनके रिश्ते बनानेवाली परम्पराओं को किताबी बनाकर प्रशासकों द्वारा लागू होने के लिए छोड़ देता है, वह न बड़ा है, न बड़ा बन पाएगा। स्वाधीनता और लोकतंत्र की बड़ाई जो लोग कर गये हैं, वे केवल मताधिकार और निर्वाचित सरकार के लिए नहीं कर गये हैं। ...लोकतंत्र का काम राष्ट्र को एक में बाँधनेवाली परम्पराओं को परिवर्तनशील बनाये रखना है।"[21]

वस्तुतः "राष्ट्र" को "जन" से काटकर नहीं देखा जा सकता। "राष्ट" और "जन" के बीच सामंजस्य जितना अधिक होगा, राष्ट्र उतना ही स्थाई और सुदृढ़ होगा। लेकिन आज राष्ट्र सामाजिक जीवन पर हावी हो गया है और जनता के हितों के प्रतिकूल सत्ता के केन्द्रीकरण का माध्यम बन गया है। यह बुनियादी दुर्गुण

उन्नीसवीं शताब्दी के "राष्ट्रीय राज्य" की अवधारणा में ही निहित है।

यूरोप में अठारहवीं शताब्दी के दौरान विविध स्थानीय संस्कृतियों का दमन करके राष्ट्रीय राज्य का संगठन किया गया था। यह फ्रांस, जर्मनी, आस्ट्रिया, इंगलैंड सभी यूरोपीय देशों के लिए सच था। लेकिन विविध स्थानीय हितों और जनता के विभिन्न तबकों को समाहित किये बिना राष्ट्र बहुत टिकाऊ नहीं हो सकता। गाँधी जी राष्ट्र और "जनता" को एक-दूसरे से जोड़कर देखते थे। गाँधीजी ने कहा था कि "सोसायटी इज़ द रूट, एंड स्टेट इज़ द फ्रूट, इफ द रूट इज़ डिकडेंट द फ्रूट कैन नॉट बी स्वीट"—समाज यदि जड़ है तो राज्य उसका फल है। वह फल स्वस्थ नहीं हो सकता जिसके वृक्ष की जड़ सड़ी हुई हो"। (अवधारणाओं का संकट, पी.सी. जोशी, पृ. 30) अतः आज "राष्ट्र" की अवधारणा को बदलने की आवश्यकता है ताकि उसे जनता के हितों के अनुकूल बनाया जा सके। ऐसा राष्ट्र का आधार विस्तृत करके ही किया जा सकता है। विकेन्द्रीकरण की प्रक्रिया द्वारा राजनीतिक-आर्थिक सत्ताओं का समानतापूर्ण वितरण करके ही "राष्ट्र" को दीर्घजीवी बनाया जा सकता है। इस सम्बन्ध में रघुवीर सहाय की मान्यता काफी स्पष्ट है :

"वास्तव में देश के विभिन्न क्षेत्रों की एक-दूसरे के प्रति आर्थिक निर्भरता ही एक स्वाधीन एकता का सूत्र बन सकती है और यही लोकतंत्र का सूत्र भी है। इसलिए राष्ट्रीय एकता की चिन्ता को लोकतंत्र की चिन्ता से अलग रखकर शब्दजाल गढ़ना व्यर्थ है। जब तक समता और समृद्धि की नीतियों के अनुसार नियोजित समान आर्थिक विकास नहीं होगा, तब तक स्थायी राष्ट्रीय एकता नहीं होगी। हाँ, एक साम्राज्यवादी तानाशाही हो सकती है जिसमें देश के भीतर उपनिवेश हों और उन उपनिवेशों के मानव-संसाधन और उनकी प्राकृतिक और भूमि-सम्पदा एकता की परम्परा का उदाहरण देकर एकत्र रखी जाए ताकि उसका आर्थिक शोषण आसानी से होता रह सके।"[22]

दुर्भाग्य से आजादी के पचास वर्षों के बाद भी "राष्ट्र" जनता में आशा और विश्वास नहीं जगाता, बल्कि भय और असुरक्षा उपजाता है। साधारण आदमी के लिए देश और उसके अधिनायक डरावनी वस्तु के प्रतीक हैं, जाहिर है ऐसे में "जनता" भयमिश्रित विस्मय के साथ देश का जयगान ही करेगी। "जनता" अपने को देश के साथ जोड़कर देख नहीं पाती। उसके लिये राष्ट्र का अर्थ संसद, राजनेता, बड़े अधिकारी, न्यायालय और तमाम ऐसे संस्थान ही हैं जो अपनी तामझाम से सामान्य जन में भय पैदा करते हैं। स्वातंत्र्योत्तर भारत में आर्थिक विकास और नियोजन से जो क्षेत्रीय असंतुलन पैदा हुआ है, उसने विभिन्न राज्यों के लोगों के बीच संवाद समाप्त कर दिया है और उनमें एक-दूसरे के लिए असहिष्णुता का विष फैलाया है। शाषक वर्गों के लिए राष्ट्रीय एकता महज भौगोलिक एकता बनकर रह गयी है ताकि वे निश्चिन्त होकर राज्य कर सकें और देश के विपुल संसाधनों का दोहन अपने हित

में कर सकें। इसके कारण एक ही राष्ट्र अनेक छोटे-छोटे उपनिवेशों में बदल गया है और हर उपनिवेश ने अपनी स्वार्थपूर्ति के लिए अलग-अलग झंडे खड़े कर लिए हैं। "राष्ट्र" के नाम पर की जानेवाली तानाशाही को स्पष्ट करते हुए प्रख्यात रंगकर्मी श्री उत्पल दत्त ने कहा है कि :

"भारतीय शासक वर्गों को भारतीय जनगण की एकता में कोई रुचि नहीं है। वे तो केवल इस देश की भौगोलिक एकता बनाये रखना चाहते हैं ताकि वे इसका बेहतर शोषण कर सकें, हर जगह से बेरोकटोक कच्चा माल अपने कारखानों में ले जा सकें, और अपने तैयार माल की बिक्री के लिए एक एकीकृत बाजार का लाभ उठा सकें। मानवीय पहलू, सांस्कृतिक पक्ष, अलग-अलग लोगों के लिए अपनी-अपनी भाषाओं और संस्कृतियों का पूर्ण विकास करने का अधिकार—ये सब सत्ताधीशों के लिए घृणास्पद बातें हैं। उनकी एकता शोषण की एकता है। वे शोषितों की एकता से भयभीत रहते हैं। वे चाहते हैं कि सारे देश में "नयी दिल्ली" एक डरावना नाम हो।"[23]

रघुवीर सहाय ने अपनी रचनाओं में "राष्ट्रवाद" के नाम पर किये जा रहे इस "अधिनायकवाद" की जमकर आलोचना की है। राष्ट्र और उसके नेता साधारण भारतीय आदमी के मन में किस कदर भय और असुरक्षा उत्पन्न करते हैं, "अधिनायक" कविता इस तथ्य को बेनकाब करती है। इस देश में एक ओर बेइंतहा गरीबी, असहायता और हिंसा का बोलबाला है, तो दूसरी ओर "राष्ट्र", "राष्ट्रीय एकता" आदि की दुहाई देकर आभिजात वर्ग अपनी स्वार्थसिद्धि में लगा हुआ है। "आजादी" नामक कविता इस बात को स्पष्ट तौर पर अभिव्यक्त करती है :

"देश के बड़े देश होने का गौरव अब
व्यक्ति की विदेश में प्रतिष्ठा बढ़ाता है
देश में बर्बरता
हत्याएँ चीथड़े खून और मैल आज भारतीय संस्कृति के मूल्य हैं
और दया करते हैं लोग यह मानकर कि कष्ट अनिवार्य है
...   ...
चेहरे के बिना लोग
कल किसी और देश के गुलाम हो जाएँगे
हम अपने देश के उजाड़ों में खोजते रहेंगे अपना चेहरा
—आजादी!"[24]

अनियोजित आर्थिक विकास और प्राकृतिक संसाधनों के असमान वितरण ने भारत में गरीबी और बेरोजगारी के विराट संकट को जन्म दिया है। आज देश का विशाल मानव-संसाधन काम के अभाव में बेकार बैठा है। इसने एक ओर जहाँ जनसामान्य के मन को तोड़ा है, वहीं दूसरी ओर उन्हें हिंसा के लिए प्रेरित किया

है। रघुवीर सहाय ने अपनी रचनाओं में बार-बार लोकतंत्र में हिंसा की लगातार बढ़ती हुई भूमिका पर चिन्ता जाहिर की है तथा उसका समाधान खोजने का भी प्रयास किया है। रघुवीर सहाय मानते हैं कि हिंसा और गैरबराबरी का गहरा सम्बन्ध है। स्वातंत्र्योत्तर भारतीय राजनीति में जैसे-जैसे लोकतंत्र और समता के विचारों का क्षरण हुआ है, हिंसा उसी अनुपात में बढ़ती गयी है। स्वतंत्रता प्राप्ति के इतने वर्षों बाद स्थिति यह है कि लोकतंत्र और हिंसा का जितना खुला मुकाबला आज है उतना भारतीय गणतंत्र के इतिहास में कभी नहीं था और हिंसा के विरुद्ध लड़ पाने की सामर्थ्य जितनी कम आज है, उतनी कम कभी नहीं थी। असमानता और शोषण पर टिका हुआ सामाजिक ढाँचा, प्रेम और सद्भाव नहीं, बल्कि हिंसा ही उत्पन्न करेगा। रघुवीर सहाय के शब्दों में :

"पूरे सामाजिक ढाँचे में आज समूहों के आपसी सम्बन्ध पैसे और ताकत के भयंकर एकाधिकार के परिणाम में तनाव से कसमसा रहे हैं, जहाँ-तहाँ ताकतवर लोग न्याय व्यवस्था के मालिक बनकर हिंसा का बेधड़क इस्तेमाल कर रहे हैं। सब के ऊपर राज्य दिन-प्रतिदिन संगठित हिंसा का साधक बनता जा रहा है। राज्य के हाथ में लाठी और बन्दूक हिंसा को एक आतंककारी प्रतिष्ठा दे रही है।"[25]

स्पष्टतः ऐसी स्थिति में राज्य का प्राथमिक कर्तव्य भूमि-सुधार और संसाधनों के न्यायपूर्ण वितरण के जरिये समाज-व्यवस्था का पुनर्गठन होना चाहिए ताकि शक्ति-संतुलन बदले और कमजोर एवं दलित अपने को सुरक्षित महसूस कर सकें। लेकिन राज्यसत्ता ने ऐसा कोई काम नहीं किया। उलटे राष्ट्र और सामाजिक व्यवस्था के स्थायित्व के नाम पर भूमिपतियों और शोषकों को संरक्षण दिया। पुलिस एवं नौकरशाही द्वारा राज्य स्वयं संगठित हिंसा का सबसे बड़ा प्रतीक बन गया, जबकि उसे कमजोर वर्गों को सहारा देना चाहिए था। परिणामस्वरूप देश के अनेक भागों में सत्ताधारी भूमिपति वर्ग ने अपनी निजी सेनाएँ गठित कर लीं एवं दलित वर्गों की हत्या के रंगमंच बन गये। 23 मार्च 1997 को पटना जिले के हैवासपुर गाँव में दलितों का सामूहिक नरसंहार इसका प्रत्यक्ष प्रमाण है। दलितों ने भी प्रत्युत्तर में अपनी निजी सेना (नक्सलवादी समूह) गठित कर ली जिससे बिहार आज हिंसा की उपजाऊ भूमि बन गया है। इस सन्दर्भ में राज्य सरकार एवं पुलिस की नकारात्मक भूमिका ने भी हिंसा को बढ़ाया है। श्री कल्याण चौधरी के अनुसार :

"इस बात में कोई शक नहीं कि बिहार में होनेवाले भूमि-संघर्ष की जड़ें सामाजिक-आर्थिक विषमताओं में निहित हैं। जबकि नक्सलवादी संगठन और निजी सेनाओं की संख्या लगातार बढ़ रही है, राज्य का सुरक्षा-तंत्र इस दर्दनाक हादसे का मूकदर्शक बन गया है।"[26]

बिहार का यह तथ्य सिर्फ़ एक राज्य का नहीं, बल्कि कमोबेश सम्पूर्ण देश का तथ्य है। वस्तुतः प्राकृतिक संसाधनों के न्यायपूर्ण वितरण के बिना शान्ति, प्रेम

और करुणा के उपदेश व्यर्थ प्रमाणित होंगे और इससे हिंसा का सामाजिक आधार बढ़ता ही जाएगा। हिंसात्मक उपायों की निन्दा करना अपने आप में पर्याप्त नहीं है, बल्कि दमन और शोषण की पद्धति छोड़कर समानतामूलक सामाजिक ढाँचे का विकास ही हिंसा समाप्त करने की दिशा में स्थाई समाधान हो सकता है। स्वतंत्रता के बाद की भारतीय राजनीति ऐसा करने में पूर्णतः विफल रही है। रघुवीर सहाय के अनुसार :

"हिंसात्मक उपायों की निन्दा समय-समय पर केन्द्र सरकार करती रहती है लेकिन उस सरकार का संचालन करने वाले राजनीतिक दल ने 1947 के बाद से देश के किसी बड़े जन-आन्दोलन का न तो नेतृत्व किया है और न किसी आन्दोलन का आन्दोलन द्वारा मुकाबला किया है। उसके मुँह से हिंसा की निन्दा उसकी पुलिस की गोलियों की आवाज में डूब जाती है और जब सुनायी पड़ती भी है तो एक घबराये हुए आदमी के अपने चारों तरफ से बन्द दरवाजे भड़भड़ाने की आवाज जैसी सुनायी पड़ती है।"[27]

इस समय देश में जो विराट हिंसा का साम्राज्य कायम है, उसके लिए मात्र नक्सलवादी, कुछ दिग्भ्रमित युवा एवं पड़ोसी देश ही जिम्मेवार नहीं हैं जैसा कि सरकार समय-समय पर प्रचार करती रहती है। इसके लिए मुख्य रूप से जिम्मेवार अप्रत्यक्ष और छिपी हुई सामाजिक हिंसा है, शोषण, अन्याय और दमन पर आधारित सामाजिक संगठन है। बिना सामाजिक संरचना में परिवर्तन किये, हिंसा को पूर्णतः समाप्त करना असम्भव है। श्री जयप्रकाश नारायण इस व्यापक हिंसा का मूल कारण सामाजिक, राजनीतिक एवं आर्थिक व्यवस्था को मानते हैं। उनके अनुसार :

"आज नक्सलवादी हिंसा के सम्बन्ध में देश में चिन्ता फैली है। अंशतः यह हिंसा राजनीतिक विचारधारा से प्रेरित कृत्रिम प्रयासों का परिणाम है, लेकिन यदि गरीबी, बेकारी और बहुत सारे सामाजिक-आर्थिक अन्याय कायम न होते, तो यह हिंसा कदापि जड़ न पकड़ती। मौजूदा सुधार-कानूनों पर अमल नहीं हुआ, इसलिए भी आज गाँवों में हिंसा फूटी और फैली है। पहले कानून की आँख में धूल डालना और फिर लाठी और पुलिस के जोर से सुरक्षा हासिल करना, यह सब कब तक चलेगा?"[28]

रघुवीर सहाय ने अपनी रचनाओं में इस हिंसा, आतंक और दहशत को पूरी तरह उजागर किया है और अन्त में इसका मुकाबला करने की बात भी कही है। वे मानते हैं कि दहशत और आतंक वर्तमान जीवन के अनिवार्य अंग हैं, इससे हम आँखें नहीं मूँद सकते। उनके अनुसार :

"एक जगह ऐसी आती है जहाँ पर कि दहशत जिन्दगी का एक अनिवार्य अनुभव बन जाती है। आप जिन्दगी भर मूढ़ नहीं बने रह सकते हैं और आप जिन्दगी भर वृथा साहसी भी नहीं बने रह सकते हैं। दोनों को मिलाइएगा तो कहीं एक ऐसी जगह आएगी जहाँ पर यह तनाव मिलेगा कि हम कुछ करना चाह रहे हैं, और कुछ

लोग उसको नहीं होने देना चाह रहे हैं और वे लोग इतने ताकतवर हैं कि वे हमें रोकने के लिए किसी भी तरह का तरीका अपना सकते हैं। ...इसलिए दहशत होना जरूरी है। अगर आपको नहीं होती तो या तो आप बहुत ताकतवर आदमी हैं या आपकी जिन्दगी में अभी बहुत उम्मीदें बाकी हैं या आप बहुत नातजुर्बेकार आदमी हैं।"[29]

अपनी अनेक कविताओं (यथा—"रामदास", "कोई एक और मतदाता", "आत्महत्या के विरुद्ध", "हँसो हँसो जल्दी हँसो", "हिंसा", "हत्या की संस्कृति", "निर्भय हत्यारे", "ठण्ड से मृत्यु", "योजना") में ही नहीं बल्कि निबन्धों एवं कहानियों में भी रघुवीर सहाय हिंसा, आतंक और दहशत का चित्रण करते हैं। "रामदास" इस लिहाज से उनकी प्रतिनिधि कविता कही जा सकती है जिसमें हिंसा, आतंक और जनसामान्य की कायरता सब एक साथ मुखर हो उठते हैं। आज समाज में हत्यारों का विश्वास इतना बढ़ गया है कि जनता चीख-पुकार मचानेवाली दर्शक मात्र बनकर रह गयी है। कविता इस बात को भी स्पष्टता से उद्‌घाटित करती है कि समाज में हिंसा से मुकाबला करने की ताकत घट गयी है और लोगों में असहायता और उदासीनता की भावना बढ़ी है :

"भीड़ ठेलकर लौट गया वह
मरा पड़ा है रामदास यह
देखो देखो बार बार कह
लोग निडर उस जगह खड़े रह
लगे बुलाने उन्हें जिन्हें संशय था हत्या होगी।"[30]

इससे बड़ी विडम्बना की बात क्या होगी कि आज हत्या की गवाही देने के लिए कोई व्यक्ति तैयार नहीं होता। सभी व्यक्ति अपने-अपने खोल में सिमटे अपनी सुरक्षा के लिए ही चिन्तित रहते हैं। लेकिन इस अलगाव एवं उदासीनता के वातावरण में हिंसा और भी खुलकर अपना रंग दिखाती है और पूरा समाज हिंसा के आतंक में जीवन बिताता है :

"उस दिन मोहल्ले में एक हत्या हो गयी
जैसा कि बीसवीं सदी की अन्तिम घड़ी में ही हो सकता है—
हत्या का सबूत उसी व्यक्ति ने प्रकट किया
जिसकी हत्या हुई थी
... .
हत्यारे मारकर मनुष्य को लाश उसकी रख देते हैं
सबूत के लिए, अपराध साबित नहीं होता
और हर व्यक्ति जो जिन्दा बचा रहता है
हत्या के आतंक में पड़ा जीता है।"[31]

रघुवीर सहाय की रचनाओं की अन्यतम विशिष्टता यह है कि वे सिर्फ प्रत्यक्ष

हिंसा की बात नहीं करते, बल्कि अप्रत्यक्ष और छिपी हुई हिंसा को भी उद्घाटित करते हैं। शोषण, अन्याय, विषमता, कमजोर वर्ग को मनोरंजन का विषय बनाना आदि को भी वे हिंसा ही मानते हैं और अपनी अनेक रचनाओं द्वारा उसका विस्तार से वर्णन करते हैं। इस हिंसा को बढ़ाने में जनसंचार के साधनों एवं कला-माध्यमों की भूमिका बहुत महत्त्वपूर्ण है जो एक ओर कमजोर वर्गों का उपहास कर उनके आत्मविश्वास और हिम्मत को तोड़ती है एवं दूसरी ओर हिंसा को गौरवान्वित कर उसे सामाजिक स्वीकृति दिलाती है। रघुवीर सहाय के शब्दों में :

"मिलजुलकर, तर्क से, प्रेम से, समाज में न्याय की परम्पराओं के दबाव से कोई शक्ति पैदा नहीं होती, वह केवल ऐसे नौजवानों के हाथों हुए खून-खराबे से पैदा होती है जिन्होंने न राष्ट्र की किसी जन-परम्परा को जाना है, न किसी परम्परा को पहचाना है, न किसी विद्यालय में गुरुओं के पास बैठकर कुछ सीखा है, न माता-पिता से कुछ ग्रहण किया है।...राजनैतिक संगठन और विचार को मिटाकर एक ऐसा प्रचार का साधन देश के दिमाग को अपनी तरह का बना रहा है। वह प्रचार कर रहा है कि तोड़ो-फोड़ो—मकान को, शहर को, समाज को और इन्सानी हिम्मत और ईमानदारी को तोड़ो। साथ ही मसीहा बनकर हिंसा करो। यही भारत का भविष्य है।"[32]

रघुवीर सहाय हिंसा, आतंक और दहशत की दुनिया का सम्पूर्णता से उद्घाटन करने के बावजूद उसका समर्थन बिल्कुल नहीं करते। उनकी मान्यता है कि "हिंसा" किसी भी समस्या का समाधान नहीं हो सकती है। न वह सामाजिक परिवर्तन कर सकती है, न राष्ट्रीय जीवन को पुनर्जीवित कर सकती है। किसी भी तरह का सार्थक सामाजिक परिवर्तन लोकतांत्रिक परम्पराओं एवं राजनैतिक संगठन के माध्यम से ही हो सकता है।

इस हिंसा, आतंक और दहशत का ही एक वीभत्स रूप "साम्प्रदायिकता" है जिसका वर्णन विस्तार से रघुवीर सहाय ने अपनी रचनाओं में किया है। दरअसल "साम्प्रदायिकता" की समस्या स्वातन्त्र्योत्तर भारत की सबसे प्रमुख समस्याओं में से एक रही है और प्रत्येक जागरूक लेखक और कलाकार ने इसका सामना किसी न किसी रूप में अवश्य किया है। कई बार यह कहा जाता है कि भारत में "साम्प्रदायिकता" अतीत की एक विरासत के रूप में हमें प्राप्त हुई है। लेकिन तथ्य यह है कि प्राचीन एवं मध्यकालीन विचारधाओं का इस्तेमाल करते हुए भी "साम्प्रदायिकता" पूर्णतः एक आधुनिक विचारधारा और प्रवृत्ति है। पंडित जवाहरलाल नेहरू ने 1936 में कहा था कि : "यह बात कभी नहीं भूलनी चाहिए कि भारत में साम्प्रदायिकता एक परवर्ती घटना है, जिसका जन्म हमारी आँखों के सामने ही हुआ है।"[33]

वस्तुतः उन्नीसवीं शताब्दी तक भारत में साम्प्रदायिकता का कोई विशेष असर नहीं था। 1857 के विद्रोह में हिन्दू और मुसलमान कंधे से कंधा मिलाकर लड़े थे।

लेकिन बीसवीं शताब्दी के दौरान भारत में न तो आधुनिक उद्योगों का विकास हुआ और न ही शिक्षा एवं संस्कृति का यथोचित प्रसार हुआ। औपनिवेशिक शोषण के परिणामस्वरूप भारतीय अर्थव्यवस्था में ठहराव आया तथा बेरोजगारी में भयानक बढ़ोतरी हुई। सिमटते हुए आर्थिक अवसरों के दौर में जाति, प्रान्त और धर्म के आधार पर लामबन्दी स्वाभाविक थी। मुसलमानों में सामाजिक एवं शैक्षणिक पिछड़ेपन के कारण उनमें हिन्दुओं को लेकर भय की स्थिति पैदा हुई। अंग्रेजी शासन ने इस भय और अलगाव की भावना को अपनी राजनीति का मुख्य आधार बनाकर भारतीय समाज में साम्प्रदायिकता तथा पृथकतावादी प्रवृत्तियों को प्रोत्साहित किया। कुल मिलाकर साम्प्रदायिकता भारतीय उपनिवेशवादी राजनीति तथा इसके कारण उत्पन्न आर्थिक पिछड़ेपन का ही परिणाम है। इतिहासकार बिपिन चन्द्र के शब्दों में :

"भारतीय उपनिवेशवादी अर्थव्यवस्था तथा इसके कारण उत्पन्न पिछड़ेपन का ही एक नतीजा था साम्प्रदायिकता का विकास। औपनिवेशिक शोषण के फलस्वरूप भारतीय अर्थव्यवस्था में जो ठहराव आया तथा भारतीय जनता, खास तौर से मध्यवर्ग के जीवन पर जो इसका असर पड़ा, उसके कारण ऐसी स्थितियाँ पैदा हुईं, जो भारतीय समाज के विभाजन और कलह तथा उसके गहरे रूपान्तरण में सहायक थीं।"[34]

दरअसल साम्प्रदायिक नारे के द्वारा मध्यवर्ग ने सिकुड़ते हुए आर्थिक अवसरों के दौर में अपने हितों और आकांक्षाओं को सुरक्षित रखना अधिक महत्त्वपूर्ण समझा। "मुस्लिम लीग", "हिन्दू महासभा" एवं सिखों तथा ईसाइयों के विभिन्न संगठनों का उदय एवं विकास इसी तथ्य की गवाही देते हैं। बीसवीं शताब्दी के तीसरे-चौथे दशक में साम्प्रदायिकता का आधार विस्तृत होने लगा और अंततः इसने भारत का विभाजन दो सम्प्रभु राष्ट्रों में करा दिया। स्वतंत्रता प्राप्ति और भारत विभाजन के बाद भी यह समस्या समाप्त नहीं हुई बल्कि दिनोंदिन उग्र रूप धारण करती गयी। पंडित नेहरू साम्प्रदायिक कट्टरता की भावना से बहुत चिन्तित थे और उसे भारत की एकता, उसके विकास एवं उसकी पहचान के लिए घातक मानते थे। उनके अनुसार :

"यह सर्वविदित है कि देश के विभाजन के पहले भी हम एक ऐसे धर्मनिरपेक्ष राज्य के प्रति प्रतिबद्ध थे जहाँ सभी नागरिकों को एक समान अधिकार और अवसर होंगे। देश के विभाजन के बाद जब पाकिस्तान में एक साम्प्रदायिक राज्य की घोषणा हो चुकी है तब भी हमारा अपना आदर्श आज धर्म-सहिष्णु, धर्मनिरपेक्ष राज्य है, उसमें कोई भी बदलाव नहीं। यह दुर्भाग्य की बात है कि हमारे कई देशवादी भटककर हिन्दू राज्य या हिन्दू राष्ट्र की बात करने लगे हैं। यह आश्चर्य की बात है कि अपने को मुस्लिम लीग का विरोधी कहने वाले लोग मुस्लिम लीग के कट्टर साम्प्रदायिक रुझान व नजरिये को पूरी तरह अपनाते जा

रहे हैं। आज वे वही तर्क पेश करते हैं जो लीगी पेश करते थे और वैसा ही साम्प्रदायिक जहर उगलते हैं जैसा लीगी उगलते थे।"[35]

रघुवीर सहाय साम्प्रदायिकता में निरंतर हो रही बढ़ोतरी का मूल कारण स्वातंत्र्योत्तर भारतीय राजनीति को मानते हैं। धर्म और वर्ग के आधार पर जो "फूट डालो और शासन करो" की नीति अंग्रेजों ने विकसित की थी वह स्वातंत्र्योत्तर भारत में भी बेरोकटोक ज़ारी है। विभिन्न राजनीतिक दल आज समाज और राष्ट्र की साझी सांस्कृतिक परम्परा का विकास करने के बदले मुसलमान और अल्पसंख्यक वर्गों को अपना "संरक्षित इलाका" बनाने में जुटे हुए हैं। इस क्रम में वे समाज के विभिन्न वर्गों में भय और असुरक्षा की भावना भरते जाते हैं ताकि उनकी सत्ता को किसी तरह का खतरा न हो। पाकिस्तान और भारत का तनावपूर्ण सम्बन्ध भी इसी रातनीति का एक दूसरा पहलू है। रघुवीर सहाय के अनुसार :

"क्या दूसरों की शर्तों पर पाकिस्तान से तनातनी बनाये रखने के चक्र में फँसकर हम अगले वर्षों में भी एक ओर पाकिस्तान के कश्मीर लोलुप और सामंतवादी नेतृत्व की मंशा पूरा करते रहेंगे और दूसरी ओर अपने यहाँ हर हिन्दू और मुसलमान को थोड़ा-थोड़ा और साम्प्रदायिक बनाते जाएँगे? यह जिस तरह का समाजवाद होगा उसमें आर्थिक नियोजन युद्ध के लिए और मनुष्य का विकास गुलामी के लिए ही हो सकता है।[36]

दरअसल स्वाधीनता प्राप्ति के बाद भारत और पाकिस्तान दोनों देशों के राजनीतिक नेतृत्व ने दोनों देशों की जनता के बीच सम्बन्ध तोड़कर जो "भय आधारित" राजनीति चलायी है, उससे साम्प्रदायिकता की समस्या और विकट हो गयी है। आज दोनों देशों के बीच सम्बन्ध इस हद तक कटु हो गये हैं कि एक की पराजय दूसरे के लिए उल्लास का कारण बन जाती है। दोनों देशों की जनता की सामूहिक सांस्कृतिक विरासत का विकास करने तथा उनमें आपसी समझदारी और भाईचारे की भावना बढ़ाने के बदले दोनों देशों की सरकारों ने तनावपूर्ण सम्बन्ध बनाना ज्यादा जरूरी समझा। परिणामस्वरूप आज न केवल भारत और पाकिस्तान के विशाल-संसाधन युद्ध उपकरणों और रक्षा-सामग्री के खरीद-फरोख्त पर खर्च हो रहे हैं, बल्कि दोनों देशों की जनता में कटुता और अविश्वास की भावना भी बढ़ी है। "एक समय था" कविता-संग्रह में संकलित "बड़े देशों की राजनीति" नामक कविता में रघुवीर सहाय ने स्वातंत्र्योत्तर भारतीय राजनीति का विडम्बना पूर्ण चित्र खींचा है। राजनीतिक स्वार्थों की पूर्ति के लिए पड़ोसी देशों के साथ तनाव बनाये रखना इस राजनीति का अन्यतम लक्ष्य है :

"राष्ट्रीय गौरव रह गया है अन्तरराष्ट्रीय राजनीति में
मोहर बनकर
पड़ोसी को हराने में, यह गर्व मिटता है

यदि पड़ोसी और हमारी जनता की दोस्ती बढ़ती है
बड़े देशों की राजनीति करने के लिए अपनी जनता को
तनाव में रखना पड़ता है।"[37]

पड़ोसी देशों के साथ सौहार्दपूर्ण सम्बन्ध का विकास जनता की प्रगति एवं समृद्धि में सहायक होगा, लेकिन जनता की प्रगति वर्तमान राजनीति के महत्त्वपूर्ण सरोकारों में शामिल ही नहीं है। उसका उद्देश्य केवल जनता को बाँटकर, उसकी कमजोरियों का लाभ उठाकर अपनी सत्ता को बनाये रखना है। पड़ोसी देशों के साथ स्वस्थ सम्बन्ध तभी बन सकते हैं, जब हम सामान्य लोगों के बीच विचार-विनिमय एवं सम्पर्क को बढ़ाएँगे। लेकिन विशिष्ट वर्गों के निहितार्थों की पूर्ति करनेवाली समकालीन राजनीतिक व्यवस्था को सर्वाधिक डर "जनता" से ही है। दो देशों की भाषा, संस्कृति और लोगों के बीच सम्पर्क हमारे राजनीतिज्ञों को सबसे खतरनाक प्रतीत होता है, क्योंकि ऐसा करने से उनकी राजनीतिक सत्ता की पोल खुल सकती है। "पैदल आदमी" नामक कविता वर्तमान राजनीति के सच को पूरी तरह बेनकाब कर देती है :

"परराष्ट्र मंत्रियों ने दो नियम बनाये
दो पारपत्र उसको जो उड़कर आये
दो पारपत्र उसको जो उड़कर जाये
पैदल को हम केवल तब इज़्ज़त देंगे
जब देकर के बन्दूक उसे भेजेंगे
या घायल से घायल अदले बदलेंगे
पर कोई भूखा पैदल मत आने दो
मिट्टी से मिट्टी को मत मिल जाने दो
वरना दो सरकारों का जाने क्या हो"[38]

वस्तुतः शिक्षा और समता की वृद्धि एवं कानून तथा अर्थव्यवस्था के पुनर्गठन द्वारा गैरबराबरी की समाप्ति ही साम्प्रदायिकता की समस्या को कम कर सकती है। लेकिन वर्तमान भारतीय राजनीति में यह बहुत ही मुश्किल काम है क्योंकि यह हिन्दू और मुसलमान में अलगाव पैदा कर, वोट बटोरने की नीति पर आधारित है। आज राजनीतिज्ञों को यह डर बराबर सताता रहता है कि कहीं हिन्दू-मुसलमान एक हो गये तो उनके सुरक्षित वोट बैंक खिसक जाएँगे। इसलिए समाज में हिन्दू, मुसलमान, ईसाई, दलित आदि धार्मिक एवं सामाजिक वर्गीकरण का विद्यमान रहना आवश्यक है। लेकिन स्वातंत्र्योत्तर भारत के सबसे बड़े संकट का सामना समता और समृद्धि के विकास द्वारा ही सम्भव है। रघुवीर सहाय के अनुसार :

"भारतीय जन-जीवन में हिन्दू-मुसलमान ऐक्य के बहुत से गहरे और रसवान स्रोत आज भी बचे हुए हैं। उन्हें कानून, शिक्षा और अर्थव्यवस्था के द्वारा एक

निश्चित और सतत् प्रक्रिया बनाने का वक्त आज भी बीत नहीं गया है, पर वह वर्तमान शासकों के लिए भयास्पद है। क्या इसलिए कि वह प्रक्रिया हिन्दू गरीबी और मुसलमान गरीबी का भेद किये बिना जनसाधारण की बराबरी का आग्रह करती है। गैरबराबरी और अलगाव ये दोनों एक ही मरीज के दो रोग हैं। समता और सामीप्य इनकी दवाएँ हैं और दोनों को एक साथ बरतने से ही लाभ होगा। पिछले 23 वर्षों से हिन्दू-मुसलमान को अपने-अपने दरबों में अलग रखते हुए साम्प्रदायिकता का जो विरोध किया जाता रहा है, वह भ्रष्ट है। पूरे समाज का पिछड़ापन, घटाते हुए दोनों को एक करना ही एकमात्र लौकिक रास्ता है और भारत के विकास की योजनाएँ बिना उस प्रावधान के लोक-विरोधी ही कहलाएँगी।"[39]

रघुवीर सहाय ने अपनी रचनाओं के माध्यम से स्वातंत्र्योत्तर भारत की दो और मुख्य समस्याओं पर विस्तार से विचार किया है और वे हैं–जातिप्रथा एवं स्त्रियों की समस्याएँ। विख्यात समाजवादी चिन्तक श्री राममनोहर लोहिया इन दोनों समस्याओं को देश के पतन का सबसे बड़ा कारण मानते थे। अनेक निबन्धों में उन्होंने इन समस्याओं पर विस्तार से विचार किया है। "पवित्रता और नर-नारी सम्बन्ध" शीर्षक निबन्ध में लोहिया कहते हैं कि :

"जाति और औरत का जो ढाँचा इस समय देश में बना हुआ है, उससे पतन के अलावा और कोई परिणाम नहीं निकल सकता। आत्मा के पतन के लिए जाति और औरत के दोनों कटघरे मुख्यतः जिम्मेदार हैं। इन कटघरों में इतनी शक्ति है कि साहसिकता और आनन्द की समूची क्षमता को ये खत्म कर देते हैं। जो लोग यह सोचते हैं कि आधुनिक अर्थतंत्र द्वारा गरीबी मिटाने के साथ ही साथ ये कटघरे अपने आप खत्म हो जाएँगे, बड़ी भारी भूल करते हैं। गरीबी और ये दो कटघरे एक-दूसरे के जीवाणुओं पर पनपनते हैं।

देश की सारी राजनीति में, चाहे जान-बूझकर अथवा परम्परा के द्वारा राष्ट्रीय सहमति का एक बहुत बड़ा क्षेत्र है और वह यह कि शूद्र और औरत को, जो कि पूरी आबादी की तीन चौथाई हैं–दबा कर और राजनीति से अलग रखो।"[40]

स्वाधीन भारत में औरतों से समानता का हक छीनकर उन्हें किस तरह रसोईघर तक सीमित कर दिया गया है, इसका विडम्बनापूर्ण चित्र रघुवीर सहाय ने "पढ़िये गीता" नामक कविता में खींचा है :

"पढ़िये गीता
बनिये सीता
फिर इन सबमें लगा पलीता
किसी मूर्ख की हो परिणीता
निज घरबार बसाइए।

होंय कँटीली
आँखें गीली
लकड़ी सीली, तबियत ढीली
घर की सबसे बड़ी पतीली
भर कर भात पसाइए।"[41]

वास्तव में स्वतन्त्रता के वर्षों बाद आज भी भारत में स्त्रियों की दशा चिन्ताजनक ही कही जाएगी। जीवन के अनेक क्षेत्रों जैसे राजनीति और सामाजिक क्रियाकलाप के क्षेत्रों में उनका प्रतिनिधित्व बहुत ही कम है। संपत्ति और शिक्षा के अधिकार से अब भी देश की करोड़ों स्त्रियाँ वंचित हैं। निर्धनता, और सामाजिक भेदभाव के कारण आज भी अधिकांश बालिका और स्त्रियाँ अत्याचार झेलने को विवश हैं। बाल-विवाह, देवदासी प्रथा एवं लड़कियों की हत्या अब भी बेरोकटोक जारी है। प्रत्येक वर्ष लगभग तीन लाख बालिकाओं को सामाजिक भेदभाव एवं उदासीनता के कारण मार दिया जाता है। यद्यपि शिक्षा और अवसर की स्वतंत्रता भारतीय संविधान में स्त्रियों को भी दी गयी है, लेकिन रोजगार के क्षेत्र में स्त्रियों की संख्या बहुत कम है। स्त्री-पुरुष अनुपात जो 1901 में 972 प्रति हजार था, 1991 में घटकर 927 प्रति हजार रह गया है। यद्यपि 2001 तथा 2011 में इस अनुपात में मामूली सुधार दर्ज किया गया है जो क्रमशः 933 एवं 940 प्रति हज़ार दर्शाया गया है लेकिन बच्चों में लिंगानुपात अभी भी चिन्ताजनक स्तर पर कायम है। 2001 में प्रति हजार लड़कों पर 927 लड़कियाँ थीं जो 2011 में घटकर मात्र 919 रह गई हैं। यह स्थिति अधिक भयावह इसलिए भी है क्योंकि देश के सम्पन्न राज्यों जैसे–हिमाचल प्रदेश, हरियाणा, दिल्ली, एवं गोवा में भी लड़कियों की संख्या में लगातार गिरावट दर्ज की गई है। विवाह, संपत्ति के अधिकार, तलाक, दहेज, बलात्कार आदि से सम्बन्धित अनेक कानूनों के बावजूद भारतीय स्त्रियों की दशा अत्यन्त चिन्ताजनक है। उन्हें अब भी अनेक सामाजिक और नैतिक दबावों के बीच जीना पड़ता है। चित्रा मुद्गल इस स्थिति को स्पष्ट करते हुए कहती हैं :

"आजादी के पचास वर्षों उपरान्त भी स्त्री की सामाजिक स्थिति में अभीष्ट परिवर्तन नहीं आया। अनुकूल-प्रतिकूल परिस्थितियों से निकल कर आयी आधी आबादी का केवल पाँच प्रतिशत शिक्षित, स्वावलम्बित, चेतन स्त्रियाँ मुँह अँधेरे उठकर हाजत के लिए खेतों, बागों में जाने के लिए विवश ग्रामीणाओं का प्रतिनिधित्व नहीं करतीं। खेतों में जाने के लिए विवश ग्रामीण पुरुष भी हैं, मगर इस अंकुश से सर्वथा मुक्त कि कोई उन्हें सूर्योदय के पश्चात लोटा लिये हुए खेतों में जाता देख उंगली उठाये।"[42]

रघुवीर सहाय ने अपनी रचनाओं में स्त्रियों के वैविध्यपूर्ण संसार और उनके

जीवन-संघर्ष को सम्पूर्णता में अंकित करने की कोशिश की है।–उनके यहाँ औरतें "देवी, माँ, सहचरी, प्राण" की परम्परागत भूमिका में बहुत ही कम दिखायी पड़ती हैं। उनकी रचनाओं में "बस में चढ़ती स्त्री" है, "अकेली औरत" है, "बड़ी हो रही लड़की" है, घड़ी-घड़ी खिलखिलानेवाली "चालीस के ऊपर की औरत" है, "पागल औरत" है, "अभी तक खड़ी स्त्री" है एवं जीवन-संघर्ष करती हुई "थकी हुई औरत" है। अपनी अन्तिम कविता में रघुवीर सहाय ने विविध जीवन स्थितियों से संघर्ष कर रही औरत का चित्र खींचा है जो आकर्षण नहीं बल्कि दर्द पैदा करता है। वास्तव में वर्तमान स्त्री-विरोधी माहौल में भारत की अधिकांश नारियों की तस्वीर वैसी ही हो सकती है, जो रघुवीर सहाय की कविता "चेहरे की सिकुड़नें" में अंकित है :

"थकी हुई औरत के चेहरे की सिकुड़नें
किसी एक परिवार की लम्बी मुश्किलों की
आड़ी सतरें हैं
उनकी लिखावट कुछ अलग दूसरों से है
क्योंकि परिवार के पुरखों ने अलग-अलग
भाषाएँ लिख दी हैं।[43]

यद्यपि भारतीय संविधान में स्त्री और पुरुष को समानता का अधिकार दिया गया है लेकिन यह समानता का अधिकार व्यवहार में निरर्थक साबित होता है क्योंकि सभी प्रकार की राजनीतिक एवं सामाजिक सत्ताएँ पुरुषों के हाथों में केन्द्रित होती है और इन सत्ताओं के सहारे पुरुष हर समय स्त्री का दमन और शोषण किया करते हैं। सच्चे अर्थों में औरत स्वाधीन तभी हो सकती है, जब हर प्रकार के राजनैतिक, सामाजिक एवं नैतिक अधिकार उसके हाथ में हों। संविधान के सम्मुख समानता की बात कहकर भी यदि स्त्री के हर कार्य का फैंसला न्यायाधीश की हैसियत से पुरुष ही करता रहे, तो यह कानूनी समानता दासता की स्थिति ही बढ़ाएगी। रघुवीर सहाय मानते हैं कि सिर्फ वोट देने का अधिकार पर्याप्त नहीं है, बल्कि अपने बारे में हर तरह का निर्णय लेने की स्वतंत्रता ही स्त्रियों की स्थिति में सुधार ला सकती है। "औरत की देह औरत का देश है" नामक निबन्ध में उन्होंने कहा है कि :

"स्त्री के राजनैतिक अधिकार यों तो वही होते हैं जो पुरुष के होते हैं। परन्तु पुरुष के हाथ में इतनी सत्ता केन्द्रित हो गयी है कि वह कानून, व्यवहार, वाणिज्य-व्यापार और प्रचारतंत्र द्वारा स्त्री का हर समय दमन किया करता है। यह कभी प्रकट होता है, कभी दबा-ढँका रहता है—न पुरुष उसे देखना चाहता है, न स्त्री उसे दिखाना चाहती है। पुरुष निर्ममता के कारण और स्त्री भय के कारण। ...औरत को वोट देने का अधिकार देकर हमने लोकतन्त्र नहीं बना लिया। औरत का सबसे पहला अधिकार यह बताने का है कि अपनी देह का वह क्या करती है। वही तय

कर सकती है कि वह कब और किस पुरूष को देह का संग देगी और वही तय कर सकती है कि वह कब माँ बनेगी।"[44]

भारतीय समाज में स्त्रियों की जो वर्तमान चिन्ताजनक स्थिति है, उसमें उपभोक्तावादी संस्कृति एवं प्रचारतंत्र की नकारात्मक भूमिका भी अत्यन्त महत्त्वपूर्ण है। वे एक ओर यौन उन्मादी पुरुषों के मनोरंजन एवं व्यावसायिक वस्तुओं के विज्ञापन के लिए औरतों को नंगा नचा रहे हैं एवं दूसरी ओर पतिव्रता पत्नी की अवधारणा द्वारा स्त्रियों को पतियों की दासी के रूप में चित्रित कर रहे हैं। इस संस्कृति में स्त्रियों के स्वतंत्र व्यक्तित्व का कोई अर्थ नहीं है : या तो वह शैम्पू या साबुन के विज्ञापन का माध्यम है अथवा पुरुष-समाज की सामन्ती मानसिकता की पूर्ति की वस्तु है। विभिन्न पत्र-पत्रिकाओं में बलात्कार की तस्वीरें सनसनी और उत्तेजना पैदा करने का जरिया मात्र होकर रह गयी हैं। इस उपभोक्तावादी संस्कृति का सबसे घातक परिणाम यह हुआ है कि आज सामान्य आदमी भी स्त्री-विरोधी प्रचार में शामिल होकर औरत को सभी बुराइयों की जड़ और अधम प्राणी मानने लगा है। रघुवीर सहाय के शब्दों में :

"इस तरह के बलात्कार विज्ञापन का एक परिणाम यह है कि आज पुलिस और प्रशासन अपनी स्त्री विरोधी नीचता में साधारण नागरिकों को शामिल करने में सफल हो रहा है। आज किसी भी औरत के बारे में यह कह दिया जा सकता है कि चूंकि वह "परपुरुष" से सम्बन्ध रखती थी, इसलिए उस पर किसी ने बलात्कार किया तो क्या बुरा किया?"[45]

वास्तव में हर प्रकार के सामाजिक, राजनैतिक एवं नैतिक अधिकारों को स्त्रियों के हाथ में देकर और उनके स्वतंत्र व्यक्तित्व का विकास करके ही स्त्रियों की समस्या से जुड़े विभिन्न मुद्दों का समाधान किया जा सकता है। स्त्री दया और करुणा की वस्तु नहीं है, इस तथ्य को समझते हुए उन्हें आत्मनिर्भर बनाना ही इस दिशा में उचित समाधान हो सकता है। पंडित जवाहरलाल नेहरू ने मौलाना आजाद को लिखे पत्र में इसी तरह की बात कही है :

"औरतों को आत्मनिर्भरता एवं आत्मरक्षा के स्थानीय कार्यक्रमों से स्वयं को जोड़ना होगा। ...क्योंकि जन सामान्य का आत्मविश्वास बहुत हद तक इस बात पर निर्भर करता है कि औरतें किस ढंग से काम करती हैं और कैसा महसूस करती हैं। ...मैं इस बात के खिलाफ हूँ कि औरतों को असहाय मनुष्य समझकर व्यवहार किया जाए। ऐसा मनुष्य जो अपनी देखभाल खुद न कर सके और जो किसी प्रकार का खतरा सामने आते ही मुँह छिपाने के लिए मजबूर हो जाए।"[46]

रघुवीर सहाय की कहानी "सेब" पुरुषों की दया एवं करुणा संस्कृति की व्यर्थता तथा लड़की की आशा और विश्वास को प्रामाणिक ढंग से उजागर करती है :

"यह बिल्कुल स्वाभाविक था कि मैं पास जाकर बड़ी शराफत से पूछता, क्या

बात है बेटी, तू इतनी घबरायी हुई क्यों है? तुझे यहाँ कौन छोड़कर चला गया है? पर वह न उतनी घबरायी हुई थी और न उसे वहाँ कोई छोड़कर चला गया था क्योंकि उसके चेहरे पर एक गहरी आशा की दृढ़ता थी। ...लड़की ने एक बार मुझे बड़ी घृणा से देखा, फिर अपने बाप को देखने लगी। वह सड़क के पार जमीन पर कोई चीज ढूँढ रहा था। मुझे देखकर शायद वह मन में हँसना चाहती थी कि आप यहाँ खड़े क्यों संवेदना लुटा रहे हैं।"[47]

वास्तव में राजनैतिक-सामाजिक अधिकारों से युक्त एवं आस्था तथा विश्वास से सम्पन्न स्त्री ही आज के बहुआयामी संकट का सामना कर सकती है। ऐसी स्त्री न तो दया एवं करुणा की वस्तु होगी और न ही पूजा की सामग्री। वह सच्चे अर्थों में एक स्वतन्त्र व्यक्ति होगी।

स्त्रियों की विभिन्न समस्याओं के अलावा रघुवीर सहाय ने जातिप्रथा एवं अलगाववाद की समस्या पर भी विस्तार से विचार किया है। जातिप्रथा ने भारतीय समाज को सदियों तक बाँट कर उसे अकर्मण्य बनाये रखा, जिसके कारण अनेक बार देश गुलामी का शिकार हुआ। जिस देश में अधिकांश लोग मान-मर्यादा और प्रतिष्ठा के साथ जिन्दा रहने के अधिकार से वंचित रहें, उस देश का भविष्य "दासता" ही हो सकती है। जातिप्रथा न केवल समता के जनतांत्रिक अधिकार का उल्लंघन करती है, बल्कि देश के अधिकांश लोगों की रचनात्मक प्रतिभा को भी विकसित होने से रोकती है और इस तरह अधिकांश जनसंख्या को एक विशिष्ट समृद्ध वर्ग का गुलाम बना देती है। यही कारण है कि आधुनिक जनतांत्रिक विचारों का प्रसार होते ही भारत में जाति प्रथा का जबरदस्त विरोध प्रारम्भ हुआ। राष्ट्रीय एकता एवं प्रगति में बाधक होने के कारण उन्नीसवीं सदी के लगभग सभी सुधारकों एवं राष्ट्रवादी नेताओं ने इसकी जबरदस्त आलोचना की। जीवनभर गांधी जी अस्पृश्यता उन्मूलन एवं जाति प्रथा की बुराइयों को मिटाने में लगे रहे। 1932 में उन्होंने अखिल भारतीय हरिजन संघ की स्थापना की। इसके अतिरिक्त दलित जाति के अनेक नेताओं—श्री नारायण गुरू, रामास्वामी नायकर, ज्योतिबा फुले एवं डॉ. भीमराव अम्बेडकर ने जातिगत शोषण एवं दमन के खिलाफ संघर्ष किया। श्री नारायण गुरू ने तर्कसंगत ढंग से "जाति मत पूछो, जाति मत बताओ एवं जाति के बारे में मत सोचो" के नारे को लोकप्रिय बनाया। इन सारे संघर्षों के परिणामस्वरूप स्वतंत्र भारत के संविधान में अस्पृश्यता एवं जातिगत शोषण को अवैधानिक करार दिया गया। लेकिन दुर्भाग्यवश जातिप्रथा की यह समस्या आज भी विधमान है, बल्कि इसने और भी जटिल रूप धारण कर लिया है। आज जब हम इक्कीसवीं शताब्दी में प्रवेश करने की बात कर रहे हैं; विभिन्न जातियों एवं वर्गों में बँटा हुआ भारतीय समाज देश की प्रगति एवं विकास के रास्ते में अवरोध बनकर खड़ा है। जाहिर है जाति एवं वर्ग के आधार पर विभिन्न संकीर्ण दायरों में बँटा हुआ समाज आधुनिक

और प्रगतिशील नहीं हो सकता। रघुवीर सहाय ने अपनी एक कविता "स्वाधीन व्यक्ति" में इस तथ्य को उद्घाटित किया है :

"हो सकता है कि लोग लोग मार तमाम लोग
जिनसे मुझे नफरत है मिल जायें, अहंकारी
शासन को बदलने के बदले अपने को
बदलने लगें और मेरी कविता की नकलें
अकविता जायें। बनिया बनिया रहे
बाम्हन बाम्हन और कायथ कायथ रहे
पर जब कविता लिखे तो आधुनिक
हो जाये। खीसें बा दे जब कहो तब गा दे।"[48]

अपनी एक अन्य कविता "उम्र" में भी रघुवीर सहाय "जाति" और "क्षेत्र" के आधार पर बँटे भारतीय समाज का चित्रण करते हैं, समकालीन भारतीय समाज में लोग जाति, भाषा और क्षेत्र के आधार पर अपनी पहचान बना रहे हैं एवं राष्ट्र का "विजन" उनकी आँखों से ओझल होता जा रहा है :

"50 में वह ठाकुरों को खोजते थे
मैं भी ठाकुर हूँ
70 में वह खोजते हैं उन्नाव के रहने वालों को
मैं भी बैसवाड़ी हूँ
100 की उनकी जिन्दगी हो न सकी
जबकि वे कहते मैं भी हिन्दुस्तानी हूँ।"[49]

स्वतंत्रता के बाद भारतीय समाज का विकास जिस तरह से जाति, वर्ण, क्षेत्र आदि संकुचित आधारों पर हुआ, उसने सामाजिक जीवन और लोगों की दृष्टि को बहुत संकुचित कर दिया है। अधिकांश लोग आज अपनी सीमित दुनिया में सुरक्षित रहने को मजबूर हैं और व्यापक भारतीय जीवन उनकी भावना से बाहर होता जा रहा है। स्वातंत्र्योत्तर भारतीय राजनीति ने जाति और वर्ग से जुड़े सवालों को और भी उलझा दिया। स्वाधीन भारत के संविधान में जिस समतामूलक और शोषण मुक्त समाज की कल्पना की गयी थी, वह अब भी कोसों दूर है। अब भी प्रभुतासम्पन्न जातियों द्वारा अछूत एवं दलित वर्गों का शोषण एवं दमन बेरोकटोक जारी है। दलितों एवं अछूतों पर आक्रमण, उनकी हत्याएँ, उनकी स्त्रियों के साथ बलात्कार स्वतंत्र भारत में "राष्ट्रीय शर्म" का विषय होना चाहिए, लेकिन ये हमारे वर्तमान समाज के कटु यथार्थ हैं। आश्चर्य की बात तो यह है कि इस दमन एवं शोषण में सिर्फ उच्च जातियाँ ही शामिल नहीं हैं, बल्कि उन मध्यम जातियों के लोग भी शामिल हैं जो वर्ग-सोपान में ऊपर उठकर एवं सामाजिक-राजनैतिक अधिकार प्राप्त कर "प्रभु वर्ग" में शामिल हो गये हैं। अपनी अनेक रचनाओं में रघुवीर सहाय ने उच्च जातियों एवं दलित वर्गों

के बीच व्याप्त असमानता एवं वर्गभेद का जिक्र किया है। "हजार साल पीछे जाने वाली सड़क" नामक निबन्ध में वे लिखते हैं कि :

"ऊँची जातियों एवं शेष पिछड़े वर्गों में मानसिक बराबरी का नहीं, राजा-प्रजा का सम्बन्ध फिर से जागृत करने में आज के राजनैतिक नेतृत्व को अधिक दिलचस्पी है। जातिवाद, वर्णभेद और उससे निःसृत होनेवाला मानव द्वेष कई दशकों के प्रगतिशील विचारों को पीछे धकेल कर फिर सामने आकर ऊँची जगहों पर चढ़कर बैठ रहा है। इसी तरह अनाज, काम, आराम, शान्ति और रचना के आनन्द से वंचित एक बहुत बड़े वर्ग को हिन्दुस्तान की राजनीति के दायरे से बाहर एक संरक्षित वर्ग के रूप में रखना जिसकी माँग रोटी तक सीमित रहे और करुणामय संरक्षण देकर प्रसन्न हो जानेवाले एक ऐसे वर्ग को अलग रखना जो अपार वैभव के गद्दों पर बैठा हुआ है, इस राजनीति का एक और उद्देश्य है।"[50]

वस्तुतः स्वातंत्र्योत्तर भारतीय राजनीति ने सामाजिक पुनर्गठन और सत्ता एवं सम्पत्ति के न्यायपूर्ण बँटवारे के बदले दलितों एवं पिछड़ों को "संरक्षित इलाका" बनाने की नीति अपनायी। सभी राजनीतिक दलों ने दलितों को संरक्षण देकर सत्ता हथियाने का प्रयास किया लेकिन इन्हें वास्तविक राजनीतिक सामाजिक अधिकार देने के लिए कभी उत्सुक नहीं रहे। इस संरक्षणवादी नीति के कारण दलित वर्ग के कुछ व्यक्ति तो लाभान्वित जरूर हुए, लेकिन पूरा सामाजिक ढाँचा यथावत् रहा। रघुवीर सहाय स्वाधीन भारत की इस विकृत राजनीति की कटु आलोचना करते हुए लिखते हैं :

"कुछ हरिजनों को लेकर उन्हें विधान सभा और संसद में बिठा देना राजनैतिक दलों को आसान पड़ता है क्योंकि इससे दल का चरित्र बदलने की मजबूरी नहीं पैदा होती लेकिन अपने कार्यक्रमों में जमीन, काम-धन्धा और उधोग की विषमता को वदलनेवाले कार्यक्रम इस तरह शामिल करना कि हरिजन उनका नेतृत्व कर सकें और दल के भीतर भी आगे बढ़ सकें, उन्हें नागवार गुजरता है।"[51]

कुल मिलाकर स्वतंत्रता के बाद हरिजनों एवं दलितों को राष्ट्र की मुख्यधारा में शामिल करने के लिए जो उपाय किये गये, उनका लाभ अधिकांशतः मध्य जातियों ने उठाया जिनके पास पहले से पर्याप्त भूमि थी और जो सामाजिक तथा शैक्षणिक दृष्टि से अपेक्षाकृत उन्नत थे। फलतः शोषक और शोषितों में बँटी सामाजिक संरचना थोड़े-बहुत संशोधनों के साथ जस की तस बनी रही। अन्तर सिर्फ इतना आया कि शोषक वर्गों में वे मध्य जातियाँ भी शामिल हो गयीं, जो दलित होने के कारण मिलनेवाली सुविधाओं से सम्पन्न हो गयीं। संपन्न होने के बाद ये दलित लोग भी वर्तमान शोषक व्यवस्था को बनाये रखने के पक्ष में हो गये हैं। निराला ने "वर्णाश्रम धर्म की वर्तमान स्थिति" नामक निबन्ध में इस तथ्य का खुलासा करते हुए लिखा है कि :

"व्राह्मणों को गालियाँ तो सभी देते हैं, पर ब्राह्मण बनने का इरादा कोई भी

नवीन संगठित जाति नहीं छोड़ती। इस तरह ब्राह्मणों की प्रतिष्ठा बढ़ती ही जाती है। लोगों में जैसे ब्राह्मणत्व का लालच बढ़ गया हो।"[52]

वास्तव में संरक्षणवादी नीतियाँ जातिप्रथा को नष्ट नहीं करतीं, बल्कि पुष्ट ही करती हैं जैसा कि वर्तमान भारत में देखने को मिल रहा है। आज सभी राजनैतिक दल दलितों का मसीहा होने की घोषणा करते हैं, लेकिन गैरबराबरी पर आधारित सामाजिक ढाँचे को बदलने के लिए वे तैयार नहीं, क्योंकि इससे उनकी सत्ता को भय है। जाति व्यवस्था से जर्जर भारत में सामाजिक विभेद तभी समाप्त होंगे, जब दलितों और हरिजनों को सभी बुनियादी अधिकार प्रदान किये जाएँ, उन्हें सत्ता और संपत्ति में बराबरी का हक दिया जाए। इस बुनियादी सामाजिक परिवर्तन के बिना मूल प्रश्न जस के तस बने रहेंगे, जिसे रघुवीर सहाय ने अपनी कविता "फूट" में स्पष्ट किया है :

"हिन्दू और सिख में
बंगाली असमिया में
पिछड़े और अगड़े में :
पर इन से बड़ी फूट
जो मारा जा रहा और जो बचा हुआ
उन दोनों में है।"[53]

इस प्रकार यह कहा जा सकता है कि रघुवीर सहाय ने अपनी रचनाओं के माध्यम से अपने समय के ज्वलंत राजनैतिक-सामाजिक प्रश्नों का पूरी ईमानदारी से सामना किया है। उनकी रचनाएँ पहले स्वातंत्र्योत्तर भारतीय राजनीति के मनुष्य-विरोधी चेहरे की पहचान कराती हैं और फिर उससे जूझने का साहस देती हैं। रघुवीर सहाय के साहित्य में "लोकतंत्र", "जातिप्रथा", "साम्प्रदायिकता", "असमानता", "शोषण", "निर्धनता", "हिंसा", "आतंक एवं दहशत", "स्त्रियों की स्थिति", "नैतिक मूल्यों का पतन" आदि तमाम प्रासंगिक मुद्दों का विस्तार से विवेचन किया गया है। इस विवेचन के क्रम में वे सामान्य आदमी के लगातार उपेक्षित होते जाने की स्थिति को आजाद भारत की सबसे बड़ी दुर्घटना मानते हैं। इसका मुख्य कारण लेखक भारतीय राजनीति एवं उस पर आधारित लोकतांत्रिक व्यवस्था को मानते हैं जो जनता को ऊपर नहीं उठाती, बल्कि उसकी कमजोरियों का फायदा उठाकर सत्ता को शीर्ष पर समेटना चाहती है। सत्ता एवं सम्पत्ति के न्यायपूर्ण वितरण, गैर बराबरी की समाप्ति तथा "राष्ट्र" और "जन" का एकीकरण ही समकालीन संकट का उचित समाधान हो सकता है और एक स्वस्थ लोकतंत्र की बुनियाद कायम कर सकता है। यह स्वस्थ लोकतंत्र ही हमारी आजादी के सपनों और मूल्यों को सुरक्षित रख सकता है।

सन्दर्भ

1. श्यामाचरण दुबे, समय और संस्कृति : बीसवीं सदी के हस्ताक्षर, पहल, अंक 50-51, पृ. 110-111
2. भँवर, लहरें और तरंग, पृ. 25-26
3. जयप्रकाश नारायण, मेरी विचारयात्रा भाग-1, पृ. 81-82
4. अर्थात्, पृ. 56-57
5. आत्महत्या के विरुद्ध, पृ. 20
6. ऊबे हुए सुखी, पृ. 16
7. वे और नहीं होंगे जो मारे जाएँगे, पृ. 53-54
8. Over the last two centuries the industrial civilisation has created enough goods and services to make the lives for all very comfortable, if not luxurious. Access to these goods and services, however, has been obstructed for many by the structures of inequality. The persisting inequality has created a situation where a large majority of people in all the Three Worlds is still denied in relative terms a life of material well-being and socio-political dignity, pushing them into an edged out and marginalised Fourth World.
--Radhakant Nayak, The Fourth World No. 3, April 1996, page 2.
9. आत्महत्या के विरुद्ध, पृ. 22
10. भँवर, लहरें और तरंग, पृ. 41
11. Neither Parliament nor the State Vidhan Sabhas are doing with any degree of competence or commitment what they are primarily meant to do ; legislate. Barring exceptions, those who get elected to these democratic institutions are neither trained in law making nor do they seem th have an inclination to develop the nacessary knowledge and competence in their profession.
– Politics India (February 1997), page 39.
12. Is there any difference between Parliament and the Boat Club? Don't you feel sorry for converting Parliament into a street... I feel ashaemd being the Spealer of Such a house.
–The Hindustan Times, 24th July 1997, page 1
13. आत्महत्या के विरुद्ध, पृ. 29-30
14. मेधा पाटेकर, विकास का मार्ग या विनाश का मार्ग, पहल : अंक 50-51, पृ. 24
15. When I use the word refuges or displaced person, I do not mean only the evacuaes of Bangladesh... In these times all of us have lost our roots and are displaced.
–Ritwik Ghatak, Subarnrekha, Director's statement 1966 in Ritwik Ghatak, ArgumentèStories Ed. Ashish Rajadhyaksha and Amrit Ganger, Page 78-80.
16. एक समय था, पृ. 37
17. वे और नहीं होंगे जो मारे जाएँगे, पृ. 56-57
18. Without rapid economic development and achievement of a minimum standard of living (nutrition, housing, education, health and so on) the com-

mon people cannot acquire a stake in the democratic system. Unless they see that the democtatic system can solve their pressing problems, they will not, I am afraid, lift their finger in defence of democracy when the fell blow is at last delivered by its enemies. In the midst of grinding mass poverty and vast unemployment, liberal democracy cannot but remain a precarius, hot house plant.

--Madhu Limaya, Politics After Freedom, page 450-51.

19. वे और नहीं होंगे जो मारे जाएँगे, पृ. 90
20. एजाज़ अहमद, आज के जमाने में मार्क्सवाद का महत्व, पृ. 13
21. अर्थात्, पृ. 36
22. अर्थात् पृ. 14
23. पहल, अंक 48, सम्पादक ज्ञानरंजन, पृ. 14
24. लोग भूल गये हैं, पृ. 102-103
25. ऊबे हुए सुखी, पृ. 78
26. There is no doubt that agrarian violence in Bihar is rooted in acute Social and economic desparities. While naxalite groups and private armies are proliferating, the State Secutiry apparatus has become silent witness to truthless barbarity.

    –Frontline, Vol. 14. No.7, page 48
27. भँवर, लहरें और तरंग, पृ. 28-29
28. जयप्रकाश नारायण, मेरी विचारयात्रा, पृ. 95
29. लिखने का कारण, पृ. 155
30. हँसो हँसो जल्दी हँसो, पृ. 28
31. निर्भय हत्यारे, एक समय था, पृ. 21
32. अर्थात्, पृ. 16
33. बिपिनचन्द्र, भारत का स्वतन्त्रता संघर्ष, पृ. 372
34. वही, पृ. 373
35. पी.सी.जोशी, अवधारणाओं का संकट, पृ. 58-59 पर उद्धृत
36. भँवर, लहरें और तरंग, पृ. 52
37. एक समय था, पृ. 17
38. हँसो हँसो जल्दी हँसो, पृ. 33-34
39. वे और नहीं होंगे जो मारे जाएँगे, पृ. 116
40. राम मनोहर लोहिया, भारतमाता धरतीमाता, पृ. 91
41. सीढ़ियों पर धूप में, पृ. 149
42. चित्रा मुद्गल, आजादी के पचास वर्ष और हिन्दी महिला लेखन, इण्डिया टुडे साहित्य वार्षिकी 1997, पृ. 21
43. एक समय था, पृ. 152
44. अर्थात्, पृ. 88-89

45. वे और नहीं होंगे जो मारे जाएँगे

46. Women should address themselves to the local programmes of self defence and self sufficiancy... public morale depends greatly on how women feel and act... I am against treating women as helpless human beings who cannot look after themselves and who must run away from the danger zone... So the only way to tackle the problem is to make women realise they have to and can face it.

–B.R.Nanda (Ed.), Indian Women, From Purdah to Modernity, page 12-13

47. जो आदमी हम बना रहे हैं, पृ. 41-42

48. आत्महत्या के विरुद्ध, पृ. 16

49. एक समय था, पृ. 90

50. ऊबे हुए सुखी, पृ. 47-48

51. वे और नहीं होंगे जो मारे जाएँगे, पृ. 92-93

52. निराला रचनावली, भाग-6, पृ. 104

53. कुछ पते कुछ चिट्ठियाँ, पृ. 47।

तृतीय अध्याय

भाषा और राजनीति

रघुवीर सहाय ने अपनी रचनाओं में जिन विषयों पर सर्वाधिक विचार किया है, "भाषा" उनमें से एक है। रघुवीर सहाय ने भाषा और मनुष्य के अन्योन्याश्रित सम्बन्ध को अपनी एक कविता के माध्यम से इस प्रकार व्यक्त किया है :

"तब उसे बिना बताये कविता कैसे हो
जब भाषा कवि को लोगों से ही लेनी है।"[1]

वस्तुतः रघुवीर सहाय की रचनात्मक दुनिया का निर्माण लाखों-करोड़ों लोगों और उनके द्वारा बरती जानेवाली भाषा से ही हुआ है। अपनी रचनाओं में वे बार-बार भापा और मानव-जीवन के विविध आयामों का उद्घाटन करते हैं। सच तो यह है कि उनकी रचना के मुख्य सरोकार दो ही हैं : भाषा और जनता। इसे स्पष्ट करते हुए वे लिखते हैं :

"क्योंकि भाषा ही आज मेरी एक मुश्किल नहीं रही
एक मेरी मुश्किल है जनता...।"[2]

यह अस्वाभाविक नहीं है क्योंकि रचनाकार मनुष्य के बारे में जो कुछ भी कहता है, वह भाषा के माध्यम से ही कहता है। जैसा कि शेक्सपीयर ने कहा है : "सो आल माइ बेस्ट इज़ ड्रेसिंग ओल्ड वर्ड्स/न्यू स्पेन्डिंग अगेन व्हाट इज ऑलरेडी स्पेन्ट।"

रघुवीर सहाय के यहाँ भाषा का सवाल मानव-अस्मिता के सवाल से गहरे रूप से जुड़ा हुआ है। वास्तव में, भाषा का चरित्र दुहरा होता है। वह सम्प्रेषण का माध्यम होने के साथ-साथ संस्कृति की वाहक भी होती है। हर भाषा में समुदाय विशेष की सामाजिक अस्मिता और चारित्रिक विशिष्टता समाहित होती है। अतः किसी भी भाषा का चुनाव एक विशिष्ट दुनिया का चुनाव होता है। आज भारत की जो तस्वीर हमारे सामने बन रही है उसमें भाषा और संस्कृति के उपनिवेशीकरण का महत्त्वपूर्ण योगदान है। देश में रचनात्मक और मौलिक प्रतिभा का दमन कर नक्काल परजीवी

वर्ग दिनोंदिन समृद्ध होता जा रहा है। भारत की इस राजनैतिक और सांस्कृतिक दासता के मूल में अंग्रेज़ी को प्रभुता देने की मनोवृत्ति प्रमुख रही है। जितन्रा अंग्रेजी का प्रचार बढ़ता गया, भारतीय जनता के बीच विभाजन उतना ही बढ़ता गया। अंग्रेजी लिखने-पढ़नेवाले और अंग्रेज़ी न समझनेवालों के बीच संवादहीनता की खाई लगातार बढ़ती गयी। श्री पी.सी. जोशी के शब्दों में "जाति-वर्ण और वर्ग की खाई से कहीं अधिक भयानक अंग्रेजी भाषा बोलनेवालों और न बोलनेवालों के बीच खाई बन गयी।" (अवधारणाओं का संकट, पृ. 26) इस प्रकार देश में सामाजिक विभाजन स्थाई हुआ और प्रगति एवं विकास का कार्य पूर्णतः अवरूद्ध हो गया। वस्तुतः अपने देशवासियों द्वारा अपनी ही भाषा का अनादर गुलामी जैसी त्रासदी को जन्म देता है क्योंकि अपनी भाषा से जुड़ने का अर्थ है—अपनी शर्तों पर रचनात्मकता का विकास। सामाजिक परिवर्तन का बुनियादी कारण ज्ञान है। इस ज्ञान का प्रचार-प्रसार यदि अपनी भाषा में होना बन्द हो जाए, तो देश के अधिकांश व्यक्ति प्रगति की धारा से कटते चले जाएँगे और ऐसे में जड़ता की शक्तियों को सुदृढ़ होने का अवसर मिलेगा। यही कारण है कि भारतेन्दु ने अपनी भाषा की उन्नति को मनुष्य की सारी उन्नति का मूल माना था। उन्होंने भाषा का जो सवाल उन्नीसवीं शताब्दी के उत्तरार्द्ध में उठाया था, वह आज भी उतना ही प्रासंगिक है। भारतेन्दु कहते हैं :

"निज भाषा उन्नति अहै सब उन्नति को मूल
पै निज भाषा ज्ञान के मिटत न हिय को सूल
... ...
अंग्रेजी पढ़ि के जदपि सब गुन होत प्रवीन
पै निज भाषा ज्ञान बिन रहत हीन के हीन
यह सब भाषा काम की जब लौं बाहर बास
घर भीतर नहिं करि सकत इन सों बुद्धि प्रकाश
....
पढ़ो लिखो कोउ लाखबिध भाषा बहुत प्रकार
पै जबहि कछु सोचिहो निज भाषा अनुसार"[3]

भाषा के इस महत्त्व को आगे चलकर भारतीय स्वाधीनता आन्दोलन के नायकों ने भी स्वीकार किया। भारतीय स्वाधीनता संघर्ष का एक मुख्य मुद्दा देशी भाषाओं की स्वाधीनता का भी था और गांधी तो इसे "स्वराज" की बुनियाद मानते थे। वस्तुतः उन्नसीवीं शताब्दी का राष्ट्रीय सांस्कृतिक पुनर्जागरण विभिन्न देशी भाषाओं के माध्यम से ही सम्भव हुआ।

भाषा और संस्कृति राजनीतिक प्रभुत्व को स्थायी बनाने के महत्त्वपूर्ण उपकरण

हो सकते हैं, इसे ब्रिटिश उपनिवेशवादियों ने अच्छी तरह समझा था। वे इस बात को अच्छी तरह समझ चुके थे कि बिना सांस्कृतिक गुलामी के राजनीतिक नियंत्रण न तो सम्पूर्ण हो सकता है और न ही स्थायी। अतः अपने राजनीतिक प्रभुत्व और आर्थिक शोषण को स्थायी रूप देने के लिए उन्होंने सांस्कृतिक नियंत्रण की नीति अपनायी। उपनिवेशवादियों की इस प्रक्रिया के दो आयाम थे। पहला : जनता की संस्कृति—भाषा, कला, शिक्षा, साहित्य और धर्म का विध्वंस और इनके महत्त्व को कम करके आंकना और दूसरा : उपनिवेशवादियों की भाषा को सचेत ढंग से काफी विकसित भाषा के रूप में प्रस्तुत करना। लॉर्ड मैकाले की शिक्षा-नीति इस सांस्कृतिक नियंत्रण की उत्कृष्ट मिसाल है। 1835 के अपने आलोक-पत्र में मैकाले ने देशी भाषाओं को निकृष्ट बताते हुए लिखा :

"भारत के निवासियों की प्रचलित देशी भाषाओं में साहित्यिक एवं वैज्ञानिक ज्ञान-कोष का अभाव है तथा वे इतनी अविकसित और गँवारू हैं कि जब तक उन्हें बाह्य भंडार से सम्पन्न नहीं किया जाएगा, तब तक उनमें सुगमता से किसी भी महत्त्वपूर्ण ग्रन्थ का अनुवाद नहीं हो सकता।"[4]

वस्तुतः मैकाले की भाषा-नीति का उद्‌देश्य एक मध्य वर्ग की सृष्टि करना था, जो पाश्चात्य सभ्यता और संस्कृति का अनुकरण कर ब्रिटिश शासन को स्थायी बना सके। स्वयं मैकाले के शब्दों में :

"हमें ऐसा वर्ग बनाने के लिए जी-जान से प्रयत्न करना चाहिए जो हमारे और उन करोड़ों लोगों के बीच जिन पर हम शासन करते हैं दुभाषिये का काम कर सके; यह उन लोगों का वर्ग हो जो रक्त और रंग की दृष्टि से भारतीय, मगर रुचि, विचारों, आचरण तथा बुद्धि की दृष्टि से अंग्रेज हों।"[5]

मैकाले की यह भाषा-नीति सफल हुई और अंग्रेजी भाषा के माध्यम से ब्रिटिश शासक एक अभिजात मध्य वर्ग निर्मित करने में सफल हो गये। इस अभिजात वर्ग ने भारतीय समाज में संवादहीनता की खाई को गहरा किया और उपनिवेशवादी स्वार्थों को लगातार पुष्ट किया। इस वर्ग के माध्यम से भारत की समृद्ध भाषा और संस्कृति का विध्वंस करके उपनिवेशवादी भाषा-संस्कृति भारतीय जनजीवन पर हावी होती चली गयी। फ्रेंज़ फैनन की महत्त्वपूर्ण पुस्तक "द रैचेड ऑफ द अर्थ" की भूमिका में ज्याँ पॉल सार्त्र ने पश्चिमी बुर्जुआ की छाया के रूप में विकसित इस अभिजात वर्ग की निर्माण-प्रक्रिया और उसकी प्रकृति का अत्यंत सटीक वर्णन किया है :

"उन्होंने प्रतिभाशाली किशोरों को चुना, जलती सलाखों से जैसे दागा जाता है उसी तरह उन्हें पश्चिमी संस्कृति के सिद्धान्तों से लैस किया, उनका मुँह बड़बोले मुहावरों और भड़कीले लसदार शब्दों से भर दिया जो उनके दाँतों से चिपके रह जाते। थोड़े समय तक उन्हें मूल देश में रखकर, उनका ह्वाइटवाश करके, उन्हें घर भेज दिया जाता। इन चलते-फिरते झूठ बोलनेवालों के पास अपने भाइयों से बात करने

के लिए कुछ न होता—वे किसी की प्रतिध्वनि मात्र होते। पेरिस से, लंदन से, एम्सटर्डम से, हम बोला करते थे—"पार्थेनान! ब्रदरहुड!" और एशिया में या अफ्रीका में कहीं भी उनके होठों से शब्द निकलते—देनान! दरहुड!"[6]

इस अभिजात वर्ग के माध्यम से जो सांस्कृतिक दासता भारत पर थोप दी गयी, उसका प्रभाव इतना दूरगामी सिद्ध हुआ कि राजनीतिक स्वाधीनता प्राप्त करने के बावजूद सांस्कृतिक स्वाधीनता हमसे कोसों दूर रही। इस सांस्कृतिक आक्रमण की धार इतनी गहरी थी कि स्वाधीनता आन्दोलन के दौरान राष्ट्रभाषा के रूप में विकसित हिन्दी स्वाधीनता प्राप्ति के पचास वर्षों बाद भी राष्ट्रभाषा नहीं बन पायी है, बल्कि अंग्रेजी भारतीय समाज और जीवन में अधिकाधिक स्वीकृत होती चली गयी है। यह स्थिति तब है जब नवजागरण और स्वाधीनता आन्दोलन का नेतृत्व करनेवाले अधिकांश नेताओं ने हिन्दी को राष्ट्रभाषा के रूप में विकसित करने का जोरदार प्रयास किया था। इधर जब से भूमंडलीकरण की प्रक्रिया तेज हुई है और उदारीकरण के द्वारा बहुराष्ट्रीय कम्पनियाँ काफी तादाद में भारत में आ गयी हैं, केन्द्रीय भाषा के रूप में "अंग्रेजी" की स्थिति और मजबूत हुई है तथा हिन्दी के साथ-साथ तमाम भारतीय भाषाएँ हाशिये पर चली गयी हैं। इस प्रकार भाषा के जरिये गुलामी को स्थायी रूप दे दिया गया। इस सन्दर्भ में विश्वविख्यात अफ्रीकी लेखक न्गुगी वा थ्योंगो की औपनिवेशिक भाषा की भूमिका के बारे में की गयी टिप्पणी उल्लेखनीय है :

"मेरे विचार से भाषा वह सर्वाधिक महत्त्वपूर्ण साधन है जिसके जरिये आत्मा को वश में किया गया और उसे बन्दी बना लिया गया। शारीरिक गुलामी के लिये गोलियों को साधन बनाया गया, लेकिन मानसिक और आत्मिक गुलामी भाषा के जरिये थोपी गयी।"[7]

रघुवीर सहाय के जीवन की एक बहुत बड़ी लड़ाई भाषा के मोर्चे पर थी और इस मोर्चे पर हार की सूचना उन्होंने एक ईमानदार योद्धा की तरह दी है। स्वाधीनता आन्दोलन के दौरान जो भाषा जनभाषा के रूप में विकसित हुई थी, स्वाधीन भारत में वह शोभा की वस्तु बन गयी। वर्तमान समय में भाषा की रचनात्मकता को नष्ट करके उसे विकृत करने का काम तेजी से जारी है और इसमें राजनीतिक तंत्र, व्यावसायिक प्रतिष्ठान और सांस्कृतिक संस्थान सभी शामिल हैं। भाषा की इस विकृति से रघुवीर सहाय काफ़ी चिन्तित थे। उन्होंने लिखा है कि :

"भाषा, जो किसी भी समाज के राजनैतिक तंत्र को सम्भाल कर रखने के लिए आवश्यक प्राण शक्तियों में से एक है, मरती जा रही है। वह बिल्कुल मर नहीं गयी है तो इसलिए कि जीवन के बहुत से क्षेत्र में आज भी लोग भाषा का संस्कार कर रहे हैं। पर ये बहुत कम हैं और उनके विरुद्ध भाषा को मारने वालों की फौज बहुत बड़ी है।"[8]

भाषा को मारनेवाले इन्हीं लोगों की बदौलत स्वाधीन भारत में "हिन्दी" अंग्रेजी की अनुचरी मात्र बनकर रह गयी। हिन्दी प्रेमी भक्तों और सलाहकारों ने स्वतंत्रता

के बाद सरकार से एक अघोषित समझौता कर लिया, जिसके तहत हिन्दी को राष्ट्रभाषा के रूप में प्रचारित तो किया गया, लेकिन उसे जन-जीवन की भाषा नहीं बनने दिया गया ताकि वह वास्तव में राष्ट्रभाषा न बन सके। "हिन्दी" नामक कविता में रघुवीर सहाय ने राष्ट्रभाषा हिन्दी की विडम्बनापूर्ण स्थिति का उल्लेख बेबाकी के साथ किया है :

"हम लड़ रहे थे
समाज को बदलने के लिए एक भाषा का युद्ध
पर हिन्दी का प्रश्न अब हिन्दी का प्रश्न नहीं रह गया
हम हार चुके हैं

अच्छे सैनिक
अपनी हार पहचान
अब वह सवाल जिसे भाषा की लड़ायी हम कहते थे,
इस तरह पूछ :
हम सब जिनके ख़ातिर लड़ते थे
क्या हम वही थे?
या उनके विरोधियों के हम दलाल थे
—सहृदय उपकारी शिक्षित दलाल?
... ...

हिन्दी की माँग
अब दलालों की अपने दास-मालिकों से
एक माँग है
बेहतर बर्ताव की
अधिकार की नहीं।"[9]

अंग्रेज़ी को भारतीय समाज की प्रतिनिधि भाषा और देशी भाषाओं को दास-भाषा की स्थिति तक ले आने में मध्यवर्ग विशेष रूप से उत्तरदायी रहा है। जिसे रघुवीर सहाय "दलाल वर्ग" कहते हैं यह बुर्जुआ वर्ग प्रशासन, अर्थतन्त्र, शिक्षा-संस्थान तथा व्यापार-वाणिज्य पर अंग्रेजी के माध्यम से कब्जा करके शेष भारतीय जनता को बुनियादी मानव-अधिकारों से वंचित किये हुए है। स्वाधीनता के बाद जैसे-जैसे इस मध्यवर्ग का वर्चस्व बढ़ता गया है, अंग्रेजी भाषा की स्थिति भी उसी अनुपात में मजबूत होती गयी है। प्रसिद्ध मार्क्सवादी चिंतक ऐजाज़ अहमद इस प्रक्रिया का खुलासा करते हुए कहते हैं कि :

"द्वितीय विश्वयुद्ध के बाद स्वतन्त्र होनेवाले एशिया और अफ्रीका के तमाम देशों में संख्या की दृष्टि से व्यावसायिक पेटी बुर्जुआ वर्ग का भारत में सर्वाधिक

विकास हुआ, जिसने एक विशिष्ट सामाजिक अस्मिता के रूप में अपनी पहचान सुदृढ़ की।

...देश के सभी नगरों में अंग्रेजी पर आधारित एक ऐसा बुद्धिजीवी वर्ग पनपा, जिसके लिए सिर्फ़ अंग्रेज़ी में लिखा गया साहित्यिक दस्तावेज़ ही राष्ट्रीय दस्तावेज़ है, अन्य सभी प्रादेशिक हैं, अतः गौण एवं उपेक्षणीय हैं।"[10]

स्वाधीनता के बाद अंग्रेजी का विस्तार और सुदृढ़ीकरण कोई आकस्मिक घटना नहीं थी, बल्कि स्वाधीनता आन्दोलन के दौरान ही इसके बीज पड़ चुके थे। इस दौरान भी समाज के उच्चवर्गों में अंग्रेज़ी का ही प्रभुत्व था; यहाँ तक कि राष्ट्रीय पार्टियों के अखिल भारतीय कार्यक्रमों की भाषा भी मुख्यतः अंग्रेज़ी ही थी, जबकि प्रादेशिक कार्य स्थानीय भाषाओं के माध्यम से सम्पन्न होते थे। यह बात भारतीय राष्ट्रीय कांग्रेस और मुस्लिम लीग के बारे में जितनी सच थी, उतनी ही "कम्युनिस्ट" और "सोशलिस्ट" पार्टियों के बारे में भी, जो अपने को जनता की संस्था कहलाने का दावा करती थीं। प्रशासन, अर्थव्यवस्था, पत्रकारिता, व्यापार-वाणिज्य एवं व्यावसायिक संस्थानों में तो अंग्रेज़ी का वर्चस्व था ही। इस प्रकार स्वाधीनता आन्दोलन के दौरान ही अंग्रेज़ी और भारतीय भाषाओं के बीच एक प्रकार की विभाजक रेखा खींच दी गयी थी और अंग्रेज़ी को भारतीय भाषाओं के ऊपर प्रतिष्ठा दे दी गयी थी।

स्वाधीनता-पूर्व की यह स्थिति स्वाधीन भारत में और मजबूत होती गयी तथा वर्तमान समय में अंग्रेजी व्यक्तिगत और सामाजिक प्रतिष्ठा का पर्याय बन गयी है। स्वातंत्र्योत्तर भारत में हिन्दी की जो दुर्दशा हुई है, उसमें हिन्दी प्रेमी भक्तों और इसके पंडे-पुजारियों का योगदान कम नहीं है। हिन्दी को जनजीवन से काटकर कृत्रिम और अनुवादधर्मी भाषा बनाने का जो षडयंत्र इसके पंडे-पुरोहितों ने किया है, उससे रघुवीर सहाय सख़्त असहमति ज़ाहिर करते हैं। राष्ट्रभाषा का दर्जा दिलाने का दावा करनेवाले हिन्दी सलाहकार सरकारी अधिकारी तथा जड़ हिन्दी अध्यापक "हिन्दी विकास" के नाम पर जिस भाषा को प्रश्रय दे रहे हैं, वह अंग्रेजी का ही स्थानापन्न रूप है। यह कृत्रिम भाषा सामान्य भारतीय मनुष्य की रचनात्मक प्रतिभा को विकसित नहीं करेगी और अन्ततः अभिजात वर्ग के स्वार्थों को ही पुष्ट करेगी। इस सम्बन्ध में वे लिखते हैं :

"पिछले वर्षों का इतिहास और विशेष रूप से हिन्दी की राजनीति का इतिहास दिखाता है कि "हिन्दी का विकास" नामक कार्य का राजनैतिक लाभ एक विशेष आर्थिक और सामाजिक स्तर पर पहुँचे समाज द्वारा सहज भाव से लिया गया है और अधिसंख्य ग़रीब जनता को हिन्दी के इस्तेमाल का राजनैतिक लाभ छीन-झपटकर लेने के लिए मजबूर होना पड़ा है। इस छीनने में अमीर हिन्दी वाले घुस आये हैं और उन्होंने एक नयी तरह की हिन्दी बना ली है जो अंग्रेजी का ही एक रूप है। वह हिन्दी, हिन्दी भाषी जनता की नहीं, अंग्रेजी भाषी हिन्दी जनता की है तथा उसे

समझने के लिए अंग्रेज़ी सीखना ज़रूरी होता है।"[11]

"अपनी अपनी रणभूमि", "हिन्दी सेवी अंग्रेजी भक्त", "अंग्रेजी के गुलाम हिन्दीवाले", "भाषा की पूजा बन्द करो", "हिन्दी प्रेमियों से दो शब्द", "कौन सी हिन्दी" आदि टिप्पणियों और लेखों में रघुवीर सहाय ने हिन्दी को राष्ट्रभाषा के रूप में विकसित न होने देने के षडयंत्र का स्पष्ट खुलासा किया है। उनके अनुसार हिन्दी सच्चे अर्थों में राष्ट्रभाषा तभी बन सकती है, जब उसका दायरा विस्तृत हो, वह देश के सामान्य मनुष्यों की आशा-आकांक्षा को प्रतिबिम्बित कर सके। लेकिन स्वाधीन भारत में भाषा सम्बन्धी संघर्ष को विकृत राजनीतिक रूप दे दिया गया और हिन्दी भाषा की दलाली करके एक विशिष्ट वर्ग अधिकार सम्पन्न होता चला गया। हिन्दी के माध्यम से अपनी प्रतिभा का विकास चाहनेवाले असंख्य भारतीयों की रचनात्मकता को कुंठित करके उन पर कृत्रिम भाषा जबरन थोप दी गयी, जिसमें भारत की आम जनता न सोच सकती है और न ही अपने को अभिव्यक्त कर सकती है। स्वातंत्र्योत्तर भारत में भाषा की इस विकृत राजनीति का पर्दाफाश रघुवीर सहाय इस प्रकार करते हैं :

"भाषा के मामले में पिछले बीस वर्ष में जो कुछ हुआ है, यदि वह एक वाक्य में कहा जा सकता है तो वह वाक्य होगा—उन लोगों को जो भाषा को बरतने के पक्ष में हैं, उन लोगों से लड़ा दिया गया है जो भाषा को पूजने के पक्ष में हैं।

एक तरफ अपनी भाषा में प्रतिभा का संस्कार और आविष्कार करने के लिए छटपटाते और न कर पाने पर घुटते असंख्य युवाजन, बच्चे, असंख्य निरक्षर भारतीय और असंख्य आने वाली संतानें हैं, तो दूसरी तरफ हैं, भाषा के पुजारी, दास, अनुवाद प्रतिष्ठान बना कर जीनेवाले, हिन्दी के मन्दिर में उसी को घुसने देनेवाले जो स-अंग्रेज़ी वर्ण हो। भाषा के ठेकेदार, जो अंग्रेजी की जगह, ठीक उसी तरह उसी जगह हिन्दी की प्रतिष्ठा करना चाहते हैं ताकि हिन्दी भी एक तरह की अंग्रेजी बन जाए। जो अंग्रेज़ी और हिन्दी को साथ-साथ बनाये रखना चाहते हैं ताकि एक राजभाषा और दूसरी सहराजभाषा रहे ताकि एक जनभाषा हिन्दी कभी राजभाषा न हो पाये, ताकि जब हिन्दी राजभाषा हो भी तो वह जनभाषा न हो सके।"[12]

यह विचित्र बात थी कि स्वाधीनता प्राप्ति के बाद भाषा-निर्माण और विकास का कार्य भाषाविदों को सुपुर्द किया गया। स्वाभाविक रूप से उन्होंने ऐसी भाषा निर्मित की जो जनजीवन से कोसों दूर थी। अंग्रेजी की स्थानापन्न शब्दकोश निर्मित यह हिन्दी बेजान और शास्त्रीय भाषा थी। यह भाषा सामान्य भारतीय मनुष्य के जीवन-संघर्ष को व्यक्त करने में उतनी ही अक्षम थी, जितनी कि अंग्रेजी :

"देखो शाम घर जाते बाप के कंधे पर
बच्चे की ऊब देखो
उसको तुम्हारी अंग्रेज़ी कह नहीं सकती

और मेरी हिन्दी
कह नहीं पाएगी
अगले साल"[13]

वस्तुतः भाषा का निर्माण और परिष्कार इस्तेमाल के क्रम में ही होता है। स्वाधीन भारत में भाषा के ठेकेदारों ने इस प्रक्रिया को उलटकर महत्त्वपूर्ण सवाल को उलझा दिया। उनकी मान्यता थी कि भाषा का निर्माण और परिष्कार पहले हो जाए, फिर जब भाषा परिष्कृत और समृद्ध हो जाएगी, तब उसका इस्तेमाल किया जाएगा। यह एक अवैज्ञानिक प्रक्रिया को प्रोत्साहन देना था, क्योंकि बिना इस्तेमाल के भाषा न तो विकसित हो सकती है और न ही परिष्कृत। रघुवीर सहाय ने अपनी रचनाओं में बार-बार इस अवैज्ञानिक प्रक्रिया का विरोध किया है। उनकी मान्यता थी कि भाषा का विकास और परिष्कार इस्तेमाल के क्रम में ही हो सकता है। प्रसिद्ध समाजवादी चिन्तक राममनोहर लोहिया का आग्रह भी इसी बात पर था। उनकी की राय में :

"भाषा को सँवारने-सुधारने का काम जितना भाषाशास्त्री या शब्दकोष निर्माता करते हैं, उससे ज्यादा वकील, जज, राजपुरुष, अध्यापक, लेखक, वक्ता, वैज्ञानिक इत्यादि किया करते हैं अपने इस्तेमाल के द्वारा। इनके इस्तेमाल से भाषा सुधरती है, न कि सुधर जाने के बाद ये लोग उसका इस्तेमाल करने बैठते हैं।

रचना और प्रचार के इन दो तर्कों को उठाकर अंग्रेज़ी को हटाने का सवाल टल जाता है। पहले प्रचार हो लेने दो, पहले समृद्ध हो लेने दो फिर कचहरी, कूटनीति, विज्ञानशाला इत्यादि में इस्तेमाल होगा। लेकिन मुसीबत यह है कि इन जगहों पर इस्तेमाल बिना भाषा न तो फैल सकती है, न समृद्ध हो सकती है। खाली सवाल टल जाता है। टालनेवालों का आत्मसम्मान बच जाता है। कुछ की रोटी और कुछ के ऐश सुरक्षित हो जाते हैं। ऐसे लोगों को बिना हिचक हिन्दी का व्यापारी कहना चाहिए। इनका इरादा जो भी हो, इनके काम का परिणाम होता है कि अंग्रेज़ी अनन्तकाल तक के लिए बची रहती है; हिन्दी अनन्त काल तक न फैल पाती है, न सुधर पाती है, किन्तु विभिन्न महकमों और विभागों में लगे रहने के कारण ये महाशय अपना व्यापार चलाते रहते हैं।"[14]

आज हिन्दी की विडम्बनापूर्ण स्थिति का एक महत्त्वपूर्ण कारण सरकारी भाषा-नीति भी है। सरकारी विभागों में जिस रूप में हिन्दी को लाने और लागू करने की कोशिश की जा रही है, वह भाषाओं की स्वाभाविक विकास-प्रक्रिया के अनुकूल नहीं है। देशी भाषाओं से काटकर और अंग्रेजी से जोड़कर जिस हिन्दी का विकास किया जा रहा है, वह बहुत हद तक सरकारी भाषा-नीति का परिणाम है। भाषा के विकास की इस अप्राकृतिक प्रक्रिया के बारे में रघुवीर सहाय ने लिखा है कि :

"हिन्दी सम्बन्धी छोटे-बड़े सरकारी कार्यालय शुद्ध रूप से मन्दिर बन गये जिनमें पूजा-पाठ की विधियों पर शास्त्रीय उपदेश करते हुए छोटे-बड़े पुजारी आज

जय हिन्दी जय नागरी कर रहे हैं।" *(लिखते का कारण, पृ.-122)*

"आत्महत्या के विरुद्ध" नामक कविता में रघुवीर सहाय ने सरकारी कार्यालयों और उनके माध्यम से अपनी सत्ता बरकरार रखनेवाले भाषाविदों और भाषा का जयजयकार करने वाले पुजारियों का पर्दाफाश किया है :

"गोल शब्दकोश में अमोल बोल तुतलाते
भीमकाय भाषाविद हाँफते डकारते हँकाते
अँगरेजी की अवध्य गाय
घंटा घनघनाते पुजारी जयजयकार
सरकार से क़रार जारी हज़ार शब्द रोज़"[15]

इस विडम्बनापूर्ण स्थिति से हिन्दी को मुक्त करने का एक ही रास्ता है कि भाषा की पूजा बन्द करके उसके इस्तेमाल को अधिकाधिक प्रोत्साहित किया जाए। जब तक विभिन्न देशी भाषाओं और बोलियों से संपृक्त होकर हिन्दी जनभाषा के रूप में विकसित नहीं होती, तब तक उसके राजभाषा अथवा राष्ट्रभाषा बनने का कोई अर्थ नहीं है। अपनी रचनाओं में रघुवीर सहाय ने भाषा के इस्तेमाल की बात बार-बार कही है :

"वापस ले जाओ मुझे एक बार उस दिन
जब मैंने कहा था कि भाषा को
मन्दिर में बन्द मत करो
उसे बोलो।"[16]

वस्तुतः भाषा में जान और मान तभी पैदा होंगे जब वह जीवन-यथार्थ से जुड़कर विकसित होगी। यह भाषा मानव-जीवन की तरह विविध भंगिमाओं वाली होगी, वह कोई शुद्ध भाषा नहीं होगी, जिसका सवाल भाषा के पुजारी अक्सर उठाते रहते हैं। इस व्यापक भाषा में विभिन्न देशी भाषाओं और बोलियों के विविध रंग मौजूद होंगे और एक जीवित भाषा की तरह उसका निर्माण और विकास अनवरत रूप से होता रहेगा। स्वाधीनता प्राप्ति के बाद भाषा की शुद्धता की राजनीति द्वारा हिन्दी-प्रेमी भक्तों ने हिन्दी को अन्य भारतीय भाषाओं से यथासम्भव बचाने की कोशिश की, जिससे उसकी जीवन शक्ति क्षीण होती चली गयी। रघुवीर सहाय भाषाओं के परस्पर अलगाव को एक खतरनाक प्रवृत्ति समझते थे। उनकी मान्यता थी कि भाषाओं के आपसी आदान-प्रदान द्वारा ही रचनात्मक भाषा का विकास सम्भव है :

"भारतीय गणराज्य की स्थापना के बाद से भारतीय भाषाओं में परस्पर व्यवहार कम होता चला गया है। भारतीय भाषाएँ संस्कृत भाषा पर निर्भर हैं—यह दावा ज़्यादा दोहराया जाता है। भारतीय भाषाएँ एक-दूसरे पर निर्भर हैं, यह बात कम कही जाती है। जो इस्तेमाल इन भारतीय भाषाओं में एक-दूसरे के शब्दों, कहावतों, मुहावरों और

अर्थों का आज भी हो रहा है, उसे पहचानना तो करीब-करीब बन्द ही हो गया है। नतीजा यह है कि हमारी शब्द-सम्पदा घट गयी है और आज से पचास-साठ साल पहले की हिन्दी में जितनी रचनाशक्ति थी, उतनी अब नहीं रही है।

बोलियों से भाषा में और भाषा से बोली में शब्दों का आना-जाना जिस समाज में जारी रहता है, उसी से श्रेष्ठ साहित्य रचना सम्भव है।[17]

स्वाधीनता के बाद हिन्दी का जो कुलीनतावादी चरित्र विकसित हुआ है इसके कारण इसका जनाधार धीरे-धीरे संकुचित होता गया है। आज हिन्दी में अलगाव की भावना कई स्तरों पर देखने को मिलती है—एक तो विभिन्न स्थानीय बोलियों से इसका सम्पर्क लगातार घटा है, दूसरी ओर विभिन्न भारतीय भाषाओं से इसका संवाद भी निरंतर कम होता गया है। इस अलगाव के कारण हिन्दी का शहरी चरित्र हावी होने लगा है और यह भाषा अपने लाखों-करोड़ों बरतनेवालों से क्रमशः कटती चली गयी है। प्रो. मैनेजर पांडेय ने हिन्दी की इस विडम्बनापूर्ण स्थिति का खुलासा करते हुए लिखा है :

"हिन्दी के साथ एक विडम्बनापूर्ण स्थिति यह है कि यह मुख्यतः शहरों की भाषा है, जबकि पूरे हिन्दी क्षेत्र में गाँव की जनता भोजपुरी, मैथिली, अवधी, ब्रज, राजस्थानी, हरियाणवी आदि बोलियों के सहारे अपना जीवन चलाती है। बोलियों से हिन्दी के अलगाव के कारण, आज हिन्दी भी कुलीनतावाद का शिकार हो रही है क्योंकि जो लोग हिन्दी में सोचने और लिखने का काम करते हैं, उनमें भी अधिकांश लोग उपनिवेशवादी दौर की मध्यवर्गीय मानसिकता का शिकार होने के कारण आम जनता से दूरी में ही अपना महत्व देखते हैं। इसका एक प्रमाण यह है कि आज का हिन्दी साहित्य, हिन्दी क्षेत्र की लोकभाषाओं की रचनाशीलता से उतना जुड़ा हुआ नहीं दिखायी देता, जितना अंग्रेजी और उसके माध्यम से अमरीका और यूरोप की चिंताधाराओं से। परिणामस्वरूप हिन्दी में लिखा गया अधिकांश साहित्य हिन्दी क्षेत्र की जनता के लिए अबूझ पहेली बनता जा रहा है।"[18]

हिन्दी भाषा के अलगाववाद का एक महत्त्वपूर्ण पहलू विभिन्न भारतीय भाषाओं के साथ उसके सम्पर्क का लगातार कम होते जाना है। इसके कारण हिन्दी की रचनात्मक क्षति तो हुई ही है, अहिन्दी भाषी प्रदेश में हिन्दी के प्रति संशय और विरोध का भाव भी दृढ़ हुआ है। हिन्दीभाषी व्यक्ति की संकीर्णता और हिन्दी के माध्यम से सत्ता पर काबिज रहने की लालसा भी हिन्दी विरोध का प्रमुख कारण रही है। यही कारण है कि हिन्दी बनाम अंग्रेजी की बहस को बिगाड़कर हिन्दी बनाम भारतीय भाषाओं की बहस बना दी गयी जबकि अन्य भाषाओं को हिन्दी के साथ मिलकर अंग्रेज़ी के विरुद्ध लड़ना चाहिये था। यह एक कटु सत्य है कि हिन्दी भाषी व्यक्ति भारतीय भाषाएँ सीखने से प्रायः परहेज़ करता रहा है और अंग्रेज़ी के जितने गुलाम हिन्दी प्रदेश के लोग हैं, उतने अहिन्दीभाषी नहीं। इसी कारण अहिन्दी भाषियों

का हिन्दी विरोध उग्रतर होता गया है और वे "हिन्दी साम्राज्यवाद" तथा हिन्दी-भाषियों द्वारा सरकारी नौकरी हड़प लिए जाने की बात उठाने लगे हैं। यदि हिन्दीभाषी उदार और सहिष्णु होते तो इस भाषाई अलगाव को कम किया जा सकता था और अहिन्दी भाषी प्रदेश में हिन्दी के प्रति लगाव को बढ़ाया जा सकता था। हिन्दीभाषियों की इस संकीर्णता का विरोध करते हुए रघुवीर सहाय लिखते हैं :

"यदि भारत में कभी हिन्दी सभी प्रदेशों में बाज़ार और वोट के अतिरिक्त सरकारी स्तर पर प्रयुक्त हेगी तो वह वही हिन्दी होगी, जिसको बनाने में सब भाषाओं का योग होगा। शायद यह समझकर ही हिन्दी को निरन्तर अंग्रेज़ी की अनुवाद छाया बनाते रहने का प्रयत्न सत्ताधारियों के हाथों ज़ारी रहा है। अंग्रेज़ी की अनुवाद-दासी हिन्दी में न तो आत्म-विकास की शक्ति हो सकती है, न अभिव्यक्ति की। वह पिछली दो पीढ़ियों से हिन्दी क्षेत्र में प्रतिभाशाली नवयुवकों को अन्य विधाओं के क्षेत्र से खींचकर मक्खी पर मक्खी मारनेवाले अनुवादक बनाती रही है। प्रतिभा का ऐसा सामूहिक क्षय पकड़ा नहीं जा सका तो इसलिए कि हिन्दीवाले अनुवाद के क्षेत्र में रोज़गार की आसानी से अभिभूत रहे।"[19]

अपने तक ही सीमित रहने की अरचनात्मक स्थिति हिन्दी भाषा के लिए बहुत खतरनाक है और इसके कारण भाषा में विकास के बदले सड़न पैदा हो रही है। "हमारी हिन्दी" नामक कविता में रघुवीर सहाय ने हिन्दी की इस विडम्बनापूर्ण स्थिति का विस्तार से चित्रण किया है। राष्ट्रभाषा हिन्दी की वर्तमान दशा को "दुहाजू की बीबी" के रूपक द्वारा सफलतापूर्वक चित्रित किया गया है :

"हमारी हिन्दी एक दुहाजू की नयी बीबी है
बहुत बोलनेवाली बहुत खानेवाली बहुत सोनेवाली
... ...
घर से ख़ैर निकलने का सवाल ही नहीं उठता
औरतों को जो चाहिए घर ही में है
एक महाभारत है एक रामायण है तुलसीदास की भी राधेश्याम की भी

एक नागिन की स्टोरी बमय गाने
और खारी बावली में छपा कोकशास्त्र

... ...
घर में सब कुछ है जो औरतों को चाहिए
सीलन भी और अन्दर की कोठरी में पाँच सेर सोना भी
और संतान भी जिसका जिगर बढ़ गया है
जिसे वह मासिक पत्रिकाओं पर हगाया करती है

और ज़मीन भी जिस पर हिन्दी भवन बनेगा।
कहनेवाले चाहे कुछ कहें
हमारी हिन्दी सुहागिन है सती है खुश है
उसकी साध यही है कि खसम से पहले मरे
और सब तो ठीक है पर पहले खसम उससे बचे
तब तो वह अपनी साध पूरी करे।"[20]

वस्तुतः अपनी संकीर्णतावादी प्रवृत्ति को दूर कर हिन्दी जब जीवित भाषा का स्वरूप ग्रहण करेगी, तभी वह राष्ट्रभाषा बन पाएगी। इसके लिए हिन्दी का हृदय उदार होना चाहिए। उसमें तमिल, तेलगु आदि देशी भाषाओं तथा विभिन्न बोलियों के शब्दों का निस्संकोच प्रयोग होना चाहिए तभी वह लोकभाषा भी बन पाएगी और राष्ट्रभाषा भी। जैसा कि प्रेमचन्द कहते हैं :

"जीवित भाषा तो जीवित देह की तरह बराबर बनती रहती है। शुद्ध हिन्दी तो निरर्थक शब्द है। जब भारत शुद्ध हिन्दू होता तो उसकी भाषा शुद्ध हिन्दी होती। जब तक यहाँ मुसलमान, ईसाई, पारसी, अफगानी सभी जातियाँ मौजूद हैं; हमारी भाषा भी व्यापक रहेगी। अगर हिन्दी भाषा प्रान्तीय रहना चाहती है और केवल हिन्दुओं की भाषा रहना चाहती है, तब तो वह शुद्ध बनायी जा सकती है। उसकी अंग-भंग करके उसका कायापलट करना होगा। प्रौढ़ से वह फिर शिशु बनेगी, यह असम्भव है, हास्यास्पद है।"[21]

रघुवीर सहाय अपनी रचनाओं में बार-बार उस जीवित भाषा की तलाश करते हुए प्रतीत होते हैं जो मानव-जीवन के यथार्थ को सम्पूर्ण रूप से उद्घाटित कर सके। उनकी चिन्ता उस भाषा की चिन्ता है, जो अपने समय को ठीक से कह नहीं पा रही है। वे ऐसी भाषा चाहते थे जो "खम्भे के पास आकर बैठे हुए लड़के के सामने पड़े हुए तसले का अर्थ" कह सके :

"हम उपन्यास में बात मानव की करेंगे
और कभी बता नहीं पाएँगे
सूखी टाँगे घसीटकर खम्भे के पास में आकर बैठे हुए
लड़के के सामने पड़े हुए तसले का अर्थ
हम लिखते हैं कि
उसकी स्मृतियों में फ़िलहाल एक चीख़ और गिड़गिड़ाहट की हिंसा है
उसकी आँखों में कल की छीनाझपटी और भागमभाग का पैबन्द इतिहास
उसके भीतर शब्द रहित भय और ज़ख्मी आग है

यह तो हम लिखते हैं पर उस व्यक्ति में हैं जो शब्द वे हम जानते नहीं
जो शब्द हम जानते हैं उसकी अभिव्यक्ति नहीं विज्ञापन हमारा है"[22]

रघुवीर सहाय उस भाषा को सार्थक मानते हैं जो न केवल बाह्य यथार्थ को सम्प्रेषित करे, बल्कि मनुष्य के आन्तिरक संघर्ष और दर्द को भी अभिव्यक्त कर सके। यह ऐसी भाषा होगी, जो गतिशील जीवन-स्थितियों की वाहक बन सकेगी। उनकी पीड़ा यह थी कि वर्तमान समय में भाषा गुड्डन की माँ के स्वर्गवास की खबर देकर रह जाती है। वह यह नहीं बताती कि वह पिछले बीस वर्ष से विधवा थी। भाषा इन बीस वर्षों का इतिहास कह नहीं पाती। यहीं आकर भाषा की बधिया बैठ जाती है:

"नहीं लिखा यह कि बीस वर्ष से विधवा थी वह
उसके बीस वर्ष कोई नहीं लिखता क्योंकि एक साथ बीस वर्ष हैं अब वे
भाषा की बधिया हमेशा वक्त के सामने बैठ जाती है।"[23]

एक अरसे से देश में अनेक ऐसे तत्व रहे हैं, जिन्होंने भाषा के संघर्ष को विकृत राजनीति का रूप दे दिया। इनका उद्देश्य भारतीय भाषाओं के अन्तरावलम्बन को भुलाकर उन्हें एक दूसरे से आपस में लड़वाना, और जब यह प्रयोजन सिद्ध न हुआ तो उन्हें हिन्दी से लड़वाना रहा है। यही लोग हैं जिन्होंने हिन्दी बनाम अंग्रेजी के सवाल को बिगाड़कर हिन्दी बनाम भारतीय भाषाएँ तथा हिन्दी बनाम उर्दू का रूप दे दिया। विभिन्न भारतीय भाषाओं को हिन्दी से लड़ाकर इन्होंने देशी भाषाओं को तो कमजोर किया ही, हिन्दी के राष्ट्रभाषा बनने की सम्भावना भी क्षीण कर दी। ये तत्व राजनीति, अफसरशाही और उद्योग व्यापार—तीनों क्षेत्रों में शक्तिशाली हैं और वर्षों से स्थापित हैं। ये शक्तिशाली लोग हिन्दी के इस्तेमाल का रास्ता रोककर गाहे-बगाहे फतवा जारी करते रहते हैं कि हिन्दी एक दिन अंग्रेज़ी का स्थान ज़रूर लेगी। यह बहुत खतरनाक बात है क्योंकि हिन्दी भी यदि उसी तरह रचनात्मक प्रतिभा का दमन और असमानता की वृद्धि करेगी जैसा अंग्रेज़ी ने किया है, तो वह सच्चे अर्थों में कभी भी राष्ट्रभाषा नहीं बन पाएगी। इस स्थिति का विरोध करते हुए रघुवीर सहाय उस हिन्दी को लाने की बात करते हैं जो समाज व्यवस्था में परिवर्तन करेगी :

"किसी ने कहा है कि एक दिन हिन्दी अंग्रेज़ी का स्थान लेगी। यह भी एक खतरनाक रहस्य है कि हिन्दी अंग्रेज़ी का स्थान क्यों लेगी, अपना स्थान क्यों नहीं लेगी। इससे तो प्रकट है कि अंग्रेज़ी का स्थान बना रहेगा। केवल उसे हिन्दी "ले लेगी"। अर्थात् आज अंग्रेजी ने प्रतिभा का दमन और राजनैतिक सत्ता का संचय करके जो गैरबराबरी बढ़ायी है, हिन्दी उसी को बढ़ाएगी। जो हिन्दी ऐसा करेगी, वह उन्हीं की हिन्दी होगी जो अंग्रेज़ी से अनुवाद कर सकते हैं उनकी नहीं होगी जो

अंग्रेज़ी नहीं जानते, परन्तु विद्या और कर्म में अंग्रेज़ी जाननेवालों से हीन नहीं हैं। इन्हीं की हिन्दी को हमने राष्ट्रभाषा माना था, पर आज राजभाषा हम किसी और हिन्दी को मानने लगे हैं—उस हिन्दी को जो अंग्रेज़ी का काम करने के लिए तैयार की जा रही है और जो अंग्रेज़ी का स्थान लेगी अर्थात् समाज व्यवस्था में कोई परिवर्तन नहीं लाएगी।"[24]

भाषाई विवाद सामान्यतया प्रचंड आवेशों को जन्म देते हैं और राष्ट्रीय एकता की भावना को गहरी क्षति पहुँचाते हैं। भाषाई विवादों की प्रतिक्रिया बुद्धिजीवियों और छात्रों में सर्वाधिक होती है क्योंकि भाषा उनके जीवन में मुख्य भूमिका अदा करती है। इस प्रसंग में दक्षिण भारत में 1965 में हिन्दी को राजभाषा घोषित किये जाने के विरुद्ध आन्दोलन के समय जनव्यापी दंगों का उल्लेख करना प्रासंगिक होगा। समकालीन भारत में जातीय, आर्थिक, राजनीतिक, धार्मिक, सामाजिक और दूसरे हित भाषाई विवादों के साथ उलझकर मामले को और भी संगीन बना देते हैं। अंग्रेज़ी को हटाकर उसकी जगह हिन्दी को अनिवार्य राजभाषा के रूप में स्थापित कर देना आज स्थिति को और भी विस्फोटक बना सकता है। अतः सभी भारतीय भाषाओं को समानता का दर्जा देकर राष्ट्रीय एकता की अवधारणा को सुदृढ़ किया जा सकता है। जातीय समस्या के बारे में लेनिन ने अपनी कृतियों में सभी जातियों और भाषाओं की पूर्ण समानता के सिद्धान्त का निरन्तर समर्थन किया है। उन्होंने लिखा है कि :

"जो कोई भी जातियों और भाषाओं की समानता को नहीं मानता और उसका समर्थन नहीं करता, और सब तरह के जातीय उत्पीड़न अथवा असमानता के विरुद्ध संघर्ष नहीं करता, वह मार्क्सवादी तो क्या जनतंत्रवादी भी नहीं है।"[25]

अनिवार्य राजभाषा के सवाल पर बात करते हुए लेनिन पुनः कहते हैं :

हम लोगों का डण्डे से बहिश्त में हांका जाना नहीं चाहते, क्योंकि "संस्कृत्ति" के बारे में आप चाहे कितनी भी बढ़िया-बढ़िया बातें क्यों न कहें, अनिवार्य राजभाषा में जबरदस्ती, डण्डे का प्रयोग सन्निहित है।"[26]

विभिन्न प्रदेशों में अंग्रेज़ी की जगह प्रादेशिक भाषाओं का इस्तेमाल सार्वजनिक जीवन में हो और हिन्दी विभिन्न प्रदेशों के बीच सम्पर्क की भाषा बने, तभी राष्ट्रीय पुनर्निर्माण का कार्य सम्भव हो सकता है। अंग्रेज़ी की ज़गह हिन्दी को अनिवार्य राजभाषा के रूप में प्रतिष्ठित कर देने से राष्ट्र की एकता तो टूटेगी ही, यह अलोकतांत्रिक और अन्यायपूर्ण बात भी होगी। प्रसिद्ध मार्क्सवादी चिन्तक डॉ. रामविलास शर्मा का आग्रह भी यही है। वे लिखते हैं:

"विभिन्न प्रदेशों में अंग्रेज़ी की ज़गह भारतीय भाषाओं का व्यवहार हो, यह सही माँग है और मज़दूर वर्ग को इसका समर्थन करना चाहिए। लेकिन अंग्रेज़ी की

जगह सारे देश में एक ही भाषा का चलन हो, यह माँग उस जनतांत्रिक माँग से भिन्न है। अंग्रेज़ों ने सारे भारत पर अंग्रेज़ी लादी, यह साम्राज्यवादी कार्य था। उसका स्थान एक भारतीय भाषा ले ले, यह बात जनतांत्रिक और न्यायपूर्ण न होगी। फिर भी पूँजीवादी नेता हिन्दी-उर्दू या हिन्दुस्तानी और अंग्रेज़ी को भी अनिवार्य राजभाषा बनाने का कार्य करते रहे हैं।"[27]

दरअसल हिन्दी या किसी भी भारतीय भाषा के उपयोग की माँग रचनात्मक प्रतिभा के विकास की जनतांत्रिक माँग है। भारतीय स्वाधीनता आन्दोलन के दौरान भारतीय एकता की जो परिकल्पना की गयी थी, उसमें भाषाओं की स्वतंत्रता का सवाल मुख्य था, उनकी प्रधानता का नहीं। सभी भाषाओं के बोलनेवालों को एक सूत्र में बाँधने के लिए गांधीजी ने जो राजनीतिक कार्यक्रम बनाया था उसमें भी "भाषाई प्रधानता" का मसला महत्वपूर्ण नहीं था, बल्कि मातृभाषा के माध्यम से भारतीय व्यक्ति को स्वाधीन बनाने का उपक्रम था। भाषावार प्रान्तों के निर्माण का सिद्धान्त भी इसी भावना से प्रेरित था। अतः विभिन्न देशी भाषाओं के एकत्र इस्तेमाल से ही भारत जैसे बहुजातीय और बहुभाषीय राष्ट्र में राष्ट्रीयता की संकल्पना मूर्त हो सकती है। रघुवीर सहाय के शब्दों में :

"चौदह भाषाओं के एकत्र इस्तेमाल से देश की एकता टूटेगी इस असत्य को हम तोड़ें तो वास्तविक एकता का सत्य स्थापित होता है, इस सत्य में कोई शास्त्रीयता नहीं है। ...भाषाओं की आन्तरिक एकता, शब्दों की समानता और संस्कृतियों की समानधर्मिता के बहुत गुणगान करनेवाले अंग्रेज़ी समर्थकों को संविधान-सम्मत भाषाओं के टकराव से घबराना नहीं चाहिए। यदि प्रत्येक प्रदेश में ऊपर से नीचे तक मातृभाषा और केन्द्र में सभी भाषाओं के इस्तेमाल की व्यवस्था तुरन्त की जाए तभी पिछले वर्षों में स्वार्थी नेताओं के हाथों भ्रष्ट हुई राष्ट्रीयता आज सही रास्ते पर चलकर अपनी भारतीयता खोज सकती है, अन्यथा वह अंग्रेज़ी की खिड़की खोलकर बाहर का विश्व-दृश्य निहारती रहेगी और भीतर भाषाविद् "भुखमरी" और "स्टार्वेशन डेथ" में अर्थभेद करते रहेंगे और शब्दकोश की पूजा होती रहेगी।"[28]

आज अंग्रेजी हटाने का सवाल इसलिए महत्त्वपूर्ण है कि वह आर्थिक सामाजिक प्रगति में बाधक है, असमानता को बढ़ावा देती है तथा रचनात्मक प्रतिभा का दमन करके अल्पसंख्यक प्रभु वर्ग की सत्ता को स्थायी बनाती है। यह हमें अपने ही लोगों के बीच अजनबी बनाती है और इस प्रकार सामाजिक अलगाव को प्रश्रय देती है। यह हमारी मौलिकता को नष्ट कर हमें दूसरे दर्जे का व्यक्ति बनाती है। इसके विपरीत हिन्दी तथा देशी भाषाओं का प्रयोग परस्पर सहयोग और समानता के आधार पर राष्ट्रीय एकता की जड़ों को पुष्ट करता है। अंग्रेजी हटाने का सवाल केवल इसलिए महत्त्वपूर्ण नहीं है कि वह केवल विदेशी भाषा है और इससे हमारे राष्ट्रीय

स्वाभिमान को चोट पहुँचती है। इस सन्दर्भ में गाँधीजी का दृष्टिकोण उल्लेखनीय है, जो अंग्रेजी के महत्त्व को स्वीकार करते हुए भी भारत में इसके विकास को अनिष्टकारी मानते थे, क्योंकि भारत में अंग्रेजी देशी भाषाओं का दमन करके मौलिक प्रतिभाओं का विनाश कर रही है। उनके अनुसार, "भाषा को उसका उचित स्थान देना एक बात है, उसकी जड़ पूजा करना दूसरी बात है"। 27 दिसम्बर 1917 को कलकत्ता में भाषण देते हुए गाँधीजी ने अंग्रेज़ी शिक्षा के दोषों का विस्तार से उल्लेख किया है :

"यदि हम अंग्रेज़ी के आदी नहीं हो गये होते, तो यह समझने में हमें देर नहीं लगती कि अंग्रेज़ी के शिक्षा का माध्यम होने से हमारी बौद्धिक चेतना जीवन से कटकर दूर हो गयी है, हम अपनी जनता से अलग हो गये हैं, जाति के सर्वश्रेष्ठ दिमागों का विकास रुक गया है और जो विचार हमें अंग्रेजी के माध्यम से मिले, उन्हें हम जनता में फैलाने में नाकामयाब रहे हैं। पिछले साठ वर्षों से हमने विचित्र-विचित्र शब्दों को केवल रटना सीखा है, तथ्यपूर्ण ज्ञान को पचाने के बदले हमने शब्दों का उच्चारण सीखा है। जो विरासत हमें अपने बाप-दादों से हासिल हुई, उसके आधार पर नवनिर्माण के बदले हमने उस विरासत को भूलना सीखा है। इस दुर्गति की मिसाल सारी दुनिया के इतिहास में नहीं है। ...आज की पहली और सबसे बड़ी समाज-सेवा यह है कि हम अपनी देशी भाषाओं की ओर मुड़ें और हिन्दी को राष्ट्रभाषा के पद पर प्रतिष्ठित करें।"[29] *(इबिल राट बाइ द फॉरेन मीडियम)*

भाषा की स्वाधीनता का सवाल व्यक्ति की स्वाधीनता और राष्ट्र की स्वाधीनता से सीधे तौर पर जुड़ा हुआ है। इसलिए हिन्दी तथा अन्य भारतीय भाषाओं को समुचित स्थान दिये बिना "राष्ट्रीय स्वाधीनता" कुछ सम्पन्न लोगों की बपौती बनकर रह जाती है। गाँधीजी के अनुसार :

"जब तक हम हिन्दी भाषा को राष्ट्रीय और अपनी-अपनी प्रान्तीय भाषाओं को उनका योग्य स्थान नहीं देते, तब तक स्वराज्य की सब बातें निरर्थक हैं।"

लेकिन स्वाधीन भारत में सत्ताधारी वर्ग ने "स्वराज्य" को विशिष्ट वर्ग तक सीमित कर दिया। लाखों करोड़ों भारतीय जनता पर अंग्रेज़ी के माध्यम से गुलामी थोप दी गयी और इस प्रकार पूरे भारतीय समाज को राजा और प्रजा, आर्य और अनार्य के रूप में भाषा के द्वारा बाँट दिया गया। अंग्रेजों ने जिस भाषा द्वारा प्रजा बनायी थी, अब उसके द्वारा हम राजा बना रहे हैं :

"अंग्रेज़ों ने अंग्रेज़ी पढ़ाकर प्रजा बनायी
अंग्रेज़ी पढ़ाकर अब हम राजा बना रहे हैं।"[30]

ज़ाहिर है ऐसे राजा और प्रजा के बीच संवाद की स्थिति नहीं होगी। इस प्रकार भाषा बहुसंख्यक जनता के लिए उत्पीड़न तथा अल्पसंख्यक वर्ग के लिए सत्ता हथियाये रहने का उपकरण बन गयी है। अतः जब तक अपने दैनिक जीवन की

भाषा में जनता को राष्ट्रीय नीतियों के निर्माण का अधिकार नहीं देते, तब तक हिन्दी को राष्ट्रभाषा बनाने का कोई अर्थ नहीं है। रघुवीर सहाय के अनुसार :

"हिन्दी का उपयोग एक ही हो सकता है कि हिन्दी भाषी को दूसरे नम्बर का राजनैतिक, कलाकार, विद्वान, चिन्तक न बनाया जाए और वह राष्ट्रीय नीतियों के निर्माण में अधिकारपूर्वक हिस्सा ले तथा उस हिस्से से लाभ सिर्फ उन लोगों को न मिले जो अंग्रेज़ी के प्रभुत्वसम्पन्न वर्गों के लिए हिन्दी अनुवादक का काम करते हैं। यह लाभ उनको मिलना चाहिए जो हिन्दी भाषी लोगों के जीवन को बताते, हिन्दी में सोचते, हिन्दी में लिखते और हिन्दी में सहमति प्रकट करते हैं।"[31]

समकालीन भारत में भाषा की लड़ाई निर्णयात्मक दौर में पहुँच चुकी है और इस लड़ाई में अपनी भाषा के माध्यम से रचनात्मकता का विकास करनेवाले और प्रतिभा का संस्कार करनेवाले असंख्य भारतीय जन ही देशी भाषाओं के इस्तेमाल का मामला आगे बढ़ा सकते हैं। ये वही लोग होंगे जो भाषा को मथकर, कूटकर और बरतकर एक समर्थ भाषा इज़ाद करेंगे। मानव-जीवन को सम्पूर्णता में व्यक्त करने के लिए रघुवीर सहाय ने "भाषा का युद्ध" नामक कविता में इस बात को कुछ ऐसे व्यक्त किया है :

"अब हम भाषा के लिए लड़ने के वक़्त
यह देख लें कि हम उससे कितनी दूर जा पड़े हैं
जिनके लिए हम लड़ते हैं
उनको हमको भाषा की लड़ाई पास नहीं लायी
क्या कोई इसलिए कि वह झूठी लड़ाई थी
नहीं बल्कि इसलिए कि हम उनके शत्रु थे
क्योंकि हम मालिक की भाषा भी
उतनी ही अच्छी तरह बोल लेते हैं
जितनी मालिक बोल लेता है
वही लड़ेगा अब भाषा का युद्ध
जो सिर्फ़ अपनी भाषा बोलेगा।"[32]

निश्चय ही भाषा का निर्णयात्मक युद्ध अपनी भाषा को बरतनेवाला सामान्य भारतीय जन ही लड़ सकता है, दलाल अभिजात-वर्ग तो भाषा की बहस को बिगाड़कर सत्ता पर काबिज रहने का षडयंत्र ही करता रहेगा। रूस के अभिजात वर्ग का चित्रण जिस प्रकार विख्यात रचनाकार गोगोल करते हैं, वह भारतीय अभिजात वर्ग के सम्बन्ध में भी उतना ही सटीक है :

"इनके मुँह से कभी कोई सभ्य रूसी शब्द सुनने को नहीं मिलता। फ्रांसीसी, जर्मन और अंग्रेज़ी शब्दावली का प्रवाह उनके मुँह से फूट पड़ता है। उनका उच्चारण

भी तरह-तरह का होता है। वे फ्रांसीसी बोलते हैं तो नाक से, और थोड़ा तुतलाते हुए। अंग्रेज़ी बोलते हैं तो चिड़ियों की तरह चहचहाते हुए। और जब बोलते हैं तो चिड़ियों जैसे दिखायी भी देते हैं। वे उन पर हँसते हैं जो चिड़ियों जैसा मुँह नहीं बना पाते। वे रूसी में कुछ नहीं लिखते। उनकी देशभक्ति इसमें प्रकट होती है कि वे ग्रीष्म-निवास के लिए रूसी शैली में झोपड़ी बनवा लें।"[33]

सन्दर्भ

1. कुछ पते कुछ चिट्ठियाँ, पृ. 13
2. आत्महत्या के विरुद्ध, पृ. 15
3. भारतेन्दु ग्रन्थावली, पृ. 731-33
4. आधुनिक भारत का इतिहास, सं.आर.एल.शुक्ल, पृ. 153 पर उद्धृत
5. आधुनिक भारत : बिपिन चन्द्र, पृ. 98
6. भाषा, संस्कृति और राष्ट्रीय अस्मिता, न्गुगी वा थ्योंगो, पृ. 93-94
7. वही, पृ. 19
8. ऊबे हुए सुखी, पृ. 36
9. लोग भूल गये हैं, पृ. 77-78
10. Among all the Countries of Asia and Africa which gained their Independance after world war II, India has numerically by far the largest professional patty bourgeoise, fully consolidated as a distinct social entity . . .
    There has clearly developed, in all the cosmopolitan cities of the Countries and English based intelligensia for whom only the literacy document produced in english is a National document, all else is regional, hence minor and forgettable–*Aijaz Ahmad, In Theory, p. 75*
11. अर्थात् "ये दूसरे हिन्दीवाले हैं", पृ. 103
12. लिखने का कारण, कौन सी हिन्दी, पृ. 109
13. हँसो हँसो जल्दी हँसो, पृ. 45
14. भाषा, राममनोहर लोहिया, पृ. 5-6
15. आत्महत्या के विरुद्ध, पृ. 87
16. वही, पृ. 77
17. अर्थात्, पृ. 118
18. राष्ट्रीय सहारा, 14 सितम्बर 1996
19. ऊबे हुए सुखी, पृ. 40
20. आत्महत्या के विरुद्ध, पृ. 70-71
21. साहित्य का उद्देश्य, पृ. 68
22. लोग भूल गये हैं, पृ. 47
23. वही, पृ. 48
24. ऊबे हुए सुखी, पृ. 32-33
25. बोरिस क्लूयेव, स्वतंत्र भारत : जातीय तथा भाषाई समस्या, पृ. 125

26. वही, पृ. 125
27. डॉ. रामविलास शर्मा, राष्ट्रभाषा की समस्या, पृ. 64
28. इस उद्धरण के लिखे जाते समय (1967) में 14 अनुसूचित भाषाएँ थीं, लेकिन वर्तमान में 18 अनुसूचित भाषाएँ हैं।
28. लिखने का कारण, पृ. 125
29. दिनकर, राष्ट्रभाषा आन्दोलन और गाँधीजी, पृ. 64-65।
30. एक समय था, पृ. 84
31. अर्थात्, पृ. 105-106
32. एक समय था, पृ. 82
33. डॉ. रामविलास शर्मा, राष्ट्रभाषा की समस्या, पृ. 101-102।

चतुर्थ अध्याय

रघुवीर सहाय की रचनाओं के साहित्यिक-सांस्कृतिक सरोकार

साहित्य और राजनीति के सम्बन्धों का अध्ययन आधुनिक साहित्य-चिन्तन का एक प्रमुख सरोकार रहा है। जिस प्रकार धर्म को मध्यकालीन जीवन का "केन्द्र" कहा जा सकता है, उसी तरह "राजनीति" आधुनिक जीवन का "केन्द्रबिन्दु" कही जा सकती है। मानव-जीवन में राजनीति के सर्वव्यापी प्रभाव को देखते हुए ही टॉमस मान ने कहा था कि हमारे समय में मानव की नियति राजनीतिक सन्दर्भ में व्याख्यायित होती है। चूँकि कोई भी सार्थक रचनाकार मानव नियति से स्वतंत्र नहीं हो सकता, अतः वह राजनीति से भी पूर्णतः मुक्त नहीं हो सकता। हिन्दी साहित्य में काफी अरसे तक यह बहस चलती रही कि जीवन में प्राथमिकता साहित्य को मिलनी चाहिए अथवा राजनीति को। प्रेमचन्द ने साहित्य को राजनीति के पीछे चलनेवाली सच्चाई न मानकर, उसे मशाल दिखाकर पथप्रदर्शन करनेवाली सच्चाई माना था। यहाँ प्रेमचन्द साहित्य और राजनीति के गहरे सम्बन्ध से इनकार नहीं करते, वे सिर्फ यह कहना चाहते हैं कि साहित्य राजनीति का अनुचर नहीं होता। आधुनिक काल में प्रगतिवाद के दौरान पहली बार साहित्य और राजनीति में घनिष्ठ सम्बन्ध बना था और इसके कारण साहित्य में अनुभव का विस्तार भी हुआ, लेकिन आगे चलकर इसने एक सरलीकरण का रूप ले लिया। धीरे-धीरे प्रगतिवादी विचारकों में यह भावना जोर पकड़ने लगी कि हर रचना को अनिवार्यतः स्थूल सामाजिक-राजनीतिक ब्यौरों का वाहक होना चाहिए। इसने रचनात्मकता को बहुत क्षति पहुँचाई और साहित्य यांत्रिक ढाँचे का रूप लेने लगा। वास्तव में राजनीति यदि हमारी अनिवार्य नियति है तो साहित्य और राजनीति को ऊँचा-नीचा मानकर तुलना करना व्यर्थ है। किसी भी सार्थक रचना में वे एक-दूसरे से अलग नहीं हो सकते। प्रख्यात लेखिका

नादिन गार्डिमर ने इस तथ्य को स्पष्ट करते हुए कहा है कि :

"हम अपने युग ही नहीं, स्थान की भी संतति हैं। मेरा स्वयं का चेतन और अवचेतन, जिसमें मैं लिखती हूँ, यहाँ तक कि मन और मस्तिष्क के वे व्यक्तिगत पक्ष भी, उस नियति द्वारा निर्धारित हुए हैं जिन्हें उस ऐतिहासिक राजनैतिक पृष्ठभूमि ने रूपायित किया है जिसमें मैं पैदा हुई हूँ।"[1]

कोई भी साहित्य अपने परिवेश से मुक्त नहीं हो सकता और इस अर्थ में हर रचना राजनैतिक होती है। श्री नेमिचन्द्र जैन कविता और राजनीति के सम्बन्धों को स्पष्ट करते हुए कहते हैं कि यद्यपि रचनाकार सीधे राजनीतिक संसार की सृष्टि नहीं करता, लेकिन जो संसार वह बनाता है वह अनिवार्यतः मानव-जीवन से जुड़ा होता है, अतः वह राजनीति से मुक्त नहीं हो सकता। उनके अनुसार :

"कवि सीधे राजनीतिक संसार की रचना भले ही न करता हो, पर जो भी संसार वह कविता में रचता है, वह यदि सार्थक है तो राजनीति के अनुभव से और उसके औजारों से बना हुआ संसार होता है। सारी सार्थक और समर्थ कविता किसी न किसी स्तर पर परिवेश से आदमी के सम्बन्ध को नये सिरे से परिभाषित करती है, जो राजनीति से बचकर और बाहर जाकर नहीं किया जा सकता।"[2]

रघुवीर सहाय भी स्वस्थ राजनीति को रचना कर्म के लिए आवश्यक मानते हैं, लेकिन प्रेमचन्द की तरह वे भी साहित्य को राजनीति का गुलाम नहीं समझते। उनकी मान्यता है कि जिस हद तक राजनीति सामाजिक परिवर्तन के लिए आवश्यक है, उसी हद तक कला या साहित्य भी समाज के लिए आवश्यक है। दोनों में किसी एक को प्राथमिक और दूसरे को गौण नहीं कहा जा सकता। इस सन्दर्भ में रघुवीर सहाय उन प्रगतिवादी रचनाकारों से सहमत नहीं हैं जो यह मानते हैं कि मात्र संगठित राजनीति के सहारे ही समाज परिवर्तन सम्भव है, इसलिए रचना को राजनीति का अनुसरण अवश्य करना चाहिए। कई मायनों में वे संगठित राजनीति को रचना के लिए विनाशकारी मानते हैं क्योंकि संगठित राजनीति या सत्ता का मुख्य उद्देश्य व्यक्ति की आजादी को सीमित करना होता है जबकि साहित्य मनुष्य की स्वतंत्रता का पक्षधर होता है।

"मैं राजनीति के अर्थ के बारे में बहुत साफ रहना चाहता हूँ। अगर आपका बार-बार यह अर्थ है कि दलों की राजनीति या सत्ता की राजनीति, तो मेरा वह अर्थ नहीं है क्योंकि सत्ता की राजनीति और रचना का तो बिल्कुल छत्तीस का सम्बन्ध है। प्रत्येक रचना सत्ता के खिलाफ होती है। इसलिए होती है कि सत्ता का सारा अभिप्राय—किसी एक सरकार की सत्ता की बात नहीं कर रहा हूँ—आदमी के पास, उसका हक जितनी आजादी का है उससे कम आजादी रखना होता है। वरना सत्ता नहीं होगी। वरना तो सबकी बराबर सत्ता होगी।"[3]

स्पष्ट है कि रघुवीर सहाय राजनीति को सिर्फ सत्तानीति से जोड़कर नहीं

देखते। उनके अनुसार राजनीति वह है जो बेहतर समाज बनाने का काम करती है। जहाँ तक दलों की राजनीति या सत्तानीति का प्रश्न है, लेखक साहित्य और सत्तानीति में आपसी सम्बन्ध से इनकार नहीं करता है, भले ही वह सम्बन्ध छत्तीस का हो। सम्बन्ध सिर्फ सहमति के आधार पर ही नहीं, विरोध के आधार पर भी निर्मित होता है। रघुवीर सहाय मानते हैं कि राजनीति चाहे वह कितनी भी विकृत क्यों न हो, सामाजिक परिवर्तन का एक कारगर साधन है, अतः उससे उदासीन नहीं रहा जा सकता। साहित्य का काम यह है कि वह राजनीति के मनुष्यविरोधी चेहरे को बेनकाब कर, उसको अधिकतम मानवीय और रचनात्मक बनाने की कोशिश करे। "आत्महत्या के विरुद्ध" काव्य-संकलन के "वक्तव्य" में रघुवीर सहाय इस बात को स्पष्ट करते हुए लिखते हैं कि :

"विराट भीड़ों के समाज को बदलने का आज सिर्फ एक साधन है : वह है उस सत्ता का उपयोग जो समुदाय का एक-एक व्यक्ति अलग-अलग निर्णयों से कुछ हाथों में देता है। सरकार, जो राज्य की प्रतिनिधि है, जो समाज की प्रतिनिधि है, जैसी भी वह हो सकती है—अधूरी, टूटी, नकली, मिलावटी, मूर्ख—अकेला कारगर साधन भीड़ के हाथ में है। मैं इस साधन के अधिक से अधिक सही इस्तेमाल के लिए लड़े बिना नहीं रह सकता लेकिन इसके माने यह नहीं कि मैं भीड़ का कायल हूँ। मैं बदमाशों, गधों, आधे पागलों और मक्कारों के लिए एक जिम्मेदारी महसूस करता हूँ पर जो कुछ मैं रचता हूँ—सिर्फ अपनी जिम्मेदारी पर रचता हूँ—या फिर नहीं रचता।"[4]

जिस प्रकार बर्तोल्त ब्रेख़्त की रचनात्मक चेतना का निर्माण नाजीवाद और हिटलर के शासन का विरोध करने की अपरिहार्यता के तहत हुआ, उसी प्रकार रघुवीर सहाय की रचनात्मक प्रतिभा का निर्माण स्वातंत्र्योत्तर भारत की मनुष्यविरोधी राजनीति की पहचान करने और उसका विरोध करने के सन्दर्भ में हुआ। इस अर्थ में उनकी रचनाएँ राजनीति से घनिष्ठ रूप से जुड़ी हुई हैं। उन्होंने स्वातंत्र्योत्तर भारत की विकृत राजनीति और उसके माध्यम से सामान्य मनुष्य की रचनात्मकता के दमन का अपनी रचनाओं में बार-बार उल्लेख किया है। इस तरह वे मुक्तिबोध की तरह ही स्वाधीन भारत के समर्थ रचनाकार हैं जिनकी रचनाओं के प्रमुख विषय राजनीतिक संदर्भ हैं। रघुवीर सहाय की रचनाएँ मनुष्य की समानता और आजादी के लिए संघर्ष करती हुई रचनाएँ हैं। वे यथास्थिति को तोड़कर सामाजिक परिवर्तन की आकांक्षा व्यक्त करने वाली रचनाएँ हैं। "मेरा प्रतिनिधि" नामक कविता इस दृष्टि से रचनाकार की प्रतिनिधि रचना कही जा सकती है :

"बीस वर्ष खो गये भरमे उपदेश में
एक पूरी पीढ़ी पली पुसी कलेश में
बेगानी हो गयी अपने ही देश में

वह
अपने बचपन की
आज़ादी
छीनकर लाऊँगा।"[5]

रघुवीर सहाय की रचनाएँ क्रान्ति और जयघोष की स्थूल रचनाएँ नहीं हैं। उसमें वर्तमान संकट की गहरी पहचान है और यह बोध भी कि समकालीन मनुष्य-विरोधी परिवेश में एक सामान्य व्यक्ति कितना असहाय और अरक्षित हो गया है। उनकी रचनाएँ वर्तमान समाज में व्यक्ति के दर्द और पराजय की दास्तान है, जहाँ हमेशा मरता है एक और मतदाता। रघुवीर सहाय का साहित्य रोज "मनुष्य से एक दर्जा नीचे" जीवन जी रहे लोगों की व्यथा और असफलता का प्रामाणिक दस्तावेज है। यह साहित्य हमारे परिवेश से सरलीकृत रिश्ता नहीं बनाता, बल्कि उससे गहरे स्तर पर जुड़ता है। उनकी रचनाएँ कई प्रगतिवादी रचनाओं की तरह क्रान्ति का जयजयकार और वर्तमान व्यवस्था को तहस-नहस करने के बड़बोले नारों से भरी हुई नहीं हैं, लेकिन उनका साहित्य वर्तमान सामाजिक और सांस्कृतिक संकट का साक्षात्कार अधिक साहस के साथ करता है। वर्तमान संकट के दौर में साहित्यकार की विवशता को रघुवीर सहाय ने "कोई एक और मतदाता" नामक कविता में सार्थक ढंग से व्यक्त किया है :

"कितना अच्छा था छायावादी
एक दुख लेकर वह एक गान देता था
कितना कुशल था प्रगतिवादी
हर दुख का कारण वह पहचान लेता था
कितना महान था गीतकार
जो दुख के मारे अपनी जान लेता था
कितना अकेला हूँ मैं इस समाज में
जहाँ सदा मरता है एक और मतदाता।"[6]

वस्तुतः रघुवीर सहाय की रचनाएँ अपने समय और समाज से सार्थक संवाद स्थापित करती हैं और इसी मायने में वे सार्थक राजनीतिक रचनाएँ हैं। वे मानते हैं कि साहित्य "राजनीति" की तरह कभी भी प्रचार को अपना मुख्य उद्देश्य नहीं बनाता, उसका मुख्य उद्देश्य मानवीय समता और स्वतंत्रता के लिए संघर्ष है। अपनी पूर्णता के लिए रचनाकार को समाज के सामने आना और समाज में नित्य बदल रहे मानव-सम्बन्धों का परीक्षण करना आवश्यक है, लेकिन क्रान्ति का पुजारी और मसीहा बनकर सामाजिक व्यवस्था को नष्ट-भ्रष्ट करने की बात करना अपने कर्तव्य से पलायन करना है। ऐसी रचनाएँ समकालीन जीवन के बहुआयामी संकट को सरलीकृत करके रख देती हैं और इस प्रकार एक झूठे "अहं" की सृष्टि करती हैं जो

जनता के साथ इंसानी रिश्ता नहीं बनने देतीं। रघुवीर सहाय के अनुसार :

"वास्तव में अहं खुलेआम जनसाधारण के बारे में लिखने का अहंकार करनेवाले कवियों में भी हो सकता है, यह आज ही प्रकट होकर दिख रहा है। जैसे राजनीति में वैसे ही कविता में भी जन के साथ कानूनी रिश्ते तो बने हुए हैं, लेकिन एक इंसानी रिश्ता नहीं रह गया है। इससे कवि भी राजनीतिक की तरह आत्मरहित बनता जा रहा है।"[7]

रघुवीर सहाय सत्य का अन्वेषण और उसकी अविकल अभिव्यक्ति रचनाकार का मुख्य दायित्व मानते हैं, जबकि राजनीतिक व्यक्ति सत्य का न तो अन्वेषण करता है और न ही उसको तब तक प्रकट करता है जब तक कि इसके माध्यम से उसके निहितार्थों की पूर्ति न होती हो। एक ही "सत्य" के साथ राजनीति और साहित्य अलग-अलग तरह से बर्ताव करते हैं। साहित्य "सत्य" को जिस रूप में देखता है, उसी रूप में कहता है जबकि राजनीति उस सत्य को प्रचार का माध्यम बनाती है। जब तक भीड़ नहीं जुट जाए तब तक "राजनीति" किसी सत्य का बयान नहीं करती है और वह भी सत्य को विकृत कर उसका बयान करती है ताकि भीड़ की स्वीकृति उसे मिल जाए। लेकिन साहित्य लोगों की स्वीकृति अस्वीकृति की परवाह नहीं करता, साहित्य का काम सत्य को बिना विकृत किये हुए लोगों के सामने रख देना है। राजनीतिक और साहित्यिक व्यक्तियों के बीच अन्तर को स्पष्ट करते हुए रघुवीर सहाय ने लिखा है कि :

"राजनीतिक व्यक्ति सत्य को जानते हुए भी उसे तब तक नहीं कहता जब तक कि उससे सहमत होने के लिए भीड़ जमा न हो जाए। ...इस प्रक्रिया में न केवल समय का व्यवधान बल्कि संदर्भ का अन्तर भी हो जाता है और इस प्रकार वह सत्य वही नहीं रह जाता जिसे शुरू में राजनीतिक ने जाना था, किन्तु भीड़ यदि उसका अनुमोदन कर रही है तो वह भी राजनीतिक को स्वीकार होता है। ...पर कवि सत्य को जिस सन्दर्भ में देखता है उसी सन्दर्भ में उसे न कहे तो वह फिर कहने योग्य नहीं रह जाता। सत्य की इस अभिव्यक्ति के लिए कवि को भीड़ नहीं चाहिए, बल्कि उस क्षण में उसे भीड़ से गहरी और सच्ची घृणा का अधिकार होना चाहिए। सच्ची का अर्थ है सद्भावना से युक्त, क्योंकि जिस घृणा में यह सद्भावना नहीं है वह वास्तव में भीड़ के प्रति नहीं, अपने प्रति घृणा है। उसके रहते अपनी शक्ल भीड़ में देखना असम्भव है।"[8]

स्पष्टतः रघुवीर सहाय साहित्य और राजनीति में घनिष्ठ सम्बन्ध मानते हैं, लेकिन वह रचना-कर्म को राजनीति का गुलाम नहीं समझते। वे मानते हैं कि राजनीति विशेषतः स्वस्थ राजनीति समाज-निर्माण के लिए आवश्यक है, लेकिन उतना ही महत्त्वपूर्ण वे रचना-कर्म को भी मानते हैं। इसलिए साहित्य और राजनीति में घनिष्ठ सम्बन्ध मानने के बावजूद वे "राजनीति" को साहित्य के मूल्यांकन की

कसौटी नहीं मानते। रघुवीर सहाय की मान्यता है कि साहित्य और राजनीति का दृष्टिकोण बुनियादी रूप से भिन्न होता है। "राजनीति" में वही रचनाएँ महत्त्वपूर्ण हैं जो किसी न किसी स्तर पर प्रचारात्मक स्वरूप रखती हैं जबकि साहित्य में ऐसा नहीं है। "साहित्य" में मानवीय न्याय एवं समता की वकालत करनेवाली रचनाएँ अनिवार्यतः महत्त्वपूर्ण होती हैं, चाहे उनका राजनीतिक सरोकार कुछ भी हो। बाल्ज़ाक़ और तॉल्सताय इसी कारण महान रचनाकार माने जाते हैं। यद्यपि उनकी स्वयं की सहानुभूति "आभिजात्य वर्ग" के साथ थी लेकिन उनकी रचनाएँ समता और स्वतंत्रता की पक्षधर हैं। इस सन्दर्भ में सहाय जी की मान्यता काफी स्पष्ट है :

"किसी भी प्रकार की संगठित राजनीति को मैं कभी यह पूरा अधिकार नहीं दे सकता कि वह रचना की जाँच करे और उस पर निर्णय दे। और निर्णय देगी तो उस निर्णय को मैं पक्षपात का निर्णय मानूँगा, भले ही वह संयोगवश सही निर्णय हो। इस बात की सम्भावनाएँ बहुत अधिक हैं कि जिन कविताओं में किसी राजनैतिक दल ने राजनीति का इस्तेमाल नहीं देखा है उन्हीं में आदमी के लिए न्याय के पक्ष की सबसे ज्यादा राजनीति हो।"[9]

स्पष्टतः राजनीति और साहित्य में घनिष्ठ सम्बन्ध आवश्यक मानते हुए भी रघुवीर सहाय साहित्य को राजनीति की छाया स्वीकार नहीं करते। वह मानव समाज के लिए साहित्य को उतना ही महत्त्वपूर्ण मानते हैं जितना राजनीति को।

रघुवीर सहाय ने अपनी रचनाओं में दूसरा महत्त्वपूर्ण साहित्यिक मुद्दा उठाया है—साहित्य और समाज का सम्बन्ध। अनेक आधुनिकतावादी लेखकों की तरह रघुवीर सहाय साहित्य की एकाकी और स्वायत्त दुनिया में विश्वास नहीं रखते। वे मानते हैं कि किसी भी सार्थक रचना का सम्बन्ध अनिवार्यतः समाज और सामाजिक यथार्थ से होता है। "दूसरा सप्तक" के वक्तव्य में उन्होंने लिखा है कि :

"कोशिश तो यही रही है कि सामाजिक यथार्थ के प्रति अधिक से अधिक जागरुक रहा जाए और वैज्ञानिक तरीके से समाज को समझा जाए। वास्तविकताओं की ओर ऐसा ही दृष्टिकोण रहना चाहिए और यही जीवन को स्वस्थ बनाये रख सकता था। शमशेर बहादुर का यह कहना मुझे बराबर याद रहेगा कि जिन्दगी में तीन चीजों की बड़ी जरूरत है—ऑक्सीजन, मार्क्सवाद और अपनी वह शक्ल जो हम जनता में देखते हैं।...विचार-वस्तु का कविता में खून की तरह दौड़ते रहना कविता को जीवन और शक्ति देता है : और यह तभी सम्भव है जब हमारी कविता की जड़ें यथार्थ में हों।"[10]

रघुवीर सहाय का सम्पूर्ण रचना कर्म अपने समय और समाज से घनिष्ठ रूप से जुड़ा हुआ है। स्वातंत्र्योत्तर भारत में राजनैतिक और सांस्कृतिक दमन के जरिये सामान्य मनुष्य को किस तरह मानवीय अधिकारों से वंचित कर असहाय बना दिया गया है, यही उनकी रचना का मुख्य सरोकार है। भाषा, जाति और वर्ग के विभिन्न

कटघरों में भारतीय समाज को बाँटकर उसे प्राणहीन और अशक्त बना दिया गया है। रघुवीर सहाय भारतीय राजनीति और समाज के लगातार बदलते हुए स्वरूप की पहचान करते चलते हैं और इन्हीं स्थितियों के बीच अपने सृजन कर्म को आकार देते हैं। उनके लिए सिर्फ अभिव्यक्ति या सम्प्रेषण का संकट महत्त्वपूर्ण नहीं है, बल्कि जनता और उससे बनने वाला "समाज" भी उतना ही महत्त्वपूर्ण है। वर्तमान जीवन के बहुआयमी संकट को वे सरलीकृत नहीं करते बल्कि संस्कृति और समाज के संकट को उसके विविध आयामों के साथ स्पष्ट करते हैं। तभी तो उन्हें कहना पड़ता है कि :

"क्योंकि आज भाषा ही मेरी एक मुश्किल नहीं रही
एक मेरी मुश्किल है जनता
जिससे मुझे नफरत है सच्ची और निस्संग
जिस पर कि मेरा क्रोध बार-बार न्योछावर होता है।"[11]

ये विविध लोग ही हैं–अच्छे, बुरे, सहमे, अकड़े हुए, सकुचाये हुए, नंगे, बूचे जिनसे रघुवीर सहाय की रचनात्मक दुनिया बनी है। इस रचनात्मक दुनिया में हमारा समकालीन समाज अपने सम्पूर्ण विरोधाभासों के साथ मौजूद है। इसमें एक ओर "ऊबे हुए सुखी हैं" तो दूसरी ओर तिलतिल कर मरते हुए लोगों के झुंड हैं। उनकी रचनाओं में एक ओर "रामदास", "हरचरना", "मैकू", "दयाशंकर", "दयावती", "रामलाल" और "रामगुलाम" जैसे साधारण भारतीय आदमी हैं तो दूसरी ओर दिग्विजयनारायण सिंह और वाजपेयी जैसे सम्पन्न व्यक्ति भी हैं। उनकी रचनाओं में "बस में चढ़ती स्त्री", "बैंक में लड़कियाँ", "किले में औरत", "पागल औरत", "बड़ी हो रही लड़की" और "एक लड़की जिसकी बाढ़ मारी गयी है" तो हैं ही साथ ही मन्थर मटकते मंत्री मुसद्दीलाल, खिसियाते कुलपति, घिघियाते उपकुलपति, घूरे पर फुदकते गदगद सम्पादक, गरजने वाला मुस्टंडा विचारक एवं सड़क पर बायें से गाड़ी अगिया ले जानेवाले गाड़ीवाले तथा अंगूठा उठाकर मोटर रोकते रंगे-चुँगे नौजवान हैं। इन्हीं मार तमाम लोगों से रघुवीर सहाय की दुनिया बनी है। लोठार लुत्से से अपनी हँसी सम्बन्धी कविताओं पर बात करते हुए रघुवीर सहाय ने अपने दिमाग में आनेवाली बहुत बड़े समाज की तस्वीर की बात की है जहाँ लोग कमजोर, कायर और साथ में चालाक हैं और वे ऐसी कोई हँसी बर्दाश्त नहीं करेंगे जो कि एक स्वतन्त्र आदमी की हँसी हो। समकालीन भारतीय समाज में विविध लोगों और उनकी मनःस्थिति को रघुवीर सहाय ने अपनी कविता "सभी लुजलुजे हैं" में काफी रोचक ढंग से स्पष्ट किया है :

"झाँय झाँय करते हैं, रिरियाते हैं
टाँय टाँय करते हैं, हिनहिनाते हैं
गरजते हैं, घिघियाते हैं

ठीक वक्त पर चीं बोल जाते हैं
सभी लुजलुजे हैं, थुलथुल हैं, लिबलिब हैं
पिलपिल हैं,
सब में पोल है, सब में झोल है, सभी लुजलुजे हैं।"[12]

रघुवीर सहाय की दुनिया में सिर्फ लुजलुजे लोग ही नहीं, आस्था और विश्वास से भरे हुए एवं ईमानदारी के साथ जीवन जी रहे लोग भी हैं, यह बात अलग है कि समकालीन व्यवस्था में उनकी संख्या दिनोंदिन कम होती जा रही है। वस्तुतः रघुवीर सहाय का रचना-कर्म मुक्तिबोध के रचना-कर्म की तरह ही स्वातंत्र्योत्तर भारतीय समाज का प्रामाणिक दस्तावेज है। स्वयं रघुवीर सहाय लेखक के लिये सामाजिक रिश्ते की पहचान अनिवार्य मानते हैं क्योंकि यह रचनाकार को झूठे अहं और आत्ममुग्ध होने से बचाता है। उनके अनुसार :

"आज के कवि का अपनी परीक्षा के लिए समाज के सामने आना, विशेष रूप से तब जबकि उसे समाज में अपने अस्तित्व को अर्थात् समाज से अपने रिश्ते को समझने में संशय हो रहा हो, उसे अहं के रचनाविरोधी खतरे से बचाएगा। ...न्याय और बराबरी के लिए हम जिस समाज की कल्पना करते हैं उसमें मानवीय रिश्तों की शक्ल क्या होगी, यह उस समाज के लिए संघर्ष के दौरान ही तय होना चाहिए। कवि इस संघर्ष में बार-बार मानवीय रिश्तों की खोज करेगा और उनको जाँचेगा, सुधारेगा, बनाएगा और फैलाएगा।"[13]

रघुवीर सहाय एक सार्थक रचना के लिए सामाजिक जुड़ाव अनिवार्य मानते हैं। लेकिन यह "समाज" कोई बनी-बनायी अवधारणा नहीं होती, बल्कि रचनाकार को उसे बार-बार समझना और निर्मित करना पड़ता है। प्रतिपल बदलते हुए समाज और मानवीय सम्बन्धों का अन्वेषण ही एक सार्थक रचनाकार का उद्देश्य होता है। लेकिन इस मानवीय सम्बन्ध की खोज बार-बार करनी पड़ती है क्योंकि ये सम्बन्ध हमेशा बदलते रहते हैं। अतः निरन्तर बदलते हुए समाज और परिवर्तित हो रहे मानव सम्बन्धों का परीक्षण एवं उनके अनुसार रचना में संशोधन एवं परिवर्तन ही महत्त्वपूर्ण रचना सम्भव बनाती है। रघुवीर सहाय के अनुसार :

"समाज कोई ऐसी बनी-बनायी और गढ़ी-गढ़ाई इमारत तो है नहीं कि जिसके नक्शे को कवि देख आया और समझ गया—जाकर वहाँ छह दिन रह आया और उसको मालूम हो गया कि समाज इस तरह का है। समाज की समझ का मतलब है समाज में मनुष्य और मनुष्य के बीच के जितने गैर-इंसानी रिश्ते हैं उनकी समझ—कहाँ से वे पैदा होते हैं इसकी समझ और उनकी जड़ों तक पहुँच, इतिहास की समझ।"[14]

रघुवीर सहाय अपनी रचनाओं में समाज और उसकी समस्याओं से गहरे स्तर पर जुड़ते हैं, लेकिन "समाज" को वे जड़ वस्तु नहीं मानते हैं। समाज और सामाजिक यथार्थ प्रतिपल बदलता रहता है और एक सार्थक रचनाकार के लिए इस बदलते

हुए "समाज" से तालमेल बनाये रखना आवश्यक हो जाता है। जिस दिन यह तालमेल टूट जाता है, उस दिन लेखक अपने परिवेश से टूटकर अपनी आत्मसंतुष्ट दुनिया में कैद होकर रह जाता है। आचार्य शुक्ल ने कहा था कि जैसे-जैसे सभ्यता का विकास होता जाएगा, वैसे-वैसे मनुष्यों की भावनाएँ जटिल होती जाएगी और रचना-कर्म उसी अनुपात में कठिन होता जाएगा। रघुवीर सहाय भी आचार्य शुक्ल की इस मान्यता से सहमत नज़र आते हैं और मानते हैं कि बीसवीं शताब्दी के समकालीन भारतीय समाज को किसी सामान्य समीकरण के रूप में व्यक्त नहीं किया जा सकता। "समाधि-लेख" नामक कविता में रघुवीर सहाय वर्तमान समाज की संशिलष्ट प्रवृत्ति का उद्घाटन करते हुए कहते हैं कि :

"मेरी कविता में ऊषा के
भीतर मेरी मृत्यु भी लिखी
चिड़िया के भीतर है मेरी
राष्ट्र भावना, बच्चों में दुख।
माना सब कुछ गबड़सबड़ है
पर मैंने यों ही देखा था
नारी, चिड़ियाँ, देश जागरण,
बच्चा, प्रकृति, दुःख, वासना
अलग अलग डब्बों में मेरी
पीड़ाएँ मत बन्द कीजिए
जिन्हें एक में मिला जुलाकर
मैंने की थी ये रचनाएँ।"[15]

स्पष्टतः रघुवीर सहाय के साहित्य में "समाज" और सामाजिक यथार्थ के अनेक रूप उद्घाटित हुए हैं लेकिन न तो यह "समाज" जड़ है और न ही सामाजिक यथार्थ। आजकल यथार्थ के नाम पर साहित्य में अनेक अश्लील और वीभत्स चीजें लायी जा रही हैं और उन्हें गौरवान्वित किया जा रहा है। लेकिन यथार्थ "यथास्थिति" का प्रस्तुतिकरण नहीं है, बल्कि उसका विरोध कर नये समाज का निर्माण करना है। यथार्थ के प्रति लेखकों की संकुचित दृष्टि को अपर्याप्त मानते हुए रघुवीर सहाय लिखते हैं कि मानव समुदाय में जो संघर्ष और नवनिर्माण की शक्तियाँ हैं, उन्हें पहचानना और अभिव्यक्त करना ही वास्तव में "यथार्थ" को समझना है। उनके अनुसार :

"यथार्थ के प्रति आज के साहित्यिक कृतित्व में कहीं-कहीं वास्तविकता पर आग्रह करनेवाली दृष्टि दिखायी देती है। ...यथार्थ को देखने की दृष्टि वस्तुओं को देख सकने की क्षमता पर नहीं बल्कि वस्तुओं के आपसी रिश्तों को बदलने की इच्छा पर निर्भर है। वह यथार्थ नहीं है जो पराधीन और पराजित मनुष्य पर निरी शक्ति

का वर्चस्व स्वीकार करता है, और जब मैं ऐसा कहता हूँ तो यह एक निरा नैतिक उद्गार नहीं है। ...यथार्थ यथास्थिति नहीं है। ...मेरी समझ में वास्तविकता का परिचय देती हुई हर कलाकृति कला के बोझ से—और इसीलिए पतनशीलता के बोझ से—मुक्त नहीं हो सकती। मुक्त होने के लिए उसे इतिहास-निर्माण में शामिल होना पड़ेगा—इतिहास—निर्माण में अर्थात् यथार्थ का ऐसा संसार रचने में जो वास्तविकता के वर्तमान संसार को चुनौती दे।"[16]

रघुवीर सहाय की रचनाएँ हमारे समाज से घनिष्ठ रूप से जुड़ी हुई हैं लेकिन वे समाज में व्याप्त यथास्थिति, शोषण, असमानता और हिंसा को स्वीकार नहीं करतीं, बल्कि उनके खिलाफ विद्रोह करती हैं और उन्हें बदलकर एक नया समाज बनाने की बात करती हैं। जिस प्रकार मुक्तिबोध पूँजीवादी शासन व्यवस्था की विसंगतियों और उसके अमानवीय रूप को, सम्पूर्णता में हमारे सामने लाते हैं उसी प्रकार रघुवीर सहाय भी समकालीन व्यवस्था के अमानवीय चेहरे का पर्दाफाश करते हैं। वर्तमान सामाजिक व्यवस्था में सामान्य भारतीय मनुष्य का गरिमा के साथ जीना दिन-ब-दिन कठिन होता जा रहा है। मुक्तिबोध ने गैरबराबरी पर टिकी इस पतनशील व्यवस्था का पर्दाफाश करते हुए लिखा है :

"इतने प्राण, इतने हाथ, इतनी बुद्धि
इतना ज्ञान, संस्कृति और अन्तःशुद्धि
इतना दिव्य, इतना भव्य, इतनी शक्ति
यह सौन्दर्य, यह वैचित्र्य, ईश्वर-भक्ति
इतना काव्य, इतने शब्द, इतने छन्द
जितना ढोंग, जितना भोग है निर्बन्ध,
इतना गूढ़, इतना गाढ़, सुन्दर जाल
केवल एक जलता सत्य देने टाल।"[17]

जाहिर है इस अमानवीय समाज-व्यवस्था के बीच रचनाकार तटस्थ होकर नहीं रह सकता। वह समाज में मनुष्य की आजादी और स्वतंत्रता के लिए लड़े बिना नहीं रह सकता। रघुवीर सहाय की रचनाएँ भी पहले भारतीय समाज में निहित जीवन-विरोधी स्थिति की पहचान करती हैं और फिर उससे लड़ने की प्रेरणा देती हैं। उनकी रचनाएँ जीवन से दूर कोई रमणीय लोक नहीं रचतीं बल्कि इस संसार से गहरे रूप से जुड़ी हुई हैं। बहुत पहले कविता और जीवन के सम्बन्ध पर विचार करते हुए आचार्य शुक्ल ने जो बात कही थी, वह रघुवीर सहाय के साहित्य पर भी लागू होती है :

"जो काव्यों का अनुशीलन और जनता पर उनके प्रभाव का अन्वीक्षण करते आ रहे हैं, वे अच्छी तरह जानते हैं कि कविता जीवन ही से उत्पन्न है और जीवन

के भीतर ही अपनी विभूति का प्रकाश करती है। उसे जीवन से विच्छिन्न बताना कहीं की बात कहीं लगाना है।"[18]

रघुवीर सहाय उन लेखकों में नहीं हैं जो साहित्य अथवा कला को जीवन से विच्छिन्न स्वायत्त लोक के रूप में देखते हैं। यद्यपि वे साहित्य में समकालीन परिवेश के यथातथ्य चित्रण को बहुत रचनात्मक नहीं मानते, लेकिन परिवेश और रचना के घनिष्ठ सम्बन्धों को अनिवार्यतः स्वीकार करते हैं। हिन्दी साहित्य में "जनवादी कविता" के नाम पर क्रान्ति और जयघोष करनेवाली कविताओं की भरमार से वे काफी चिन्तित थे। उनकी मान्यता थी कि इस तरह की रचनाएँ समकालीन समाज के संकट को सरलीकृत कर देती हैं और उस संकट से पलायन करती हैं। लेकिन उन्होंने कला के स्वतःसम्पूर्ण संसार को कभी स्वीकार नहीं किया। मुक्तिबोध की तरह रघुवीर सहाय भी कला की सापेक्ष्य स्वतंत्रता के हिमायती थे। कला की अपनी सत्ता होते हुए भी, वह इसी दुनिया में होती है, अतः वह स्वतःसम्पूर्ण नहीं हो सकती। कला और जीवन के सम्बन्धों पर विचार करते हुए मुक्तिबोध ने लिखा है कि :

"...कला का अपना स्वायत्त स्वतंत्र क्षेत्र है। किन्तु उसकी यह स्वतंत्रता जीवन-सापेक्ष है; अपने प्राणपोषण और श्रीसम्पन्नता के विकास के लिए ही। वह लेखक की मनोदशा पर, और मनोदशा के द्वारा ज्ञान-संवेदनात्मक तथा संवेदन-ज्ञानात्मक मनोजगत् पर, अनुभव सम्पन्न मनोजगत् पर (निर्भर है) ऐसा मनोजगत्, जिसमें बाह्य विश्व आभ्यन्तीकृत हुआ है।"[19]

रघुवीर सहाय भी मानते हैं कि सार्थक कला को जीवन से अलग कर नहीं देखा जा सकता। वह कला जो जीवन से कटी हुई होती है, महज प्रदर्शन की वस्तु बनकर रह जाती है और वह समाज में यथास्थिति को बरकरार रखने का माध्यम बन जाती है। ऐसी कला समाज और राष्ट्र का नवनिर्माण नहीं कर सकती। रीतिकालीन कविता ऐसी ही ह्रासोन्मुख कला का उदाहरण है, जो तत्कालीन समाज से कटकर महज़ सजावट की वस्तु बनकर रह गयी थी। "कला क्या है" नामक कविता में रघुवीर सहाय ने इस तरह की ह्रासोन्मुख कला की जमकर आलोचना की है क्योंकि ऐसी कला जड़ता की शक्तियों को प्रश्रय देती है और सामान्य मनुष्य में पराजय और असहायता का बोध जगाती है। सच्ची कला तो वह है जो साधारण मनुष्य की तकलीफ़ों और समस्याओं से अपने को जोड़ती है और अन्यायी व्यवस्था के खिलाफ विद्रोह करती है। अपने बुनियादी मानव-अधिकारों से वंचित विशाल मानव-समूह से नाता तोड़कर जो कला सिर्फ समाज और राष्ट्र की भव्य तस्वीर प्रस्तुत करने में ही अपने को धन्य मानती है, वह मनुष्य के अस्तित्व का अवमूल्यन तो करती ही है, स्वयं को भी क्षयग्रस्त बना लेती है। वास्तव में हर मनुष्य के अद्वितीय होने के अधिकार का समर्थन करने वाली रचना ही कला है, बाकी तो पीड़ा को रसमय बनाकर परोसनेवाली सजावट की वस्तु है :

"अद्वितीय हर एक है मनुष्य
औ उसका अधिकार अद्वितीय होने का
छीनकर जो खुद को अद्वितीय कहते हैं
उनकी रचनाएँ हों या उनके विचार
पीड़ा के एक रसभीने अवलेह में लपेटकर
परसे जाते हैं तो उसे कला कहते हैं।
... ...
वे, जो प्रत्येक दिन चक्की में पिसने से करते हैं शुरू
और सोने को जाते हैं
क्योंकि यह व्यवस्था उन्हें मार डालना नहीं चाहती
वे जिन तकलीफों को जानकर
उनका वर्णन नहीं करते हैं
वही है कला उनकी
कम-से-कम कला है वह
और दूसरी जो है बहुत-सी कला है यह
कला बदल सकती है क्या समाज?
नहीं, जहाँ बहुत कला होगी, परिवर्तन नहीं होगा।"[20]

उपर्युक्त कविता रघुवीर सहाय की साहित्य एवं कला सम्बन्धी मान्यताओं का निचोड़ है। वे रचना को "स्वान्तःसुखाय" नहीं मानते, बल्कि उसे सामाजिक जीवन में सर्जनात्मक हस्तक्षेप के रूप में देखते हैं। रचना उनके लिए जीवन से पलायन का नहीं, अपितु जीवन को समझने और उसमें भाग लेने का माध्यम है। रघुवीर सहाय के अनुसार रचना लेखक या कवि को एक बेहतर इंसान बनाने का माध्यम है :

"कविता उस आदमी को जिसने उसे लिखा है, एक बेहतर इंसान बनाती है और नहीं बनाती है तो वह कविता नहीं है। कविता क्या, कोई भी रचना नहीं है। हर रचना उसे हमेशा एक बेहतर व्यक्ति बनाती है, जिसने उसको किया है क्योंकि मैंने यह समझा है कि रचना के लिए क्रोध या हिंसा या प्रतिहिंसा हो सकता है कि बाधक न हों, लेकिन द्वेष, घृणा या अन्याय उसके साथ कोई मेल नहीं खाते। ... वह एक बेहतर इन्सान इसीलिए बनता है कि हर रचना अपने व्यक्तित्व को बिखरने से बचाने का प्रयत्न है।"[21]

कविता या साहित्य की समय-समय पर अनेक परिभाषाएँ की गयी हैं और वे मुख्यतः दो वर्गों में रखी जा सकती हैं :

1. साहित्य भावनाओं का प्रतिफलन है। वह आत्मपरक है एवं उसका उद्देश्य सामाजिक परिवर्तन नहीं, अपितु कला परम्परा में योगदान करना है।

2. साहित्य एक सचेष्ट प्रयत्न है एवं उसका उद्देश्य सामाजिक परिवर्तन है।

रघुवीर सहाय कला अथवा साहित्य की सीमाओं को स्वीकार करते हुए भी उसे सिर्फ मनोरंजन का माध्यम नहीं मानते, बल्कि उसे सामाजिक जीवन में सर्जनात्मक हस्तक्षेप समझते हैं। उनके अनुसार, श्रेष्ठ साहित्य यथास्थितिवाद और जड़ता का विरोधी होता है और इस रूप में हर रचना विनाश के विरुद्ध कार्यवाही होती है। चूँकि प्रत्येक सार्थक रचना नयी दुनिया का निर्माण भी करती है। अतः रघुवीर सहाय रचना को मूर्ति बनाने और ढहाने की अनवरत प्रक्रिया मानते हैं। उनके अनुसार :

"जब मैं कविता या रचना की परिभाषा करते हुए कहता हूँ कि वह अपनी एक प्रतिभा ढहाने और एक बनाने की क्रिया है तो यह कहता हूँ कि सामाजिक यथार्थ को और उसमें निहित मनुष्यों के रिश्ते को हम बार-बार जाँचते और पहचानते हैं जिससे खुद हमारी शक्ल हमारे लिए विकास करती चलती है—और यह किसी एक मूर्ति में अलंकरण जोड़ते जाकर नहीं, उस मूर्ति को ढहा देकर और एक और मूर्ति बनाकर जो निश्चय ही ढहायी जाएगी।"[22]

ज़ाहिर है जो कवि यथास्थितिवाद और जड़ता का विरोधी होगा, वह आवश्यक होने पर सामाजिक व्यवस्था को तोड़ने से भी हिचकिचाएगा नहीं। इसी कारण रघुवीर सहाय ने अपनी रचनाओं में बार-बार टूटने का जिक्र किया है क्योंकि इस असमानतामूलक सामाजिक ढाँचे को तोड़कर ही शोषणमुक्त समाज का निर्माण किया जा सकता है। मुक्तिबोध ने भी गढ़ और मठ को तोड़ने की बात इसी सन्दर्भ में कही है क्योंकि गढ़ों और मठों को तोड़े बिना मनुष्य की मुक्ति असम्भव है :

"अब अभिव्यक्ति के सारे खतरे
उठाने ही होंगे
तोड़ने ही होंगे मठ और गढ़ सब।
पहुँचना होगा दुर्गम पहाड़ों के उस पार
तब कहीं मिलेंगी बाँहें
जिसमें कि प्रतिपल काँपता रहता
अरुण कमल एक"[23]

मुक्तिबोध की तरह रघुवीर सहाय भी "विध्वंस" को वर्तमान सामाजिक व्यवस्था के पुनर्गठन के लिए आवश्यक मानते हैं। जिस व्यवस्था में अधिकांश आदमी मनुष्य से एक दर्जा नीचे रहने का दर्द हर रोज़ झेल रहे हैं, उसको बनाये रखना और उसका स्तुतिगान करना "यथास्थितिवाद" को ही पुष्ट करना होगा। स्पष्टतः ऐसी स्थिति में रचनाकार का हस्तक्षेप आवश्यक हो जाता है। भले ही इस हस्तक्षेप से सत्ता का तिलिस्म न टूटे, लेकिन व्यक्ति की कायरता तो अवश्य नष्ट होगी :

"कुछ होगा कुछ होगा अगर मैं बोलूँगा

न टूटे न टूटे तिलिस्म सत्ता का मेरे अन्दर एक कायर टूटेगा टूट
मेरे मन टूट एक बार सही तरह
अच्छी तरह टूट मत झूठमूठ ऊब मत रूठ
मत डूब सिर्फ टूट"[24]

उपर्युक्त कविता के माध्यम से रघुवीर सहाय ने पतनशील व्यवस्था में रचनाकार के दायित्व की व्याख्या की है। उनके अनुसार कोई भी सार्थक रचनाकार अपने समय और समाज के संकटों से तटस्थ नहीं हो सकता। यदि कोई रचनाकार ऐसा है तो वह सच्चे अर्थों में रचनाकार ही नहीं है। वह साहित्य का सौदा करनेवाला व्यवसायी है। वास्तव में जीवन और जनता से कटकर साहित्य की सार्थकता का निर्णय असम्भव है। अतः "शुद्ध कविता" और कविता के "स्वायत्त संसार" की बात करना मनुष्य और समाज के सम्बन्ध को उलझाकर रख देना है। डॉ. निर्मला जैन के शब्दों में :

"साहित्य के मूल्यांकन में शुद्धता का आग्रह वस्तुतः साहित्य को जीवन से काटकर देखने का आग्रह है। नैतिक, राजनैतिक, धार्मिक, मनोवैज्ञानिक और साहित्येतर मूल्यों का हस्तक्षेप साहित्य में इसलिए होता है कि वे जीवन के दूसरे सन्दर्भों से जुड़े होते हैं। जीवन की पूरी तस्वीर इन सभी संदर्भों से मिलकर बनती है, अतः साहित्य को इन तमाम संदर्भों से काटकर देखना असम्भव नहीं तो कम-से-कम दुष्कर तो है ही, अवांछनीय भी है। साहित्य जीवन के इन तमाम सन्दर्भों से इतनी घनिष्ठता से जुड़ा रहता है कि हम न तो जीवन से विच्छिन्न साहित्य के अस्तित्व की कल्पना कर सकते हैं और न ही जीवन से बाहर साहित्य की दूसरी सार्थकता का निर्णय कर सकते हैं।"[25]

रघुवीर सहाय ने अपनी रचनाओं में "दायित्व और स्वतंत्रता" के सवाल को बार-बार इसीलिए उठाया है कि उनके जमाने में "रचना की स्वायत्तता" की बात साहित्य जगत् में जोर शोर से उठायी जा रही थी। अनेक रचनाकार यह मानने लगे थे कि साहित्य व्यक्ति के परिष्कार का माध्यम मात्र है, सामाजिक जीवन और सामाजिक परिवर्तन से उसका कोई विशेष ताल्लुक नहीं है। अज्ञेय के अनुसार :

"लेखक सिवाय अपने के कुछ को नहीं बदलता, सिवाय कला की समस्या के, कोई समस्या हल नहीं करता। उसमें कोई समाज परिवर्तनकारी शक्ति आती है या उसकी कृतियों का ऐसा प्रभाव होता है, तो इसलिए कि वह केवल अपने को बदलने के शुद्ध आग्रह के कारण व्यक्ति को एक अभ्रंश्य सामाजिक मूल्य या प्रतिमान के रूप में प्रतिष्ठित करता है और समाज में मूल्य की प्रतिष्ठा ही उसका सामाजिक कर्म है।"[26]

रघुवीर सहाय भी रचना को व्यक्ति के परिष्कार का माध्यम मानते हैं, लेकिन वे रचना को सामाजिक जड़ता एवं यथास्थितिवाद को तोड़नेवाली अवधारणा भी

समझते हैं। उनके अनुसार यथास्थिति अथवा प्रतिगामिता का समर्थन करनेवाला साहित्य साहित्य तो है ही नहीं, वह एक अपराध है। वे मानते हैं कि प्रत्येक रचनात्मक व्यक्ति को चाहे वह रचनाकार हो अथवा नहीं असमानता और शोषण के विरोध में होना चाहिए। अतः साहित्यकार कुछ सामाजिक आदर्शों के प्रति अनिवार्यतः प्रतिबद्ध होता है वरना वह साहित्यकार नहीं हो सकता :

"...अगर इन्सान और इन्सान के बीच एक गैरबराबरी का रिश्ता है और उस रिश्ते को कोई आदमी मानता है कि ऐसे ही रहना चाहिए, तो वह कोई रचना नहीं कर सकता। वह एक भी कविता नहीं लिख सकता—ऐसी जिसको पढ़कर मैं खुश होऊँ कि यह कविता है। इसके उलट अगर आप यह मानें कि जो आदमी इस गैर-बराबरी को हटाना चाहता हो, वह अवधारणाओं के द्वारा हटाना चाहता हो, किसी संगठित कार्रवाई के द्वारा हटाना चाहता हो या केवल इसी के द्वारा हटाना चाहता हो कि मैं कम से कम नहीं करूँगा ...तो मैं समझता हूँ कि तीनों-चारों प्रकारों में वह रचना करने में समर्थ और योग्य बना रहता है।"[27]

स्पष्टतः रघुवीर सहाय रचनाकार को समाज-निर्माण की प्रक्रिया से जोड़कर देखते हैं। उनके अनुसार रचनाकार की सार्थकता इसी बात में है कि वह अपने समय और समाज के संकटों को कितनी अच्छी तरह पहचानता है और उस संकट को हल करने में कितना रचनात्मक योग देता है। यही वह दृष्टि है, जिसके कारण वह "स्वतंत्रता" को अराजकता उच्छृंखलता के रूप में नहीं देखता, बल्कि दायित्व और स्वतंत्रता को एक-दूसरे का पूरक मानता है। वस्तुतः वर्तमान राजनीतिक और सांस्कृतिक विघटन के दौर में किसी भी कवि या कलाकार की सार्थकता का निर्णय "दायित्वबोध" से अलग करके नहीं किया जा सकता। प्रख्यात चिन्तक नोम चॉम्सकी के शब्दों में :

"साहित्यकार, कलाकार, वैज्ञानिक, किसी को भी, आज अपनी कृति के सम्भावित परिणामों से मुक्त कर नहीं देखा जा सकता। मनुष्य को अपने कर्म या अकर्म की जिम्मेदारी स्वीकार करनी होगी। अस्तित्व में आने का अर्थ ही है, अस्तित्व के प्रति जिम्मेदारी। ऐसी किसी व्यवस्था के निर्माण की कोई सम्भावना नहीं, जिसमें मनुष्य के लिए उसके व्यवहार के नतीजे अप्रासंगिक और बेमानी हों।

साहित्यकार भी इसी अर्थ में स्वतंत्र है कि वह एक रचयिता है। उसकी रचना का क्षण उसकी स्वतंत्रता का ही नहीं, बल्कि प्रतिबद्धता का भी क्षण है। स्वतंत्रता और प्रतिबद्धता दो पृथक या परस्पर विरोधी चीजें नहीं हैं।"[28]

रघुवीर सहाय भी रचनाकार की स्वतंत्रता को उसके कर्तव्य-बोध से ही जोड़कर देखते हैं। उनकी मान्यता है कि वर्तमान पतनशील सामाजिक व्यवस्था में रचनाकार का अपनी दुनिया में कैद हो जाना प्रतिगामी शक्तियों को बढ़ावा देगा। अतः रचनाकार को अपने माध्यम से आजादी और समानता की लड़ाई जरूर लड़नी

चाहिए। समकालीन संकट की भयावहता और उसमें अपने दायित्व को रेखांकित करते हुए उन्होंने लिखा है कि :

"लोकतंत्र मोटे, बहुत मोटे तौर पर लोकतंत्र ने हमें इन्सान की शानदार जिन्दगी और कुत्ते की मौत के बीच चाँप लिया है। इस स्थिति में सबसे आसान यह पड़ता है कि व्यक्ति-स्वातंत्र्य की अभी तक बची सुविधा का फायदा उठाकर मैं अपने लिए बचे रहने की निजी, बिल्कुल अहस्तान्तरणीय रियायत ले लूँ। उससे कुछ मुश्किल यह है कि मैं यह रियायत अस्वीकार करूँ और उनके आसरे जिन्दा रहूँ, जो इन्सान के लिए दूसरे हथियारों से लड़ते हैं—साहित्येतर हथियारों से! सबसे मुश्किल और एक ही सही रास्ता है कि मैं सब सेनाओं में लड़ूँ—किसी में ढाल सहित किसी में निष्कवच होकर—मगर अपने को अन्त में मरने सिर्फ अपने मोर्चे पर दूँ—अपने भाषा के, शिल्प के और उस दोतरफा जिम्मेदारी के मोर्चे पर जिसे साहित्य कहते हैं।"[29]

रघुवीर सहाय न केवल रचनाकार के दायित्व से अच्छी तरह वाकिफ हैं, बल्कि उसका अच्छी तरह निर्वाह भी करते हैं। वे इस बात से काफी चिन्तित दिखते हैं कि अधिकांश मध्यवर्गीय लेखक वर्तमान संकट का सामना नहीं करके, दिन-ब-दिन अपनी सुरक्षित दुनिया में कैद होते जा रहे हैं। प्रत्येक रचनाकार एक नागरिक भी होता है, अतः ज्वलन्त सामाजिक प्रश्नों से विमुख होकर रचना की स्वायत्त दुनिया में बन्द हो जाना नागरिक के दायित्व से पलायन करना है। नयी कविता के दौर में अनेक रचनाकार ऐसे थे, जो अपने आस-पास के यथार्थ से पलायन कर कल्पित स्वप्नजालों में उलझ गये थे। अपने बौद्धिक खोखलेपन को सिद्धान्तों का जामा पहनाकर उसी को सार्थक मान लेने का मोह, रचनाकार की प्रेरणा और सृजन-प्रक्रिया दोनों को झूठा बना देता है। ऐसी रचनाएँ ऊपर से चमक-दमक का आभास देते हुए भी आत्मा से निर्जीव हो जाती हैं। ऐसे आत्मबद्ध रचनाकार के लिए ही "आर्टिस्ट्स इन आइवरी टावर" का रूपक इस्तेमाल किया गया है। रचनाकारों की इस अरचनात्मक और पलायनवादी प्रवृत्ति पर चिन्ता प्रकट करते हुए रघुवीर सहाय लिखते हैं :

"पिछले दिनों में हम लोगों में सामाजिक यथार्थ को समझने और परिवर्तन की प्रक्रियाओं में ज्यादा अच्छी तरह लगने की इच्छा बजाय बढ़ने के कम हुई है।"[30]

यह पलायनवादी प्रवृत्ति समकालीन संकट को और गहरा तो बनाती ही है, साथ ही यह व्यक्ति से उसकी आस्था और विश्वास को छीनकर उसे कायर भी बना देती है। ऐसी स्थिति में रचनाकार का धर्म यह है कि वह यथास्थिति और प्रतिगामिता का विरोध कर सामान्य मनुष्य में सामाजिक न्याय एवं स्वतंत्रता के लिए लड़ने की इच्छा पैदा करे। सलमान रूश्दी की तरह रघुवीर सहाय भी मानते हैं कि : "लेखक का एक काम वह बात कहना है जो नहीं कही जा सकती, वह बात बोलना है जो नहीं बोली जा सकती—कठिन प्रश्न पूछना है।"[31]

रघुवीर सहाय न केवल एक जागरुक लेखक थे, बल्कि एक सजग पत्रकार और संस्कृतिकर्मी भी थे। अतः स्वाभाविक ही था कि अपने समय के सांस्कृतिक संकट पर उन्होंने विस्तार से विचार किया है। वर्तमान सांस्कृतिक संकट को गहरा बनाने में जनसंचार माध्यमों की अरचनात्मक भूमिका की चर्चा भी उन्होंने लगातार की है। भारत में विद्यमान सांस्कृतिक संकट के स्वरूप को स्पष्ट करते हुए पी.सी. जोशी ने लिखा है कि :

"आज का सांस्कृतिक संकट हमारे देश का ही कोई अंदरूनी मामला हो, ऐसा नहीं है। आज हम एक अंतर्राष्ट्रीय जगत में रहते हैं, जिसमें वह पुराना नग्न साम्राज्यवाद नहीं रहा जो सैनिक और आर्थिक शक्ति के गठजोड़ से दूसरे देशों को गुलाम बनाता था और देश-प्रदेश को जबरन उपनिवेश बना करके उन पर प्रत्यक्ष शासन करता था। एशिया, अफ्रीका और लातिन अमेरिका के बहुत से देश उस नग्न साम्राज्यवाद से तो मुक्त हो गये, लेकिन उसकी जगह अब एक नये ढंग का प्रच्छन्न साम्राज्यवाद आ गया है, जो दूसरे देशों पर सीधा कब्जा जमाये बिना, छदम् रूप से अपना नियंत्रण रख सकता है। ...अपने रेडियो, टेलीविजन, फिल्मों, पुस्तकों, पत्र-पत्रिकाओं और आने-जानेवाले लोगों के जरिये वे सेनाएँ भेजे बिना ही दूसरे देशों को मानसिक रूप से गुलाम बना सकते हैं। पहले तो वे लोगों को मानसिक और सांस्कृतिक रूप से गुलाम बनाते हैं, फिर जब वे उनकी जीवन-प्रणाली और विचारधारा पर छा जाते हैं तो उन्हें आर्थिक और राजनैतिक रूप से भी अपने प्रभाव-क्षेत्र में लाने की कोशिश करते हैं। ...उनकी कोशिश यह रहती है कि हम एक सचेत, प्रबुद्ध, आत्मनिर्भर और शक्तिशाली राष्ट्र न बनने पायें। वे चाहती हैं कि हम अपने आर्थिक, सामाजिक और सांस्कृतिक विकास के लिए उनके मुखापेक्षी बने रहें, ताकि वे हमें मनमाने ढंग से नचा सकें। उन्हें हमारी राजनैतिक स्वतंत्रता से खतरा नहीं है, लेकिन हमारी सांस्कृतिक स्वायत्तता से ज़रूर खतरा है। . . . इसलिए उनका सबसे जबरदस्त हमला हमारी सांस्कृतिक स्वायत्तता और आत्मनिर्भरता पर ही होता है।"[32]

एक जागरुक रचनाकार होने के नाते रघुवीर सहाय जानते थे कि हमारी मूल समस्या राजनीतिक नहीं बल्कि सांस्कृतिक है और इसी सांस्कृतिक पतन ने राजनीतिक मूल्यहीनता को जन्म दिया है। स्वतंत्रता आन्दोलन के दिनों में राजनीति और संस्कृति एक-दूसरे के पूरक थे। राजनीति संस्कृति को जनहित से जोड़ने में सहायक हुई थी और संस्कृति "राजनीति" को मानव-जीवन के मूलभूत लक्ष्यों और बेहतर जीवन की तलाश से जोड़ने में सहायक हुई थी। स्वाधीनता आन्दोलन के सभी बड़े नेता चाहे वे तिलक, गाँधी, रवीन्द्रनाथ या अरविन्द हों, महज राजनीतिक कार्यकर्ता ही नहीं बल्कि सांस्कृतिक चिन्तक भी थे। यही नहीं उस समय के श्रेष्ठ साहित्यकारों ने भी राजनीति और संस्कृति में गहरा तालमेल बनाये रखा, जिससे एक

स्वस्थ राष्ट्रीय राजनीति का विकास सम्भव हो सका। ब्रिटिश राज्य की जनविरोधी और शोषणमूलक व्यवस्था का पर्दाफाश सर्वप्रथम संस्कृतिकर्मियों ने ही किया। भारतेन्दु ने ब्रिटिश राज में भारतीय जनता की गुलामी का चित्रण कर तत्कालीन राजनीति सत्ता की बुनियाद हिला दी थी। दीनबन्धु मित्र ने अपने नाटक "नीलदर्पण" के माध्यम से अंग्रेज़ों के अत्याचार और शोषण तथा भारतीय किसान की दुरअवस्था का प्रभावशाली चित्रण किया। इस प्रकार स्वतंत्रता संग्राम के दौरान संस्कृति और राजनीति के गहरे तालमेल द्वारा स्वस्थ राष्ट्रीय और सामाजिक जीवन का निर्माण सम्भव हो सका। लेकिन स्वतंत्रता के बाद संस्कृति और राजनीति का अभिन्न सम्बन्ध टूटता चला गया और एक ऐसी सत्तानीति का विकास हुआ जो "राष्ट्र" और "जनता" को बाँटकर सत्ता चलाने को ही अपना एकमात्र उद्देश्य मानने लगी। स्वतंत्रता आन्दोलन के दौरान आत्मनिर्भरता और "स्वावलंबन" के जो बुनियादी मूल्य विकसित किये गए थे, उन्हें भुलाकर पश्चिमी देशों का अंधानुकरण ही स्वाधीन भारत में "संस्कृति" का पर्याय बन गया। इस प्रकार राजनैतिक स्वतन्त्रता प्राप्त कर लेने के बाद भी भारत में एक नये प्रकार की दासता का आविर्भाव हुआ। आश्चर्य की बात तो यह है कि दिनोंदिन भारत में यह दासता बढ़ती जा रही है और विरोध के स्थान पर इसका स्वागत ही अधिक हो रहा है। रघुवीर सहाय स्वतंत्रता के बाद के इस सांस्कृतिक अवमूल्यन से काफी चिन्तित थे। उन्होंने लिखा है कि :

"आजादी के बाद से राज्य की शक्ति से होनेवाले आर्थिक विकास के लाभ इस प्रकार बँटे हैं कि दो संस्कृतियों का टकराव बढ़ता जा रहा है। एक आविष्कार की संस्कृति है और दूसरी अनुकरण की। आविष्कार की संस्कृति समता और न्याय को आदर्श मानकर परम्परा को पहचानते हुए शिल्प, शैलियाँ और उपाय खोजना चाहती है जो जनता को गुलामी से मुक्त करें। यह खोज हमें सामाजिक मान्यताओं के संसार में पीछे नहीं ले जाती, नये मानव-सम्बन्धों की दशा में आगे ले जाना चाहती है। अनुकरण की संस्कृति उन्नति और विकास के जिन दृष्टांतों को आदर्श मानती है वे विश्व की साम्राज्यवादी शक्तियों के बनाये हुए हैं और उनमें अविकसित देशों की प्रतिभा और प्राकृतिक सम्पदा के शोषण की प्रक्रिया निहित है। इस संस्कृति का भविष्य गुलामी है और वर्तमान, गुलामी का सुख।"[33]

स्वातंत्र्योत्तर भारत में संगठित दमन के जरिये आविष्कार न्याय और समता की संस्कृति का दमन किया गया एवं उसके स्थान पर अनुकरण की संस्कृति को असली भारतीय संस्कृति बताकर प्रतिष्ठित किया गया। अतः भारतीय संस्कृति के नाम पर आज जो कुछ भी हो रहा है उसमें भारतीय जनता कहीं भी शामिल नहीं है। स्वतंत्रता के बाद जो सांस्कृतिक रिक्तता और विदेशी पराधीनता हमारे सामाजिक जीवन पर छा गयी है, उसने जनता को सभी मानवीय अधिकारों से वंचित कर उसे हाशिये पर धकेल दिया है। रघुवीर सहाय के अनुसार–

"जनता केवल यह कल्पना करने के लिए स्वतंत्र है कि कल पढ़ाई का, परसों खेती का और किसी दिन भारत सरकार को चलाने का ठेका भी विदेशी कम्पनियों को दे दिया जा सकता है क्योंकि उन्होंने तैयारी दिखायी और हमने सोचा—क्यों न आजमा कर देख लिया जाये।" *(ऊबे हुए सुखी, पृ. 23)*

अतार्किक अनुकरण की यह प्रवृत्ति स्वतंत्रता के दौरान विकसित आत्मनिर्भरता और स्वावलम्बन की नीति के बिल्कुल उलट है। स्वाधीनता आन्दोलन के दौरान गाँधी की सबसे बड़ी देन यही थी कि उन्होंने संस्कृति को कुछ सम्पन्न लोगों की विरासत न रहने देकर उसे आम जनता की चीज बनाया। गाँधी पहले भारतीय नेता थे जिन्होंने "स्वतंत्रता" की अवधारणा को महज राजनीति तक सीमित नहीं रखा, बल्कि उसे जीवन के सभी व्यापारों में सक्रिय किया। उन्होंने दासता से मुक्ति के समग्र लक्ष्य को प्राप्त करनेवाले समाज और राष्ट्र को बनाने का विचार रखा, अतः स्वाभाविक रूप से उनकी नीतियाँ पूँजी, प्रौद्योगिकी और सत्ता द्वारा सामान्य मनुष्य को बेदखल करने की नीति के विरुद्ध थीं। लेकिन स्वातंत्र्योत्तर भारतीय राजनीति में गांधी को मसीहाई रूप देकर उनके जनसंघर्ष वाले स्वरूप को भुलाने की जानबूझकर कोशिश की गयी, ताकि जनविरोधी राजनीति को स्थायित्व प्रदान किया जा सके। हमारी वर्तमान संस्कृति का एकमात्र सच यह है कि वह पूँजी, प्रौद्योगिकी और सत्ता के जरिये सामान्य मनुष्य को धीरे-धीरे "दास" बनाती जा रही है कि ताकि कुछ विशिष्ट लोगों के सुख और अधिकार सुरक्षित रह सकें। स्वाधीन भारत के इस सांस्कृतिक पतन पर पी.सी. जोशी की यह टिप्पणी अत्यंत सटीक प्रतीत होती है :

"असली संस्कृति की कुंजी है—केन्द्र को प्रदेशों से जोड़ो, शहर को गाँवों से जोड़ो, दिमाग को हाथ के काम से जोड़ो, अपने जीवन को जनता से जोड़ो और अंग्रेजी के माध्यम से प्राप्त ज्ञान-विज्ञान को जनभाषाओं के माध्यम से जनता तक पहुँचाओ। मगर आज हम देख रहे हैं कि केन्द्र और प्रदेशों के बीच की, शहर और गाँव के बीच की खाई चौड़ी हो रही है, दिमागी काम करनेवालों का हाथ के काम करनेवालों से रिश्ता नहीं बन रहा है, देश का मध्यवर्ग जनता को भुलाकर अपनी नकली, खोखली और अनैतिक जिन्दगी जी रहा है। ...अपनी सामाजिक, आर्थिक और सांस्कृतिक जरूरतों को समझे बिना आधुनिकीकरण के नाम पर हम अमरीकी तकनीकों, अमरीकी उपकरण, अमरीकी विचारों का अंधाधुंध आयात करते जा रहे हैं। आर्थिक रूप से ही नहीं, सांस्कृतिक रूप से भी आज हम नकलची, दरिद्र और भिखारी बनते जा रहे हैं।"[34]

"भूमंडलीकरण" और "उदारीकरण" के नाम पर यह सांस्कृतिक पराधीनता और अनुकरणप्रियता दिनोंदिन बढ़ती ही जा रही है। इस विकृत संस्कृति को बनाने में हमारे संचार साधनों की अहम भूमिका रही है। टेलीविजन, समाचारपत्र, रेडियो, आदि संचार के तमाम साधन आज सांस्कृतिक उपनिवेशवाद के प्रचार के साधन

बनकर रह गये हैं। ये संचार के साधन हमारे सामने समाज और राष्ट्र की ऐसी तस्वीर पेश करते हैं जिसमें आदमी के रिश्ते अधूरे और अमानवीय हैं। तात्कालिक सनसनी और मनोरंजन इनका मुख्य उद्देश्य है चाहे यह मनोरंजन गरीबों के बलात्कार और हिंसा की घटनाओं को ही दिखाकर क्यों न होता हो। संचार के ये साधन समाज के पिछड़े हुए लोगों में आस्था और विश्वास का सृजन नहीं कर रहे, बल्कि उन्हें असभ्य, गँवार और मज़ाक की वस्तु बनाकर पस्तहिम्मत और असहाय बना रहे हैं। रघुवीर सहाय की कविता "टेलीविजन" संचार माध्यमों की इस अरचनात्मक भूमिका का पर्दाफाश करती है। उनकी मान्यता है कि दूरदर्शन हमारा चेहरा बना नहीं बल्कि मिटा रहा है। दूरदर्शन के इस मनुष्य-विरोधी स्वरूप को उजागर करते हुए "टेलीविजन" नामक कविता में वे कहते हैं कि :

"कभी कभी वह लोकनर्तकों की तसवीर दिखाता है
पर यह नहीं बताता है उनसे मेरा क्या नाता है
हर इतवार दिखाता है वह बम्बइया पैसे का खेल
गुंडागर्दी औ नामर्दी का जिसमें होता है मेल
कभी कभी वह दिखला देता है भूखा नंगा इंसान
उसके ऊपर बजा दिया करता है सारंगी की तान
कल जब घर को लौटा रहा था देखा उलट गयी है बस
सोचा मेरा बच्चा इसमें आता रहा न हो वापस
टेलीविजन ने खबर सुनायी पैंतीस घायल एक मरा
खाली बस दिखला दी खाली दिखा नहीं कोई चेहरा
वह चेहरा जो जिया या मरा व्याकुल जिसके लिये जिया
उसके लिए समाचारों के बाद समय ही नहीं दिया
तब से मैंने समझ लिया है आकाशवाणी में बन ठन
बैठे हैं जो खबरों वाले वे सब हैं जन के दुश्मन"[35]

जरूरी नहीं है कि संचार-साधन मनुष्य विरोधी ही हों। इनका आविष्कार दास बनाने के लिए नहीं बल्कि मनुष्यों को एक-दूसरे से जोड़ने के लिए हुआ था। अगर आधुनिक विज्ञान और टैक्नोलॉजी का रचनात्मक इस्तेमाल किया जाये तो दरिद्रता और अशिक्षा को समाप्त करने में काफी मदद मिल सकती है और इस प्रकार सुनियोजित विकास के कार्य को तीव्रता प्रदान की जा सकती है। यही नहीं इसके माध्यम से परम्परा के गतिशील तत्वों और मौखिक साहित्य का जनता में प्रचार किया जा सकता है और विभिन्न सांस्कृतिक इकाइयों को एक "संगठित राष्ट्र" का रूप भी दिया जा सकता है। प्रसिद्ध लेखक न्गुगी वा थ्योंगो इलेक्ट्रॉनिक माध्यमों की रचनात्मक भूमिका का उल्लेख करते हुए कहते हैं कि :

"आधुनिक विज्ञान और टैक्नोलॉजी को यदि अलग ढंग से संगठित, अधिकृत

और नियंत्रित किया जाये तो देहातों का सम्पूर्ण आर्थिक रूपान्तरण और समूची जनता की संस्कृति का पिछड़ेपन की बजाय समृद्धि के ढाँचे पर निर्माण सम्भव हो सकता है। इसके अलावा परम्परा को ध्वस्त करने की बात तो दूर, आधुनिक टैक्नोलॉजी (अर्थात् वीडियो, सिनेमा, टेलीविजन, रेडियो) वास्तव में परम्परा और किसान-संस्कृति के उन सकारात्मक पहलुओं को पुनरुज्जीवित कर सकती है जो आर्थिक शोषण के दबावों में विलुप्त होते जा रहे हैं। ...इस प्रकार अब आधुनिक विज्ञान और टैक्नोलॉजी का इस्तेमाल न केवल विरासत को जनसाधारण तक पहुँचाने में—एक ही समय में अधिक से अधिक लोगों को विरासत की कहानी सुनाने में—किया जा सकता है बल्कि इनके माध्यम से एक भौगोलिक अंचल में रह रही विभिन्न जातियों की संस्कृतियों को एक राष्ट्रीय इकाई का रूप देना भी सम्भव है और यह बात बहुत महत्त्वपूर्ण है।"[36]

अमेरिकी विशेषज्ञ मैकलुहन भी इस मान्यता से सहमत थे कि आधुनिक इलैक्ट्रॉनिक टैक्नोलॉजी का रचनात्मक उपयोग करके हम अपने समाज और राष्ट्र को पुनर्गठित कर सकते हैं। उनके अनुसार, हम इलैक्ट्रॉनिक माध्यम की प्रकृति और सम्भावनाओं को ठीक से नहीं समझ रहे हैं और इस माध्यम को उसकी प्रकृति के अनुकूल नहीं, प्रतिकूल इस्तेमाल कर रहे हैं। अतः यह जनता का सहायक न होकर जनता का विरोधी बनता जा रहा है। मैकलुहन के अनुसार, इलैक्ट्रॉनिक माध्यम स्वभाव से ही जनतांत्रिक माध्यम है और यह अल्पतंत्र एवं विशिष्ट वर्ग के वर्चस्व को तोड़ता है। उस माध्यम की जनवादी सम्भावनाओं को व्यक्त करते हुए वे कहते हैं कि :

"इलैक्ट्रॉनिक टैक्नोलॉजी सबको जोड़ने और भागीदार बनाने की पक्षधर है। वह लिखित को नहीं, बोले हुए शब्द को महत्ता देती है। वह विशिष्ट नहीं, सामान्य जन का आदर करती है।"[37]

लेकिन वास्तविक जीवन में संचार के आधुनिक साधन जनता का आदर नहीं, बल्कि उसका मखौल उड़ाते हुए नज़र आते हैं। मैकलुहन ने इलैक्ट्रॉनिक माध्यम की जिस जनवादी सम्भावना का संकेत दिया है, वह व्यवहार में कहीं भी नज़र नहीं आती। आज तो संचार साधनों पर भारत का नवधनाढ्य वर्ग पूरी तरह हावी हो गया है, जिसके लिए जनता और उसकी संस्कृति मनोरंजन की वस्तु है। जनसाधारण की उन्नति का साधन बनने के बदले यह उसका चेहरा और उसकी पहचान को मिटाने पर ही तुला हुआ है। हमारी जनता विशेषतः ग्रामीण जनता में निर्धनता और अशिक्षा को समाप्त करने के बदले यह उनमें भय और असुरक्षा की भावना पैदा कर रहा है। आज संचार साधनों पर उच्चवर्ग और मध्यवर्ग पूरी तरह काबिज़ है, जिनके लिए हर मुद्दा व्यवसाय का सुनहरा अवसर है। इस वर्ग के लिए दलित और पिछड़े लोग खिलौना मात्र हैं, जिससे थोड़ी देर मन बहलाया जा सकता है। रघुवीर सहाय ने

"आओ ट्रायबल ट्रायबल खेलें" नामक निबन्ध में बड़े ही आक्रोश से मध्यवर्ग और उच्चवर्ग के इस जनविरोधी स्वरूप को स्पष्ट किया है। कुछ विशिष्ट लोगों के हाथ में केन्द्रित संचार के विशाल साधन आज मनोरंजन की आड़ में कमजोर वर्गों विशेषतः औरतों, बच्चों, बूढ़ों, गरीबों, भिखमंगों और अपाहिजों को मजाक की वस्तु बनाकर एक ओर तो व्यक्ति की संवेदनशीलता को कुन्द कर रहे हैं, दूसरी तरफ हमें अपने ही लोगों से काटकर अजनबी बनाते जा रहे हैं। "दूरदर्शन हमारा चेहरा मिटा रहा है" नामक निबन्ध में वर्तमान स्थिति पर चिन्ता व्यक्त करते हुए रघुवीर सहाय लिखते हैं कि :

"सत्ता, शक्ति, व्यवस्था का घमंड और साधारण जन के प्रति नफ़रत, ये बातें दूरदर्शन के मन में हैं और इन्हें वह असहाय, खास तौर से सहायता की जरूरत जिन्हें है, ऐसे असहाय मनुष्यों पर लाद रहा है। इन्दिरा-राजीव की तस्वीर लादने की शिकायत जो बड़े-बड़े नेता करते रहते हैं वे तो इन दोनों के साथ दूरदर्शन के समय में हिस्सा मिल जाने पर रोना बन्द कर देंगे। मगर जो दमन यह कार्यक्रम हमारे ही लोगों की तस्वीर हमारे ऊपर इस तरह लादकर फैला रहा है कि हम अपने साथी नागरिकों के घर के लोगों (अभिभावक) का नाम और पता न जान पायें, वह हर शासक की हर तस्वीर की अपेक्षा अधिक राजनैतिक है क्योंकि वह लोगों को लोगों से काटकर पुलिस से जुड़ने को मजबूर करता है। ...इन्दिरा गाँधी की तस्वीर दिखाने की आलोचना व्यर्थ की बहस है, साधारण जन की तस्वीर न दिखाने की आलोचना काम की बहस है। खास तौर पर इसलिए कि दूरदर्शन चालाकी से जनसाधारण की तस्वीर जनसाधारण को न दिखाकर जनसाधारण का चेहरा मिटा रहा है।"[38]

यद्यपि रघुवीर सहाय ने यहाँ दूरदर्शन की मनुष्य विरोधी भूमिका पर सही ऊँगली रखी है, लेकिन इस स्थिति के लिए जिम्मेदार राजनीतिक आर्थिक व्यवस्था का खुलासा उन्होंने नहीं किया है। दूरदर्शन के जो भी दुष्परिणाम हमारे सामने आये हैं उसमें दूरदर्शन और उसमें काम करनेवाले कर्मचारियों का दोष नहीं, बल्कि दोष हमारी राजनैतिक सामाजिक व्यवस्था का है। लोकशक्ति को प्रबुद्ध कर और जनतांत्रिक व्यवस्था को स्वस्थ बनाकर शायद इस चुनौती का मुकाबला किया जा सकता है।

रघुवीर सहाय एक महत्त्वपूर्ण लेखक ही नहीं, अपने जमाने के एक सजग पत्रकार भी थे। अतः स्वाभाविक रूप से उन्होंने पत्रकारिता पर बहुत कुछ लिखा है। संचार माध्यमों की जनविरोधी भूमिका का उल्लेख करने के क्रम में उन्होंने अखबार और पत्र-पत्रिकाओं की भूमिका पर भी विस्तार से विचार किया है। आज खबर देने के जितने साधन हैं वे यथार्थ के नाम पर सांस्कृतिक पतन और यथास्थितिवाद का प्रचार करते हैं, सामाजिक परिवर्तन करनेवाली शक्तियों के पतन की सूचना देते हैं, और धीरे से यह बताते हैं कि सामान्य मनुष्य को गरिमा के साथ जीने का अधिकार नहीं है। आज यथार्थ के नाम पर बड़े-बड़े अखबार जो छप रहे हैं, उसमें सामान्य

मनुष्य की कोई जगह नहीं है, लेकिन ठंड या लू से जब उसकी मृत्यु हो जाती है, तो वह खबर का विषय जरूर बन जाता है। "ठंड से मृत्यु" नामक कविता में रघुवीर सहाय वर्तमान समय में लिखी जानेवाली खबरों की संवेदनहीनता को उद्घाटित करते हैं और मानते हैं कि ये खबरें पर्याप्त नहीं हैं :

"फिर जाड़ा आया, फिर गर्मी आयी
फिर आदमियों के पाले से लू से मरने की खबर आयी :
न जाड़ा ज्यादा था न लू ज्यादा
तब कैसे मरे आदमी
वे खड़े रहते हैं तब नहीं दिखते
मर जाते हैं तब लोग जाड़े और लू की मौत बताते हैं।"[39]

रघुवीर सहाय मानते हैं कि जाड़े और लू से लोगों की मौत बतानेवाली खबरें पर्याप्त नहीं हैं। ये खबरें तो रोज हम अखबारों में पढ़ते हैं, लेकिन इन खबरों के भीतर भी खबरें हैं जो ये अखबार बयान नहीं करते। वे सवाल करते हैं कि बाढ़, महामारी, जाड़ा, लू आदि तमाम विपदाओं में निर्धन लोग ही क्यों मरते हैं जिनके पास रहने को छत और खाने को अन्न नहीं है। इस खबर को बताना कहीं ज्यादा आवश्यक है बनिस्पत उस खबर के जिसमें हम सिर्फ लाशों की संख्या गिनते हैं। रघुवीर सहाय सामान्य खबरों की सीमा को अतिक्रमित कर साधारण मनुष्य की मृत्यु की ओर बढ़ती जीवन-स्थितियों की खबर लिखते हैं। अपनी एक अन्य कविता "खबरें" में वे वर्तमान समय में छपनेवाले समाचारों की अपर्याप्तता को रेखांकित करते हुए कहते हैं कि :

"700 मर गये अखबार कहता है
खंडहर और लाश दूरदर्शन दिखाता है
बहुत सी खबरें मेरे अन्दर से आती हैं
सब को चीर कर हहराती।"[40]

रघुवीर सहाय अपनी रचनाओं में ऐसी हहराती खबरें लगातार लिखते हैं जो अखबार या टेलीविजन में नहीं आ पाती हैं। ये खबरें मनुष्य को सिर्फ चौंकाती नहीं हैं और न ही सिर्फ उत्तेजना पैदा करती हैं, बल्कि उन्हें हिम्मत और भरोसा देती हैं। सच्चे अर्थों में खबरें यही हैं, बाकी तो यथार्थ के नाम पर यथास्थिति और जड़ता का प्रचार है। वे लिखते हैं :

"वही खबर नहीं है जो लोगों को चौंकाती है, खबर वह भी है जो लोगों को भरोसा देती है, हिम्मत बँधाती है और समाज में अपनी शक्ल का प्रतिबिम्ब देखने को देती है। मगर खबर के पूरी तौर पर खबर बनने के लिए आवश्यक है कि वह उन तक भी पहुँचे जिन्होंने उसे पैदा किया है—सिर्फ उन्हीं तक न रह जाये जिन्होंने उसे लिखा है—शायद बहुत ही सुन्दर भाषा में भी।"[41]

रघुवीर सहाय पत्रकारिता की वर्तमान स्थिति से काफी क्षुब्ध थे। उनके अनुसार समकालीन पत्रकारिता कमजोर पर आक्रमण और शक्तिशाली की खुशामद करने का माध्यम बन गयी है। इसमें पाठक और लेखक के बीच कोई मानवीय रिश्ता नहीं नज़र नहीं आता, वह केवल उत्पादक और उपभोक्ता बनकर रह जाता है। सहाय जी के अनुसार, साहित्यकार की तरह ही पत्रकार का उद्देश्य भी नये मानव सम्बन्धों की तलाश करना है और इसी उद्देश्य की पूर्ति के लिए उसे काम करना चाहिए। सार्थक पत्रकारिता तो वही है जिसमें हम विभिन्न मनुष्यों के बीच सम्बन्ध कायम कर समाज और राष्ट्र की एक नयी तस्वीर लोगों के सामने रखते हैं। हिंसा और आर्थिक शोषण के शिकार नागरिकों को कच्चे माल की तरह इस्तेमाल कर अकाल की रंगीन तस्वीरें और अत्याचार की दिलचस्प कहानियाँ तैयार करना, घटिया किस्म की पत्रकारिता ही कही जाएगी। वह प्रवृत्ति शक्तिशाली को "निर्भय" और कमजोर को असहाय बनाती है। लेकिन दुर्भाग्य से हमारे देश के विशाल संचार साधन आजकल इसी में जुटे हैं।

रघुवीर सहाय मुख्यतः तीन कारणों से वर्तमान संचार साधनों और फिल्मों को समाज के लिए अहितकारी मानते हैं—हिंसा को गौरवान्वित करना, औरतों को उपभोग्य सामग्री के रूप में पेश करना और भाषा की विकृति। ये संचार साधन (टेलीविजन, रेडियो, फिल्म, वीडियो आदि) राष्ट्र, समाज और परम्परा को विकृत रूप में पेश कर हमारे दिमाग में बार-बार यह विचार भरते जा रहे है कि हिंसा ही भारत का भविष्य है। यह प्रचार भी कर रही है कि तर्क से, प्रेम से और न्याय की परम्पराओं के दबाव से कोई सार्थक परिवर्तन सम्भव नहीं है। परिवर्तन केवल परिवार, समाज, राष्ट्र और इन्सान को तोड़कर ही हो सकता है। ये अतार्किक प्रचार जनता से उसका विश्वास छीनकर उसे कमजोर और कायर बनाते हैं। आधुनिक तकनीक की इस ऋणात्मक भूमिका को रेखांकित करते हुए विख्यात रंगकर्मी उत्पल दत्त लिखते हैं :

"व्यावसायिक फिल्मों में हम कभी भी जनता की कोई सामूहिक कार्यवाही नहीं पा सकते। जनता श्री अमिताभ बच्चन के सामने बिछ जाती है और रक्षा के लिए उनसे याचना करती है। फिर वे सब मशीनगन या महज अपने घूंसों की ढिशुम से सब कुछ ठीक कर देते हैं। ..."इन्साफ मैं करूँगा" की चीख-पुकार मचानेवाले बर्बर नायक पर कुर्बान भारतीय फिल्में जनता का मन जन-आन्दोलनों, हड़तालों और ऐसी कार्यवाहियों से या तो खालिस दादागिरी की ओर मोड़ देती हैं या फिर मसीहा के लिए ठंडे इन्तजार की ओर। ये जनता का आत्म-विश्वास छीन लेती हैं। ताकि वह एक रक्षक, एक "महान गुंडे" की राह देखती रहे जो एक दिन प्रकट होगा—शायद नई दिल्ली में। हिटलर आखिरकार एक "महान-गुंडे" के सिवाय और क्या था?"[42]

उत्पल दत्त ने जो बात व्यावसायिक फिल्मों के बारे में कही है, वह दूरदर्शन, रेडियो आदि आधुनिक संचार माध्यमों के लिए भी काफी हद तक सही है। रघुवीर सहाय ने अपनी अनेक रचनाओं में संचार माध्यमों की इस अरचनात्मक भूमिका का विस्तार से उल्लेख किया है।

औरतों को उपभोक्ता वस्तु के रूप में पेश करना आधुनिक संचार माध्यमों की दूसरी सबसे बड़ी खामी है। आज जनसंचार के अधिकांश माध्यम औरतों को शैम्पू या साबुन के विज्ञापन का एक जरिया मात्र समझते हैं अथवा सामन्ती पिछड़ेपन में जकड़े पुरुषों के लिए मजे की एक वस्तु। लेकिन जब यह रणनीति भी अपना करिश्मा खो देती है, तब बलात्कार की शिकार औरतों का विज्ञापन उनका हथकंडा बन जाता है। यह सब यथार्थ के नाम पर किया जाता है, लेकिन इसमें अप्रत्यक्ष रूप से सनसनी पैदा करने और औरत के इस्तेमाल का बाजार बरकरार रखने का उद्देश्य छिपा होता है। समकालीन पत्रकारिता के स्त्री-विरोधी स्वरूप के माध्यम से रघुवीर सहाय इस विकृत मानसिकता का पर्दाफाश करते हैं :

"इस संस्कृति में विज्ञापन व्यवसाय से घनिष्ठ रूप से जुड़ी पत्रकारिता में औरत की देह से कमाई करने की शक्ति जब चुक जाती है तब दूसरा प्रकार खोजना ही सृजनशीलता कहलाता है। यह पत्रकारिता दौड़-दौड़कर बलात्कार की शिकार औरतों की तस्वीरें ला रही है, उसके और उसके परिवार के लोगों के नाम छाप रही है। जाहिर तौर पर इसलिए कि सच्चाई उजागर हो, मगर असल में इसलिए कि सनसनी पैदा हो और औरत के इस्तेमाल का बाजार जारी रहे।"[43]

संचार के संगठित माध्यमों द्वारा भाषा की विकृति और उसके माध्यम से मनुष्य के आपसी रिश्ते को काटकर रख देना, वर्तमान तकनीक का सबसे बड़ा दुर्गुण है। आज रेडियो, टेलीविजन, अखबार आदि जनसंचार माध्यमों द्वारा जिस "भाषा" का प्रचार कि या जा रहा है, जनसामान्य की भाषा से उसका सम्बन्ध नाममात्र का है। यह भाषा देश के लाखों-करोड़ों लोगों द्वारा बोली जानेवाली भाषा नहीं है, बल्कि कुछ विशिष्ट वर्गों द्वारा निर्मित भाषा है। अतः इस में प्राणशक्ति नहीं होती, महज प्रदर्शन होता है। उत्पल दत्त ने भाषा की इस विकृति को ही लक्ष्य कर कहा था कि—"अब आप हिन्दी में समाचार सुनिये। क्यों बोलते हैं, आजकल बोलना चाहिए—अब आप समाचार में हिन्दी सुनिए।" *(पहल 48, पृ. 13)*

एक सजग रचनाकार होने के नाते रघुवीर सहाय ने भी भाषा की इस विकृति पर गहरी चिन्ता व्यक्त की है। संचार माध्यमों द्वारा भाषा की विकृति को लेकर वे कितने क्षुब्ध थे, इसका अन्दाज़ उनके निम्नलिखित वक्तव्य से सहज ही हो जाता है :

"दूरदर्शन निरक्षर-निर्माण करने का सबसे बड़ा कारखाना है। न सिर्फ वह अपने कार्यक्रमों में भाषा के लठमार इस्तेमाल के कारण भाषा की तहों और परतों का कचूमर बना देता है, बल्कि आज कार्यक्रमों का संचालन औद्योगिक संस्थानों के

हाथ में आ जाने के कारण, भाषा को बोलने लायक और दर्शक को बोल सकने के काबिल नहीं बने रहने देता।"[44]

एक जागरूक रचनाकार और संस्कृतिकर्मी होने के नाते रघुवीर सहाय ने अपने समय के सभी महत्त्वपूर्ण साहित्यिक-सांस्कृतिक मुद्दों पर गम्भीरतापूर्वक विचार किया है। यह कहना अतिशयोक्ति नहीं होगी कि साहित्य और संस्कृति से सम्बन्धित जिन मुद्दों को उन्होंने उठाया है, उनकी प्रासंगिकता आज घटने के बजाय बढ़ी ही है। अपनी यथार्थवादी दृष्टि के कारण वे इस तथ्य को भलीभाँति पहचान सके कि वर्तमान समय में साहित्य और संस्कृति एक विशिष्ट वर्ग के हाथों का खिलौना मात्र बनकर रह गयी है। इस संस्कृति में सामान्य "जन" कहीं भी शामिल नहीं है। यह जनता में आस्था और विश्वास का संचार नहीं करती, बल्कि उसका उपहास कर उसे असहाय और कमजोर बनाती है। स्वाधीनता आन्दोलन के दौरान जिस प्रकार साहित्य और संस्कृति ने एक स्वस्थ समाज और राष्ट्र का निर्माण किया था, आज उसका सर्वथा अभाव है।

सन्दर्भ

1. नादिन गार्डिमर, हमारी शताब्दी, आजकल, मई 1996, पृ 11
2. नेमिचन्द्र जैन, जनांतिक, पृ. 17
3. यथार्थ यथास्थिति नहीं, (सम्पादक सुरेश शर्मा), पृ. 90
4. आत्महत्या के विरुद्ध, वक्तव्य
5. वही, पृ. 19
6. वही, पृ. 73
7. लोग भूल गये हैं, निवेदन
8. यथार्थ यथास्थिति नहीं, पृ. 61
9. लिखने का कारण, पृ. 151
10. दूसरा सप्तक, वक्तव्य, पृ. 138-139
11. आत्महत्या के विरुद्ध, पृ. 15
12. सीढ़ियों पर धूप में, पृ. 140-141
13. लोग भूल गये हैं, निवेदन
14. लिखने का कारण
15. कुछ पते कुछ चिट्ठियाँ, पृ. 78
16. यथार्थ यथास्थिति नहीं, पृ. 136-137
17. तार सप्तक, पृ. 25
18. चिन्तामणि भाग-2, पृ. 86
19. मुक्तिबोध रचनावली भाग-5, पृ. 153
20. लोग भूल गये हैं, पृ. 11-12
21. यथार्थ यथास्थिति नहीं, पृ. 93
22. वही, पृ. 114

23. चाँद का मुँह टेढ़ा है, पृ. 289
24. आत्महत्या के विरुद्ध, पृ. 85
25. डॉ. निर्मला जैन, आधुनिक साहित्य : मूल्य और मूल्यांकन, पृ. 11
26. अज्ञेय, आत्मपरक, पृ. 52
27. यथार्थ यथास्थिति नहीं, पृ. 93
28. श्रीकांत वर्मा, बीसवीं शताब्दी के अँधेरे में, पृ. 100
29. आत्महत्या के विरुद्ध, वक्तव्य
30. यथार्थ यथास्थिति नहीं,
31. नादिन गार्डिमर, हमारी शताब्दी, आजकल, पृ. 10 पर उद्धृत
32. पी.सी. जोशी, अवधारणाओं का संकट, पृ. 62-63
33. ऊबे हुए सुखी, आमुख
34. पी.सी. जोशी, अवधारणाओं का संकट, पृ. 59
35. हँसो हँसो जल्दी हँसो, पृ. 47
36. न्गुगी वा थ्योंगो, भाषा, संस्कृति और राष्ट्रीय अस्मिता, पृ. 91
37. पी.सी. जोशी, अवधारणाओं का संकट, पृ. 75
38. अर्थात्, पृ. 152
39. एक समय था, पृ. 47
40. वही, पृ. 48
41. ऊबे हुए सुखी, पृ. 90
42. उत्पल दत्त, क्या किया जाना है? पहल 48, पृ. 12
43. अर्थात्, पृ. 96
44. वही, पृ. 108-109

पंचम अध्याय

रचना संगठन

रचना-संगठन में अन्तर्वस्तु और रूप का सम्बन्ध सर्वाधिक महत्त्वपूर्ण होता है। हिन्दी में इस सम्बन्ध को लेकर काफी बहस हुई है। प्रगतिवादी चिन्तन में अन्तर्वस्तु का प्रश्न प्राथमिक और रूप का प्रश्न गौण है, जबकि आधुनिकतावादी चिंतन में "रूप" का प्रश्न प्राथमिक है। प्रगतिवादी मान्यता का प्रतिनिधित्व करते हुए डॉ. रामविलास शर्मा साहित्य में निर्णायक भूमिका अन्तर्वस्तु की मानते हैं। वे कहते हैं :

"साहित्य की विषय-वस्तु और उसकी कला–दोनों एक चीज़ नहीं हैं। ये दोनों ही सम्बद्ध होकर साहित्य बनाती हैं, दोनों की एकता साहित्य के लिए ज़रूरी है, लेकिन कला और विषय-वस्तु–दोनों ही साहित्य रचना के लिए निर्णायक महत्व की नहीं हैं, निर्णायक भूमिका हमेशा विषय-वस्तु की होती है।"[1]

मार्क्सवादी आलोचना में अन्तर्वस्तु के महत्त्व पर अत्यधिक आग्रह के कारण "शिल्प" का पक्ष तिरस्कृत होता गया। लेकिन रचना में "अन्तर्वस्तु" और "रूप" का पार्थक्य सम्भव नहीं है : "गिरा अरथ जल बीचि सम कहियत भिन्न न भिन्न"। हिन्दी में रूप के तिरस्कार की स्थिति को रघुवीर सहाय उचित नहीं समझते। वे "शिल्प" के प्रश्न को आनुषंगिक नहीं मानते हैं, बल्कि अन्तर्वस्तु जितना ही महत्त्व प्रदान करते हुए कहते हैंः

"हमको सबसे पहले कवियों के शिल्प का अध्ययन करना चाहिए। इसलिए नहीं कि हम सिद्ध कर देंगे कि ऐसा शिल्प है, इसलिए यह ऐसा कवि है। सिर्फ़ इसलिए कि शिल्प है वह। ...उसको जानना हम लोग बिल्कुल भूले जा रहे हैं। शायद इस भ्राँति के कारण कि कुछ लोगों ने चला दिया कि शिल्प कोई बहुत कुंठित मध्यवर्गीय प्रवृत्ति है और इसके न होने से कविता महान हो जाती है। बाद में पता चला कि उसके न होने से भी कविता तब तक महान नहीं हो जाती जब तक कि हर कविता में एक नारा न हो। फिर उसके कुछ दिन बाद पता चला कि जिस

कविता में नारा है, वह बेकार है, असल कविता वह है जिसमें कि फूल और प्रेम और ऐसा कुछ पाता हो। शिल्प से उदास रहकर आप इसी तरह भटकते रहेंगे।"[2]

वस्तुतः रघुवीर सहाय के लिए "रूप" का प्रश्न जीवन-यथार्थ के समान ही महत्त्वपूर्ण है। वे मानते हैं कि बिना शिल्प के न तो रचना का अस्तित्व सम्भव है और न ही रचनाकार का। लुठार लुत्से को दिये गये साक्षात्कार में रघुवीर सहाय ने स्पष्ट कहा है कि :

"...मेरे पास एक तरह की एक और—एक अतिरिक्त चेतना है, एक अतिरिक्त व्यथा है, जिससे कि मैं हर चीज़ को उलट-पलटकर नये ढंग से सजाकर, नये ढंग से दुरूस्त करके और नया बना देने की इच्छा रखता हूँ। तो वही तो शिल्प है। और मैं यह मानता हूँ कि जितनी देर तक यह मुझे अहसास है कि शिल्प आवश्यक है मेरे लिए उतनी देर तक तो मैं लेखक हूँ और बाकी जगहों पर मैं लेखक नहीं हूँ—यद्यपि कि मैं उतना ही महत्त्वपूर्ण काम कर रहा होऊँगा जितना कि लेखक कर सकता है या लेखक को करना चाहिए। मैं तो मानता हूँ कि शिल्प सबसे ऊपर है और शिल्प की अनुपस्थिति जैसी कोई स्थिति कविता में नहीं होती। जहाँ आपको सबसे कम शिल्प दिखाई देता है, वहाँ भी शिल्प ही के कारण वह सबसे कम होता है।"[3]

वस्तुतः रचना में वस्तु और रूप का सन्तुलन महत्त्वपूर्ण होता है। रघुवीर सहाय के लिए "रूप" का प्रश्न उतना ही बुनियादी है जितना अन्तर्वस्तु का और दोनों को एक-दूसरे से अलग करके नहीं देखा जा सकता है। अतः रूप या शिल्प का प्रश्न सामाजिक यथार्थ से अनिवार्य रूप से जुड़ा हुआ है। बहुत से लोग यह समझते हैं कि रूप पर ज़ोर देना रूपवाद है। लेकिन रघुवीर सहाय उसे यथार्थ से जोड़कर देखते हैं। यथार्थ कोई जड़ वस्तु नहीं है, बल्कि निरन्तर परिवर्तनशील होता है, अतः उसे व्यक्त करने के तरीके भी निरन्तर बदलते रहेंगे। इस सन्दर्भ में लूकाच के यथार्थवादी सिद्धान्तों को लेकर ब्रेख़्त द्वारा व्यक्त की गयी प्रतिक्रिया महत्त्वपूर्ण है, जिसमें उन्होंने कहा है कि साहित्य सिद्धान्तों का भी अपना रूपवाद हो सकता है, जो रचनात्मक साहित्य में रूप के महत्त्व को समझने में बिल्कुल असमर्थ साबित हो सकता है। ब्रेख़्त के अनुसार 19वीं सदी के उपन्यासों के अध्ययन से निकले यथार्थवाद को आज के साहित्य पर प्रमाण की तरह लादना अनुचित है। नयी ज़रूरतों के अनुसार नये शिल्प की खोज़ ज़रूरी है और इसके लिए लेखक को प्रयोगों की पूरी स्वतंत्रता होनी चाहिए। वस्तुतः यथार्थ की तरह ही शिल्प भी निरन्तर विकासमान प्रक्रिया है। यथार्थ बदलेंगे तो उसे व्यक्त करने के तरीके भी बदलेंगे ही। इसी धारणा को पुष्ट करते हुए रघुवीर सहाय कहते हैं कि हर रचना का अपना अलग शिल्प होता है :

"एक कविता में किसी शिल्प को सार्थक करके अब दुबारा उसी शिल्प में मन

नहीं लगता। मैं अब एक कविता से दूसरी में जीने के साथ एक शिल्प से दूसरे शिल्प में भी जाना चाहता हूँ। ...अब शायद हर रचना का अपना एक शिल्प है, जो उसी में प्रतिफलित हो जाया करता है।"[4]

इस प्रकार रघुवीर सहाय रूप या शिल्प को विकासशील यथार्थ के साथ-साथ लगातार आविष्कृत करते रहना चाहते हैं। उनके लिए शिल्प यथार्थ को अभिव्यक्त करने का केवल माध्यम भर नहीं, बल्कि आज के संकट का रचनात्मक उत्तर भी है। वर्तमान समय और समाज के संकटों से पलायन करना किसी भी लेखक के लिए सम्भव नहीं है, और एक नागरिक के रूप में वह किसी भी तरह से संघर्ष करने के लिए स्वाधीन है लेकिन लेखक वह तभी है जब वर्तमान संकट का सामना वह अपने रचनात्मक उपकरणों से करता है :

"लोकतंत्र—मोटे, बहुत मोटे तौर पर लोकतंत्र ने हमें इन्सान की शानदार जिन्दगी और कुत्ते की मौत के बीच चाँप लिया है। इस स्थिति में सबसे आसान यह पड़ता है कि व्यक्ति-स्वातन्त्र्य की अभी तक बची सुविधा का फ़ायदा उठाकर मैं अपने लिए बचे रहने की निजी बिल्कुल अहस्तान्तरणीय रियायत ले लूँ। उससे कुछ मुश्किल यह है कि मैं यह रियायत अस्वीकार करूँ और उनके आसरे, जिन्दा रहूँ जो इन्सान के लिए दूसरे हथियारों से लड़ते हैं—साहित्येतर हथियारों से। सबसे मुश्किल और एक ही सही रास्ता है कि मैं सब सेनाओं में लड़ूँ—किसी में ढाल सहित किसी में निष्कवच होकर—मगर अपने को अन्त में मरने सिर्फ़ अपने मोर्चे पर दूँ—अपने भाषा के, शिल्प के और उस दोतरफ़ा जिम्मेदारी के मोर्चे पर जिसे साहित्य कहते हैं।"[5]

इस प्रकार भाषा और शिल्प सहाय जी के लिए आधुनिक समाज के संकट से जूझने के रचनात्मक उपकरण हैं और उस रूप में उनकी कोई स्वायत्त दुनिया नहीं है। भाषा और शिल्प का सवाल यथार्थ से अनिवार्य रूप से जुड़ा हुआ है। जहाँ तक "नयी कविता" के रूप-विधान का प्रश्न है उसमें सामाजिक यथार्थ और शिल्प को लेकर द्वन्द्व की स्थिति रही है। प्रारम्भ में साहित्य के तकनीकी पक्ष पर अधिक ध्यान देने की बात कही गयी, जैसा कि गिरिजाकुमार माथुर ने अपने तारसप्तक वाले वक्तव्य में कहा कि "कविता में विषय से अधिक टेकनीक पर ध्यान दिया गया है। विषय की मौलिकता का पक्षपाती होते हुए भी मेरा विश्वास है कि टेकनीक के अभाव में कविता अधूरी रह जाती है।" *(तारसप्तक, पृ. 168)* लेकिन आगे चलकर उन्होंने अपनी राय को "नयी कविता—1" में संशोधित किया कि "नयी कविता नये शिल्प और उपमानों के प्रयोग के साथ समाजोन्मुखता और मानवता को एक अंजलि में भरे भविष्य की ओर अग्रसर हो रही है।" *(नयी कविता-1, पृ. 76)*

यहाँ आकर तकनीक पर आत्यन्तिक आग्रह कम हो जाता है और वस्तु एवं रूप का सन्तुलन महत्त्वपूर्ण हो जाता है। लक्ष्मीकान्त वर्मा ने भी नयी कविता के रूप-विधान

पर यथार्थ के प्रभाव को स्पष्टतः स्वीकार किया है : "नयी कविता ने अपनी अभिव्यक्ति के लिए जिन प्रतीकों, बिम्बों और साधनों का प्रयोग किया है, वे यथार्थ जीवन से उपजे हैं।" *(नयी कविता के प्रतिमान, पृ. 3)* रघुवीर सहाय रचना-शिल्प और यथार्थ जीवन में अनिवार्य सम्बन्ध मानते हैं ताकि रचना भी वैसी ही जानदार हो सके जैसी कि वास्तविकताएँ होती हैं। *"दूसरा सप्तक"* के अपने वक्तव्य में रघुवीर सहाय भाषा, ताल और अन्य शिल्पगत उपकरणों की सहजता पर बल देते हैं तथा कविता को यथार्थ से जोड़कर देखने का आग्रह करते हैं। उनके अनुसार :

"मैंने अपनी कविता के इस चरण तक पहुँचते-पहुँचते शैली में ताल और गति के कुछ प्रयोग कर पाये हैं। ताल को साधारण बोलचाल की ताल के जैसा बनाने में कुछ कविताओं में, जैसे "अनिश्चय" और "मुँह अँधेरे" तथा "दुर्घटना" में थोड़ी-बहुत सफलता मिली है हालाँकि उस कोशिश में भी कहीं-कहीं उर्दू की गति की बँधी हुई शैली का सहारा लेना पड़ा है। भाषा को भी साधारण बोलचाल की भाषा के निकट लाने की कोशिश रही है, मगर उसमें भी कहीं-कहीं भाषा की फ़िजूलखर्ची करनी पड़ी है। इस तरह की कोशिशें विचार-वस्तु के दिल और दिमाग़ में उतरने के तरीके पर निर्भर रहेंगी और ज़रूरी है कि हम अपनी अनुभूति को उसी प्रकार सुधारें, ताकि कविता भी वैसी ही जानदार हो सके जैसी कि वे वास्तविकताएँ जिनसे हम कविता की प्रेरणा लेते हैं।"[6]

इस प्रकार रघुवीर सहाय के रूपविधान की सर्वाधिक महत्त्वपूर्ण विशेषता यथार्थ जीवन से उसकी संपृक्ति है। जीवन के विविध रंगों की तरह ही उनकी रचना-प्रक्रिया में विविध रंग मौजूद हैं और वे इन विविध रंगों को खोलकर दिखाने में रचना की सार्थकता मानते हैं। उनकी रचना-प्रक्रिया संकेतन की कम, प्रत्यक्षीकरण की अधिक है, या यूँ कहें कि संक्षेपण की कम विस्तार की अधिक है जिसे रूसी विचारक श्करोवस्की ने "लेबेयर" या 'खोलकर दिखाना' कहा है। रघुवीर सहाय की रचना-प्रक्रिया पर विचार करते हुए डॉ. नामवर सिंह कहते हैं :

"क्लासिकी काव्यशास्त्र के अनुसार, कला दरअसल कला को छिपाने में होती रही है, रघुवीर सहाय का काव्यशास्त्र इसके ठीक उलटा है : उनकी कला जैसा कि श्करोवस्की कहते थे–"ले वेयर दि वाइस" में है। उनके लिए कला छिपाने में नहीं बल्कि खोलकर दिखाने में और खोलकर दिखाने की पूरी प्रक्रिया में है, रच जाने के बाद वह क्या बनती है, क्या निष्कर्ष होता है, इसमें उनकी कोई दिलचस्पी नहीं है। इसीलिए वे तन्मयता के पक्षधर नहीं हैं, कि उनकी कविता पढ़ के आप तन्मय हो जाएँ, डूब जाएँ बल्कि वह झटका देकर आपको अपने से अलग करती है।"[7]

रघुवीर सहाय की यह रचना-प्रक्रिया आधुनिक हिन्दी साहित्य में एकदम विशिष्ट है। अपनी रचनाओं में वे केवल वही नहीं दिखाते, जो सतह पर है, जो प्रत्यक्ष दिखता है, बल्कि वह भी दिखाते हैं जो सम्भव हो सकता है। वे रचनाओं में केवल

अनुभव-खंडों को नहीं सँजोते बल्कि अनुभव की पूरी प्रक्रिया से गुजरते हैं। प्रक्रिया का यह वर्णन उन रचनाओं में विशेष तौर पर दिखाई पड़ता है जहाँ वे अपने आप से ही बहस करते हुए किसी निष्कर्ष पर पहुँचने से पहले तर्क की पूरी प्रक्रिया को स्पष्ट करते हैं। "हँसो हँसो जल्दी हँसो" नामक कविता में सहाय हँसने की पूरी प्रक्रिया का एक-एक ब्यौरा देते जाते हैं :

"हँसो तुम पर निगाह रखी जा रही है
हँसो अपने पर न हँसना क्योंकि उसकी कड़वाहट
पकड़ ली जाएगी और तुम मारे जाओगे
ऐसे हँसो कि बहुत खुश न मालूम हो
वरना शक होगा कि यह शख्स शर्म में शामिल नहीं
और मारे जाओगे
हँसते हँसते किसी को जानने मत दो किस पर हँसते हो
सबको मानने दो कि तुम सबकी तरह परास्त होकर
एक अपनापे की हँसी हँसते हो
जैसे सब हँसते हैं बोलने के बजाय
...   .
बेहतर है कि जब कोई बात करो तब हँसो
ताकि किसी बात का कोई मतलब न रहे
और ऐसे मौकों पर हँसो
जो कि अनिवार्य हों
जैसे ग़रीब पर किसी ताक़तवर की मार
जहाँ कोई कुछ कर नहीं सकता
उस ग़रीब के सिवाय
और वह भी अक्सर हँसता है

हँसो हँसो जल्दी हँसो
इसके पहले कि वह चले जाएँ
उनसे हाथ मिलाते हुए
नज़रें नीची किये
उसको याद दिलाते हुए हँसो
कि तुम कल भी हँसे थे"[8]

"धूप" भी ऐसी ही एक कविता है जिसमें धूप के सम्पूर्ण अनुभव को, उसके प्रभाव का विस्तार से वर्णन किया गया है। कवि मात्र इतना कहकर संतुष्ट नहीं होता

कि "एक सुगंध है/बल्कि सुगंध नहीं एक धूप है/बल्कि धूप नहीं एक स्मृति है/बल्कि ऊष्मा है, बल्कि ऊष्मा नहीं/सिर्फ एक पहचान है *(सीढ़ियों पर धूप में, पृ. 169)*, अपितु पौधों और सम्पूर्ण प्रकृति पर उसके प्रभाव को भी विस्तार से रेखांकित करता है। धूप से सम्बन्धित विविध अनुभव खंडों को कवि क्रमबद्ध करता जाता है और कविता का समापन इस प्रकार करता है :

"और इस धूप से भरा हुआ बाहर एक बहुत बड़ा नीला आसमान है
और इस बरामदे में धूप और हल्की सी हवा और एक बसन्त।"[9]

यह विशिष्ट रचना-प्रक्रिया न केवल उनकी कविताओं में बल्कि कहानियों और अन्य गद्य-रचनाओं में भी दिखायी पड़ती है। "कहानी की कला" नामक कहानी इसका सटीक उदाहरण है जिसमें एक छोटी-सी घटना का रचनाकार काफी विस्तार से वर्णन करता है। कहानी मात्र इतनी है कि रेलगाड़ी में एक यात्री दूसरे यात्री से जगह देने का अनुरोध करता है, लेकिन पहला यात्री जगह नहीं देता और आराम से बैठा रह जाता है। दूसरे यात्री को जगह नहीं मिलती है, पर वह चुपचाप खड़ा रहता है। दूसरा यात्री काफी देर तक पहले यात्री को खड़ा देखता रहता है, अचानक वह उठकर जगह दे देता है और कहता है : "भाई अब मुझसे बर्दाश्त नहीं होता। आप यहाँ बैठ जाइए।" इस छोटी सी घटना के सम्पूर्ण ब्यौरे को रचनाकार उद्घाटित करता है। यह कहानी रघुवीर सहाय की रचना-प्रक्रिया का सटीक वर्णन करती है। कहानी के प्रारम्भ में कहानीकार का वक्तव्य है कि :

"विस्तृत करने की अनुमति मिल जाए तो सुविधा यह है कि बहुत लम्बी हो जाए तो काट दी जा सकती है, कम लम्बी रह जाए तो बढ़ाई जा सकती है मगर छोटी रह जाने में यह सुविधा तो खैर है ही नहीं, ऊपर से ख़तरा यह है कि कुछ कहने से रह जाए और इससे भी बड़ा खतरा यह है कि जो कहना है वही कहने से रह जाए।"[10]

यह वक्तव्य रघुवीर सहाय की रचना-प्रक्रिया का सारांश है। श्करोवस्की कहते हैं कि कविता लिखना या उपन्यास रचना, देखने की इस प्रक्रिया को विस्तीर्ण करना है—कभी गतिरोधक से रुकावटें डालते हुए, कभी किसी शब्द के द्वारा, कभी किसी वाक्य विन्यास के द्वारा। रघुवीर सहाय की रचना-प्रक्रिया भी ऐसी ही है जो पर्यवेक्षण और प्रत्यक्षीकरण पर विशेष बल देती है बहुत कुछ प्रेमचन्द, मुक्तिबोध या रूसी कथाकारों की तरह। इस तरह की रचनाएँ चिन्तन का आग्रह करती हैं, वे हमें मुग्ध नहीं करतीं। रघुवीर सहाय कहते हैं कि मेरी कविता पढ़ के लोग गदगद अथवा उत्तेजित न हों, बल्कि उन्हें समझने की कोशिश करें, हालाँकि पढ़ने के बाद यह ज़रूरी नहीं है कि पाठक भी वही निष्कर्ष निकाले जो लेखक ने निकाले हों। "कविता पाठ" नामक कविता में रघुवीर सहाय पाठक से विचार और पर्यवेक्षण का आग्रह करते हैं :

"सन्नाटा छा जाए जब मैं कविता सुना कर उठूँ :

वाह वाह वाले निराश हों घर जाए
घर जाकर मेरी कविता सुनें जैसी उन्हें याद रह जाए
वैसी सही, कोई हरज नहीं—
अगर एक-दो शब्द वे अपने मन से जोड़ भी दें
कोई हर्ज़ नहीं, मगर उन्हें लगने लगे घटक शब्द
कहीं ग़लत जुड़ गया और वे सोचते रह जाएँ"

लेकिन रघुवीर सहाय की रचनाओं में कई स्थल ऐसे भी मिलेंगे, जहाँ थोड़े से शब्दों में जीवन-यथार्थ को व्यक्त किया गया है। इन स्थलों पर कवि की शैली खोलकर दिखाने की नहीं, बल्कि संकेत कर देने की होती है : "अरथ अमित अति आखर थोड़े"। "चढ़ती स्त्री" इस रचना शैली का सटीक उदाहरण है। मात्र चार पंक्तियों में कविता जीवन यथार्थ को बड़ी कुशलता से अभिव्यक्त कर देती है :

"बच्चा गोद में लिये
चलती बस में
चढ़ती स्त्री
और मुझमें कुछ दूर तक घिसटता जाता हुआ।"[12]

वास्तव में रघुवीर सहाय के रचना-शिल्प में विविध रंग मौजूद हैं और ये विविध रंग जीवन-स्थितियों और वस्तुओं की विविधता को दर्शाते हैं। उनके रचना-शिल्प का सर्वाधिक महत्त्वपूर्ण अंग उनकी भाषा है। अपनी रचनाओं में "भाषा" को लेकर वे काफी चिन्तित दिखते हैं क्योंकि भाषा उनके लिए केवल अभिव्यक्ति का माध्यम नहीं है बल्कि जीवन-यथार्थ की खोज है का भी साधन है। रघुवीर सहाय के लिए रचना लगातार नये बन रहे मानव-सम्बन्ध की खोज है और इसके समानान्तर कवि को निरन्तर नयी भाषा की तलाश भी करनी पड़ती है। एक बार रच लिए जाने पर वह नयी भाषा भी कवि के लिए पुरानी हो जाती है, जिसे तोड़ने के लिए रचनाकार पुनः संघर्ष करता है। एक सार्वजनिक माध्यम होने के नाते भाषा रचनाकार पर बन्दिश भी लगाती है और उस बन्दिश को तोड़कर वास्तविक जीवन यथार्थ को व्यक्त करना ही रचनाकार की सार्थकता है। अतः एक लेखक और भाषा के बीच लगातार संघर्ष चलता रहता है और यह संघर्ष ही रचना है। रघुवीर सहाय कहते हैं :

"तो हो सकता है कि आध घंटे या एक घंटे का समय ही हो वह, जिसमें कि कविता लिखी जाती है, लेकिन जितनी देर तक वह लिखी जाती है, उसमें शिल्प और अनुभावन के बीच में एक संघर्ष होता रहता है। यानी, जो मैं जानता हूँ कि मुझे कहना है, वह कहने की कोशिश करते ही ऐसा लगता है कि मैं कुछ और कह रहा हूँ। यानी, भाषा मेरे साथ मनमानी करना चाहती है और मैं उसको इससे रोकना चाहता हूँ, और यह संघर्ष चलता रहता है।"[13]

भाषा का सवाल इसलिए भी महत्त्वपूर्ण है कि नयी जीवन-स्थितियों को

अभिव्यक्त करने में पुरानी भाषा समर्थ नहीं हो पाती। इसलिए निरन्तर बदलते हुए यथार्थ के साथ नयी भाषा की खोज भी आवश्यक होती है। नयी भाषा को खोजने का अर्थ ही है किसी नयी अनुभूति अथवा वास्तविकता के किसी नये पहलू की खोज। छायावादी भाषा ने अपने समय में ऐतिहासिक भूमिका अदा की क्योंकि द्विवेदीयुगीन इतिवृत्तात्मक भाषा को एक सर्जनात्मक रूप देने की चुनौती उसके समक्ष थी। लेकिन यह भाषा लगातार आवृत्ति के कारण रूढ़ हो गयी और उसमें जीवन की ऊष्मा शेष नहीं रही। अतः नयी कविता के कवि को एक नयी भाषा की ज़रूरत पड़ी, जो सामान्य मनुष्य की जीवन-स्थितियों को वाणी दे सके। *"तार सप्तक"* के अपने वक्तव्य में अज्ञेय इस स्थिति को स्पष्ट करते हुए कहते हैं कि :

"कवि अनुभव करता है कि भाषा का पुराना व्यापकत्व उसमें नहीं है : शब्दों के साधारण अर्थ से बड़ा अर्थ हम उसमें भरना चाहते हैं, पर उस बड़े अर्थ को पाठक के मन में उतार देने के साधन अपर्याप्त हैं। वह या तो अर्थ कम पाता है या कुछ भिन्न पाता है।"[14]

यही वे चुनौतियाँ थीं जिनके साथ रघुवीर सहाय की भाषा-चेतना विकसित होती है। उनकी भाषिक संरचना छायावादी कवियों से तो भिन्न है ही, तार सप्तक के अपने वरिष्ठ कवियों से भी नितान्त भिन्न है। रघुवीर सहाय के लिए नयी भाषा की खोज़ इसलिए भी महत्त्वपूर्ण है कि "भाषा कोरे वादों से/वायदों से भ्रष्ट हो चुकी है सबकी" *(आत्महत्या के विरुद्ध, पृ. 27)* ज़ाहिर है इस भ्रष्ट भाषा में की गयी रचना वास्तव में रचना न होकर, हाथ की छटपटाहट बनकर रह जाती है और "भाषा" की खोज़ "आग" की खोज में बदल जाती है :

"न सही यह कविता
यह मेरे हाथ की छटपटाहट सही
यह कि मैं घोर उजाले में खोजता हूँ
आग
जबकि हर अभिव्यक्ति
व्यक्ति नहीं
अभिव्यक्ति
जली हुई लकड़ी है न कोयला न राख।"[15]

वस्तुतः रघुवीर सहाय के लिए भाषा की खोज़ परिवर्तनशील यथार्थ की खोज़ है। यही कारण है कि उनकी भाषिक संरचना में ठहराव नहीं, बल्कि गतिशीलता है। जिस प्रकार उनकी रचनाओं में विविध जीवन-स्थितियाँ हैं, वैसे ही उनकी भाषिक संरचना में विविध रंग मौजूद हैं। उनके भाषिक विधान को किसी सरलीकरण में नहीं बाँधा जा सका, यद्यपि उनकी भाषिक संरचना के बारे में अनेक तरह के सरलीकरण

आलोचकगण करते आये हैं। उनके बारे में पहली धारणा तो यह है कि उनकी भाषा ख़बर की भाषा है। इस सन्दर्भ में श्री सुरेश शर्मा का मन्तव्य ग़ौरतलब है :

"सहाय जी का सौन्दर्यशास्त्र ख़बर का सौन्दर्यशास्त्र है। इसलिए उनकी भाषा ख़बर की भाषा है और अधिकांश कविताओं की विषय-वस्तु खबरधर्मी।"[16]

इस धारणा को रघुवीर सहाय के सम्पूर्ण रचना-कर्म पर फिट कर पाना बहुत कठिन है। निश्चय ही रघुवीर सहाय की अधिकांश रचनाओं की भाषा पारदर्शी है, लेकिन उनके यहाँ ख़बर की तरह सपाट, इकहरी और तुरन्त हज़म हो जानेवाली भाषा नहीं है। बल्कि रघुवीर सहाय उन रचनाकारों में से हैं जो भाषा को अख़बारी होने से बचाते हैं और उसे रचनात्मक बनाये रखते हैं। अपने-अपने तरीके से यही काम उनके समकालीन कवि भी करते रहे हैं जैसे विजयदेवनारायण साही, केदारनाथ सिंह या श्रीकांत वर्मा। उनकी काव्य-भाषा के कुछ उदाहरण द्रष्टव्य हैं :

"गमले में उगा नन्हीं नन्हीं पत्तियों का
हरा सजग बिरूवा मुझे शान्ति देता है।
तुम्हें क्या देती है तुम्हारी सेनापतियों, सैनिकों युद्धबन्दियों की पाँति?
तुम जिस जीवन में जुते हो, अनुयायियों,
उसी में मैं भी अर्पित हूँ–
अपने कविधर्म से अपनी ही भाँति।"[17]

"एक यज्ञ है उसकी हँसी
पूर्ण करती है हमको
ध्यान से सुनो कुछ भी व्यक्तिगत नहीं है उस हँसी में
वह हमें मोहित नहीं मुक्त करती है।
कोई दर्द नहीं उस हँसी में
दर्द हमारे अन्दर उठता है वह हँसी ख़त्म हो जाने के
देर बाद।"[18]

निश्चय ही यह काव्यभाषा खबरधर्मी नहीं है। इसमें वह सटपाटता और इकहरापन नहीं है जो खबरों की भाषा में होता है। इस भाषा को हम खबरधर्मी भाषा की तरह गटक नहीं सकते, बल्कि यह सोचने को बाध्य करती है। इस भाषा में एक तरह की सहजता और पारदर्शिता अवश्य है, जो रघुवीर सहाय की भाषा का सामान्य स्वभाव है। छायावादी भाषा में आगे चलकर जिस तरह की कृत्रिमता और जटिलता आ गयी थी उसका इसमें नितान्त अभाव है। रघुवीर सहाय की भाषा जिन्दगी से गहरी जुड़ी हुई है, इसलिए उसमें जीवन की ऊष्मा और जीवन्तता है। उनकी भाषा सामान्य बोलचाल की भाषा के काफी नजदीक है। उनके भाषा-विधान की विशेषता को इस अज्ञेय ने ठीक पहचाना है। *"सीढ़ियों पर धूप में"* की भूमिका में अज्ञेय लिखते हैं :

"अपने छायावादी समवयस्कों के बीच "बच्चन" की भाषा जैसे एक अलग आस्वाद रखती थी और शिखरों की ओर न ताककर शहर के चौक की ओर उन्मुख थी, उसी प्रकार अपने विभिन्न मतवादी समवयस्कों के बीच रघुवीर सहाय भी चट्टानों पर चढ़ नाटकीय मुद्रा में बैठने का मोह छोड़ साधारण घरों की सीढ़ियों पर धूप में बैठकर प्रसन्न हैं। यह स्वस्थ भाव उनकी कविता को एक स्निग्ध मर्मस्पर्शिता दे देता है—जाड़ों के घाम की तरह उसमें तात्क्षणिक गरमाई भी है और एक उदार खुलापन भी, जिसमें और जिसको हम "दे दिये जाते हैं"[19]

रघुवीर सहाय की रचनाओं में बोलचाल की भंगिमा अपने आस-पास की दुनिया से कवि के गहरे लगाव की सूचक है। उनकी अधिकांश रचनाओं में सामान्य भाषा के इस मिज़ाज को आसानी से पकड़ा जा सकता है। यथा :

"बरसों पानी को तरसाया
जीवन से लाचार किया
बरसों जनता की गंगा पर
तुमने अत्याचार किया
हमको अक्षर नहीं दिया है
हमको पानी नहीं दिया
पानी नहीं दिया तो समझो
हमको बानी नहीं दिया

अपना पानी
अपनी बानी हिन्दुस्तानी
बच्चा बच्चा माँग रहा है।"[20]

बोलचाल की भाषा का आग्रह स्वाभाविक तौर पर उनकी गद्य रचनाओं में अधिक है क्योंकि गद्य कविता के मुकाबले अधिक सार्वजनिक माध्यम है। "रास्ता इधर से है" की भूमिका में रघुवीर सहाय कहते भी हैं कि गद्य लिखना भाषा को सार्वजनिक करते जाना है। नयी कविता में बोलचाल का आग्रह केवल भाषागत स्वाभाविकता नहीं है, बल्कि यह अपनी दुनिया से गहन संपृक्ति के कारण सम्भव हुआ है। इस सन्दर्भ में श्री विजयदेवनारायण साही का मन्तव्य उल्लेखनीय है :

"हिन्दी कविता में पिछले बीस-पच्चीस वर्षों में जो विराट् परिवर्तन हुआ है, उसके पीछे यह गहरा अनुभव ही है कि आज के विशाल जीवन-सागर के उतार-चढ़ाव को, उसके प्रामाणिक अस्तित्व को, बातचीत की लय के माध्यम से ही पकड़ा जा सकता है। उस लय की तलाश ही अभिव्यक्ति की तलाश है। उसी के लिए भाषा के गठन को, उसकी प्रतीक-योजना को, शब्दावली को बदलने की ज़रूरत पड़ी है। गुस्सा, खीझ, व्याकुलता, उल्लास, घबराहट, भेड़िया-धसान, सन्तुलन अथवा आत्मसंयम

के विविध मनोयोगों से भावनाओं और विचारों के इन अभूतपूर्व सम्पूंजों को भाषा की उछाल में पकड़कर, हस्तामलकवत् करने की कोशिश होती रही है।"[21]

बोलचाल का आग्रह प्रियप्रवास में कठिन भाषा लिखने वाले कवि हरिऔध में भी है और वे अपने चौपदों में इसका प्रयोग भी करते हैं, लेकिन यहाँ बोलचाल की भाषा में रचनात्मक आस्था कम है, कौतूहल का भाव अधिक है। आधुनिक हिन्दी कविता में निराला पहले ऐसे कवि हैं, जो वास्तव में बोलचाल की भाषा को रचना का माध्यम बनाते हैं। बाद में प्रगतिशील कवियों नागार्जुन, केदारनाथ अग्रवाल और त्रिलोचन के यहाँ बोलचाल की भाषा रचना में वास्तविक प्रतिष्ठा पाती है। रघुवीर सहाय के यहाँ आकर बोलचाल आन्दोलन का हिस्सा नहीं रह जाता बल्कि उनकी भाषिक-चेतना का स्वाभाविक अंग बन जाता है। उनकी रचनाओं में बोलचाल का यह संस्कार उन शब्दों के माध्यम से सम्भव हुआ है जो लोकजीवन से गहरे रूप से जुड़े हुए हैं। यद्यपि उनका अधिकांश जीवन शहरों से जुड़ा रहा है, लेकिन उनकी रचनात्मक दुनिया इस देश के करोड़ों लोगों के शब्दों से ही बनी है। लोकभाषा के शब्दों और भंगिमाओं का जितना अधिक इस्तेमाल रघुवीर सहाय ने किया है, उतना नागार्जुन एवं त्रिलोचन के बाद बहुत कम नये कवियों में देखने को मिलता है। "हिरदै", "अकच्छ", "कुठरिया", "बल्लम", "सुथन्ना", "पच्छिम", "परपंच", "गुचकुलिया", "चीकट" जैसे शब्द ही नहीं बल्कि "गौंजे हुए", "ढँनगते", "हँकाते "हुमसने", "पसाइए", "भाँय-भाँय करना" आदि क्रियाएँ भी रचनाकार की गहरी लोक-संपृक्ति का अहसास कराती हैं। "हिन्दी" नामक कविता पूरी तरह प्रांजल भाषा में लिखी गयी है, लेकिन अन्त का एक शब्द "हिरदै" इस कविता को सामान्य जन का पक्षधर बना देता है। इस एक शब्द के द्वारा मध्यवर्ग की अवसरवादिता और दोरंगापन पूरी तरह उजागर हो जाता है और कविता जन की पक्षधरता का गवाह बन जाती है।

इसी प्रकार "हमारी हिन्दी" नामक कविता में लोकभाषा के शब्दों द्वारा उस परिवेश को निर्मित किया गया है, जिसका प्रतिनिधित्व हिन्दी करती है। "दुहाजू की बीबी" जैसे देशज रूपक के साथ-साथ विभिन्न देशज शब्दों और क्रियाओं से कविता जितनी अर्थवान बन पायी है; बिना इस देशज भंगिमा के कविता इतनी सामर्थ्यवान नहीं बन पाती :

"एक अधेड़ खसम है जिसके प्राण अकच्छ किये जा सकें
एक गुचकुलिया-सा आँगन कई कमरे कुठरिया एक के अन्दर एक
बिस्तरों पर चीकट तकिये कुरसियों पर गौंजे हुए उतारे कपड़े
फर्श पर ढँनगते गिलास
खूँटियों पर कुचैली चादरें जो कुएँ पर ले जाकर फींची जाएँगी"[22]

"अधिनायक" रघुवीर सहाय की एक अन्य महत्त्वपूर्ण कविता है जिसमें शासक और प्रजा के वर्गविभेद को बोलचाल के शब्दों द्वारा स्पष्ट किया गया है। कभी "प्रजातंत्र" की परिभाषा इस रूप में की गयी थी कि "यह जनता का, जनता के लिए, जनता द्वारा किया गया शासन है"। लेकिन भारतीय लोकतंत्र के इतने वर्षों के इतिहास ने इसे किस कदर व्यर्थ साबित कर दिया है और शासक एवं प्रजा का सम्बन्ध दाता और मँगते के सम्बन्ध में बदल चुका है, इसकी अनुगूँज लोकभाषा के शब्दों में सक्षम ढंग से सुनायी पड़ती है। यह पूरी कविता ही बोलचाल के शब्दों द्वारा बोलचाल की लय में विन्यस्त की गयी है :

"राष्ट्रगीत में भला कौन वह
भारत भाग्य विधाता है
फटा सुथन्ना पहने जिसका
गुन हरचरना गाता है।
मखमल, टमटम बल्लम तुरही
पगड़ी छत्र चँवर के साथ
तोप छुड़ाकर ढोल बजाकर
जय-जय कौन कराता है।
पूरब-पच्छिम से आते हैं
नंगे-बूचे नरकंकाल
सिंहासन पर बैठा, उनके
तमग़े कौन लगाता है।
कौन-कौन है वह जन-गण-मन
अधिनायक वह महाबली
डरा हुआ मन बेमन जिसका
बाजा रोज़ बजाता है।"[23]

केवल कविताओं में ही नहीं, बल्कि कहानियों और अन्य गद्य रचनाओं में भी सहाय लोकभाषा की भंगिमाओं का इस्तेमाल करते हैं। उदाहरण के लिए "एक जीता जागता व्यक्ति" नामक कहानी से एक अंश प्रस्तुत है :

"चिड़िया के लिए कोई उम्मीद न थी। एक पंजा ज़रा-सा हुमसता तो दूसरी ओर ज़ोर पड़ता और वह फिर फँस जाती। चौंककर देखती और फिर इधर-उधर बदन को झटके देती और पंख न खोलती—शायद पंख खोलने से पंजे और धंसने लगते हों—लेकिन उसका कलेजा मुँह को आ जाता।"[24]

इस प्रकार रघुवीर सहाय की भाषिक संरचना की एक महत्त्वपूर्ण विशेषता लोकभाषा के शब्दों और भंगिमाओं का रचनात्मक प्रयोग है। लेकिन उनकी भाषिक संरचना पर विचार करते हुए "लोकभाषा" के प्रयोग पर आत्यन्तिक आग्रह एक

प्रकार का सरलीकरण ही होगा। वास्तव में, विविध जीवन-स्थितियों को आत्मसात करने की कोशिश में रचनाकार ने भाषा की विविध भंगिमाओं का इस्तेमाल किया है। रघुवीर सहाय की रचनाओं में जीवन के विविध स्वरूप की तरह ही शब्दों के अनेक रूप मिलते हैं। भाषा और शब्दों का ऐसा वैविध्य हाल की रचनाओं में बहुत कम देखने को मिलता है, लेकिन "साही" जिसे "बातचीत की लय" कहते हैं, वह उनकी रचनाशीलता का बुनियादी आधार है। बहुत से आलोचक रघुवीर सहाय को नागर कवि मानते हैं लेकिन उनकी रचनाओं में सामान्य भाषा के प्रति जितनी रचनात्मक आस्था है, उसे देखते हुए यह बात असंगत ही कही जाएगी। अरुण कमल ने "रघुवीर सहाय" की भाषिक, संरचना की इस विशिष्टता को रेखांकित करते हुए कहा है :

"ऐसे कवि कम हैं जिनके यहाँ कविता दर्पण भी है और दीप भी—बाहर को आँकती, भीतर को उघारती। फिर भी किसी भी कवि की धातु का पता हमें उसकी भाषा, उसके शब्दों से ही चलता है—"उनकी जैसी धातु हो वैसी आवाज़ उनमें बजा जाती है"। रघुवीर सहाय के शब्द अनेक धातुओं से मिलकर बने हैं, शायद अष्टधातु के शब्द हैं"। लेकिन कहीं न कहीं बिल्कुल पेंदे में शायद थोड़ी सी मिट्टी भी है जिसके बिना कोई कवि कवि नहीं होता।"[25]

रघुवीर सहाय के भाषिक विधान का एक महत्त्वपूर्ण पहलू है भाषा और शब्दों के प्रति सजगता का भाव, जो कहीं-कहीं अतिरिक्त सजगता का रूप भी ले लेती है। आज राजसत्ता और अनेक व्यावसायिक प्रतिष्ठानों द्वारा शब्दों को विविध प्रकार से विकृत और अर्थहीन करने की प्रक्रिया जारी है। ऐसे में रचनाकार के लिए भाषा और शब्द का सही इस्तेमाल बहुत आवश्यक है और वर्तमान समय में यह काम निश्चय ही "तरवार के धार पे धावनो है"। "दो अर्थ का भय" नामक कविता रचनाकार की आशंका को मुखर रूप देती है :

"मैं सब जानता हूँ पर बोलता नहीं
मेरा डर मेरा सच एक आश्चर्य है
पुलिस के दिमाग़ में वह रहस्य रहने दो
वे मेरे शब्दों की ताक में बैठे हैं
जहाँ सुना नहीं उनका गलत अर्थ लिया और मुझे मारा
इसलिए कहूँगा मैं
मगर मुझे पाने दो
पहले ऐसी बोली
जिसके दो अर्थ न हों।"[26]

दरअसल रघुवीर सहाय सत्ता और संस्कृति के उपकरणों द्वारा भाषा के दुरुपयोग के प्रति काफी सतर्क थे। इनके द्वारा भाषा का स्वरूप इतना अमानवीय

कर दिया गया है कि वह अपनी पक्षधरता स्पष्ट नहीं कर पाती। एक ही शब्द कई अर्थ देने लगे हैं जिनका मनमाना प्रयोग सत्ताधारी वर्ग अपने पक्ष में करते रहते हैं और इसके माध्यम से देश की विशाल जनता को अधिकार से वंचित किया जाता रहा है। ऐसे में रचनाकार की यह चिन्ता स्वाभाविक है कि उसके शब्दों का दुरुपयोग न हो :

"मेरे लिखे को कभी कुछ लोग दुबारा छाप भी
देते हैं
उद्धृत कर देते हैं
उनमें से वे अंश जो आज के समाज में
सत्ता के शीर्ष के नज़दीक निरापत्ति दिखते हैं।"[27]

भाषा की स्वाभाविकता और रचनात्मकता को राजनैतिक और व्यावसायिक प्रतिष्ठानों ने अनेक तरह से कुंठित कर दिया है और इसके माध्यम से मानवीय सम्बन्धों को तोड़कर प्रत्येक मनुष्य को एक "वस्तु" में रूपान्तरित कर दिया है। ऐसे में रचनाकार का दायित्व आज बहुत चुनौतीपूर्ण हो गया है। "कुछ पते कुछ चिट्ठियाँ" नामक कविता-संग्रह के "निवेदन" में रघुवीर सहाय ने इस नये संकट को इस प्रकार अभिव्यक्त किया है :

"भाषा के अनेक प्रकारों पर व्यावसायिक और राजनैतिक कब्जे ने भाषा की रचनात्मकता को अनेक प्रकार से विकृत और कुंठित किया है, नयी प्रतिभा को सामाजिक चेतना के विषय में बलपूर्वक अशिक्षित करके मनुष्यों के बीच साझेदारी के सम्बन्ध तोड़े हैं और उनकी जगह बनावटी रागात्मकता के नये समझौते आरोपित किये हैं, जो उसके किसी पक्ष को कोई आत्मिक बल नहीं देते। वे प्रत्येक अनुभव को एक सनसनी और प्रत्येक मनुष्य को एक वस्तु बनाते चले जाते हैं। इस ध्वंस-व्यापार का प्रतिष्ठान नयी प्रतिभा को लगातार लुभाता और पथभ्रष्ट करता रहता है। रचनात्मकता के विरुद्ध इतना बड़ा अभियान आजादी के बाद दासता की पहली बार एकत्र शक्तियों ने चलाया है।"[28]

यही वे चुनौतियाँ हैं जिनका रचनात्मक उत्तर देने की कोशिश में रघुवीर सहाय नयी भाषा और नये शब्दों की जरूरत महसूस करते हैं। नये शब्दों को खोजने का अर्थ उनके लिए नये मानव-सम्बन्धों की खोज है। आज के समय में सत्ता और संस्कृति के प्रतिष्ठानों द्वारा शब्दों को व्यापक रूप से अर्थहीन बनाने की कोशिश जारी है, ऐसे में रघुवीर सहाय के यहाँ आश्वस्ति का वह भाव नहीं है जो विजयदेवनारायण साही की कविता में मिलता है :

"इस दहाड़ते आतंक के बीच
पटकार कर सच बोल सकूँ
और इसकी चिन्ता न हो

कि इस बहुमुखी युद्ध में
मेरे सच का इस्तेमाल
कौन अपने पक्ष में करेगा।"[29]

जहाँ साही फटकार कर सच बोलने को महत्त्वपूर्ण मानते हैं और इस बात की परवाह नहीं करते कि उनके सच का इस्तेमाल कौन अपने पक्ष में करेगा, वहीं रघुवीर सहाय इसके लिए काफी चिन्तित दिखते हैं। इसीलिए वे ऐसी भाषा चाहते हैं जिसके दो अर्थ न हों। "नया शब्द" शीर्षक कविता में भी रचनाकार उन शब्दों की आकांक्षा करता है जो मनुष्यों तक पहुँच सके, उनसे संवाद कायम कर सके :

"कोई और कोई और कोई और—और अब भाषा नहीं
शब्द, अब भी चाहता हूँ
पर वह कि जो जाये वहाँ वहाँ होता हुआ
तुम तक पहुँचे
चीजों के आर पार दो अर्थ मिलकर सिर्फ़ एक
स्वच्छन्द अर्थ दे
मुझे दे। देता रहा है जैसे छन्द केवल छन्द
घुमड़ घुमड़कर भाषा का भास देता हुआ
मुझको उठाकर निःशब्द दे देता हुआ।"[30]

इस प्रकार भाषा और शब्दों को लेकर एक प्रकार की सजगता रघुवीर सहाय के यहाँ बराबर देखने को मिलती है। सत्ता और व्यावसायिक प्रतिष्ठानों द्वारा भाषा पर की जा रही स्वेच्छाचारिता के परिप्रेक्ष्य में शायद यह सजगता आवश्यक जान पड़ती है।

रघुवीर सहाय की भाषिक संरचना का एक महत्त्वपूर्ण पक्ष व्यक्तिवाचक नामों का शब्दों की तरह प्रयोग है। मुसद्दी, मैकू, रामदास, रामलाल, रामकुमार, खुशीराम, गिरीश, दयावती, रजिया आपा, दयाशंकर, हरचरना, देवीदयाल आदि ऐसे ही नाम हैं जो व्यक्ति के साथ-साथ वस्तुस्थितियों के एक पूरे संसार को भी उद्घाटित करते हैं। भारतीय समाज में व्याप्त अनेक स्तरों पर और अनेक तरह के अन्याय और शोषण को ये नाम प्रभावशाली ढंग से उजागर करते हैं। "रामदास" सिर्फ एक पात्र नहीं है, बल्कि वह समाज में व्याप्त गैरबराबरी का बोध कराने वाला एक शब्द भी है। व्यक्तिवाचक नामों का शब्दों की तरह प्रयोग करने के सन्दर्भ में रघुवीर सहाय कहते हैं कि :

"मुझे यह ग़लत या सही एहसास है कि शायद पहली बार मैंने नामों का शब्दों के रूप में इस्तेमाल किया है। मुझसे पहले या बाद में और लोगों ने किया होगा ज़रूर, लेकिन पात्रों के रूप में, सुनिश्चित चरित्रों के रूप में किया है। मोचीराम किसी आदमी का नाम नहीं है, यह तो उपाधि है। लेकिन नाम, जिसके कि मायने हो जाते

हैं, एक शब्द बन जाता है।...वह शब्द व्यक्तियों के एक प्रकार का भी अर्थ देता है : एक व्यक्तिविशेष का भी और मान्यताओं के एक पूरे संसार का भी। इस तरह की एक डिबिया बनाकर मैंने उसका इस्तेमाल किया।"[31]

निश्चय ही रघुवीर सहाय नामों का जिस प्रकार विशिष्ट और सर्जनात्मक इस्तेमाल करते हैं, वह हिन्दी कविता में विरल है। "दयाशंकर" नाम ही निम्नमध्यवर्गीय भारतीय व्यक्ति के समूचे संसार को उद्‌घाटित कर देता है। इस नाम के बिना कविता में वह अर्थ पैदा नहीं हो पाता जो इसके द्वारा सम्भव हुआ है :

"इस बड़े शहर में कई नागरिक रहते हैं
उनमें से एक दयाशंकर कहलाता है
वह नकलनवीसी करके एक कचहरी में
तनख़्वाह एक सौ दस रुपये घर लाता है
उसका घर एक कोठरी एक बरम्दा है
उसमें बीवी औ पाँचों बच्चे रहते हैं
वह भी रहता है रहता क्या है कोने में
बैठा अक्सर बेमतलब सर खुजलाता है"[32]

वस्तुतः व्यक्तिवाचक नामों के द्वारा सहाय जी भारतीय जीवन के विविध यथार्थ को, सम्पूर्ण जीवन्तता के साथ व्यक्त करते हैं। इसके द्वारा भाषा के सर्जनात्मक रूप के उद्‌घाटन की एक बेहतरीन मिसाल "शराब के बाद का सवेरा" नामक कविता है जिसमें रचनाकार कहता है :

"नाम कहाँ तक याद रक्खूँ
लोगों को उनकी तोंद से जानता हूँ
पहले मुझे वही मिली देवीदयाल वर्मा में
कितनी शान्तिभरी घुटनभरी
आदमी से आदमी के बचाव की ढाल।"[33]

व्यक्तिवाचक नामों द्वारा वास्तविकता को प्रभावशाली ढंग से अभिव्यक्त करने के रचनात्मक कौशल पर डॉ. नामवर सिंह ने यह टिप्पणी की है :

"वास्तविकता को अपनी सारी जीवन्तता में व्यक्त करने का एक और तरीका इधर बड़े पैमाने पर रघुवीर सहाय ने इस्तेमाल किया है, जिसमें व्यक्तिवाचक नामों का सहारा लिया गया है। ...कविता में व्यक्तिवाचक नामों का प्रयोग एक समय निराला ने भी किया था, नये पत्ते के ज़माने में मसलन "मास्को डायलॉग" शीर्षक कविता में गिडवानी का, जो काफी व्यंजक है। नामों का प्रयोग राजकमल चौधरी के मुक्ति प्रसंग में भी है। चंद्रमौलि उपाध्याय, मंजू हालदार आदि जो वास्तविक बताये जाते हैं। किन्तु रघुवीर सहाय द्वारा नामों का प्रयोग कितना विशिष्ट और कितना काव्यात्मक है।"[34]

एक अन्य तरह से भी रघुवीर सहाय व्यक्तिवाचक नामों का प्रयोग करते हैं जैसे—दिग्विजय नारायण सिंह, वाजपेयी जी, नेकराम नेहरू आदि। लेकिन ये नाम विशेषण का दर्ज़ा नहीं प्राप्त कर पाते, महज़ व्यक्ति नाम ही बनकर रह जाते हैं। "गया वाजपेयी जी से पूछ आया देश का हाल" में "वाजपेयी जी" महज़ एक व्यक्ति के रूप में उभरकर सामने आते हैं। वह सम्भ्रात वर्ग के एक ताकतवर आदमी का प्रतिनिधि चरित्र नहीं बन पाते। "नेकराम नेहरू" जैसे कुछ प्रयोग तो केवल अनुप्रास के लिए किए गये हैं। व्यक्तिवाचक नामों के इस तरह के प्रयोग सर्जनात्मक नहीं कहे जा सकते।

रघुवीर सहाय के रूपविधान की एक महत्त्वपूर्ण विशेषता साधारण से लगते अव्ययों का रचनात्मक इस्तेमाल है। "भी". "ही", "और", "बल्कि", "गोया" जैसे मामूली अव्ययों के माध्यम से रचनाकार संश्लिष्ट जीवन यथार्थ को कुशलतापूर्वक व्यक्त करने में समर्थ हुआ है। इन मामूली शब्दों के माध्यम से रचना करना कवि की समर्थ भाषिक चेतना को प्रमाणित करता है। इस दृष्टि से उनकी कविता "धूप" उल्लेखनीय है :

"कितने सही हैं ये गुलाब
कुछ कसे हुए और कुछ झरने-झरने को
और हल्की सी हवा में और भी, जोखम से
निखर गया है उनका रूप जो झरने को है।"[35]

इसी तरह "बल्कि" का प्रयोग भी रचनाकार इसी कविता में भूलने और पहचानने के बीच यथार्थ की समझ को उद्घाटित करने के लिए करता है। रघुवीर सहाय की इस शिल्पगत विशिष्टता को रेखांकित करते हुए डॉ. रामस्वरूप चतुर्वेदी कहते हैं कि :

"मामूली शब्द और मामूली अनुभव में एक नयी शक्ति सक्रिय कर देना यदि नई कविता की पहिचान बनी है तो इसका बड़ा श्रेय रघुवीर सहाय को दिया जा सकता है। जो शब्द रूप की दृष्टि से अव्यय कहे जाते हैं, उन्हें अर्थ की दृष्टि से अव्यय बना देना कवि की गहरी रचना सामर्थ्य का बोधक है।"[36]

नयी कविता के रूपविधान पर बात करते हुए बिम्ब और सपाटबयानी की बात अक्सर की जाती है, अतः रघुवीर सहाय के रूपविधान में इनकी स्थिति पर विचार करना समीचीन होगा। बिम्ब को रचना का महत्त्वपूर्ण अंग माना जाता रहा है। लेकिन समकालीन कविता बिम्ब को कविता के अनिवार्य उपकरण के रूप में स्वीकार नहीं करती। कविता में बिम्ब के महत्त्व, को रेखांकित करते हुए सुमित्रानन्दन पन्त लिखते हैं कि :

"कविता के लिए चित्र भाषा की आवश्यकता पड़ती है, उसके शब्द सस्वर जो बोलते हों, सेब की तरह जिनके रस की मधुर लालिमा भीतर न समा सकने के कारण

बाहर झलक पड़े, जो अपने भावों को आँखों के सामने चित्रित कर सकें, जो झंकार में चित्र, चित्र में झंकार हों।"[37]

आचार्य शुक्ल भी रचना में केवल अर्थग्रहण को अपर्याप्त मानकर बिम्ब-ग्रहण को आवश्यक समझते हैं। लेकिन छठे-सातवें दशक तक आते-आते रचनाकारों का झुकाव बिम्बों पर कम होता गया और वे बिम्ब एवं प्रतीकों को यथार्थ के उद्‌घाटन में बाधक समझने लगे। ऐसे में काव्य-सृजन बिम्ब के दायरे से निकलकर एक खास तरह की सपाटबयानी की ओर अग्रसर होने लगा। रघुवीर सहाय की कविता "एक अधेड़ भारतीय आत्मा" में इस बदली हुई मनःस्थिति का संकेत मिलता है :

"प्रिय पाठक
ये मेरे बच्चे हैं
कोई प्रतीक नहीं
और इस कविता में
मैं हूँ मैं
कोई रूपक नहीं
यह मैं खड़ा हूँ
भरापूरा एक आदमी
आठ दस सफेद बाल
आठ दस अधूरे स्वप्न"[38]

यह सीधा-सादा वक्तव्य रचना में बिम्बों की अनिवार्यता को रेखांकित करनेवाली मानसिकता पर प्रहार करता है और कविता का एक नया प्रतिमान उपस्थित करता है। रघुवीर सहाय के समकालीन कवि केदारनाथ सिंह भी, जिन्होंने किसी समय यह कहा था कि "कविता में मैं सबसे अधिक ध्यान देता हूँ बिम्ब विधान पर" *(तीसरा सप्तक, पृ. 127)* बिम्ब का मोह छोड़कर सीधे-सादे वक्तव्य पर उतर आते हैं :

"तुमने जहाँ लिखा है "प्यार"
वहाँ लिख दो "सड़क"
फ़र्क नहीं पड़ता
मेरे युग का मुहावरा है
फ़र्क नहीं पड़ता"[39]

इस बिम्ब-मोह के टूटने के सामाजिक और ऐतिहासिक कारण को रेखांकित करते हुए डॉ. नामवर सिंह कहते हैं कि :

"छठे दशक के अन्त और सातवें दशक के आरम्भ में सामाजिक स्थिति इतनी विषम हो उठी कि उसकी चुनौती के सामने बिम्ब-विधान कविता के लिए अनावश्यक भार प्रतीत होने लगा। जिस प्रकार सन् 36 तक आते-आते स्वयं

छायावादी कवियों को भी सुन्दर शब्दों और चित्रों से लदी हुई कविता निःसार लगने लगी, उसी प्रकार सन् 60 के आस-पास नयी कविता की बिम्ब-धर्मिता की निरर्थकता का एहसास होने लगा। समस्या परिस्थितियों के सीधे साक्षात्कार की थी, प्रश्न हर चीज़ को सही नाम से पुकारने का था।"[40]

छठवें दशक तक आते-आते कविता में सपाटबयानी का प्रयोग बढ़ा, लेकिन नयी कविता के समर्थ कवियों ने उसे नारे की तरह स्वीकार नहीं किया। इस नारे के कारण "अकविता" वाले दौर की अधिकांश कविताएँ वक्तव्यधर्मी हो गयी थीं। रघुवीर सहाय, केदारनाथ सिंह तथा श्रीकांत वर्मा जैसे वयस्क रचनाकारों ने सपाटबयानी के मूल्य को पहचानकर उसे बिम्बधर्मिता के साथ समन्वित किया। इस सम्बन्ध में अशोक वाजपेयी का कहना है :

"उनमें से हरेक ने सपाटबयानी के मूल्य को पहचाना, लेकिन उसे अपनी बुनियादी बिम्बधर्मिता के प्रतिकूल न रखकर उसके साथ संयोजित किया और अपने मुहावरों को और उनसे उजागर होनेवाले काव्य-संसार को समृद्ध किया। चित्रमयता को खोये बिना उसे रोज़मर्रा की जीवन्तता दी।[41]

वस्तुतः रघुवीर सहाय की रचनाओं में वर्णन और बिम्ब का भेद क्रमशः मिटा है जिसके कारण उनकी कविताएँ एक ओर तो सपाट वक्तव्य बनने से बच गई हैं और दूसरी ओर अनुभवों के सतही चित्रण से। उनकी रचनाओं में वर्णन और बिम्ब का सर्जनात्मक संश्लेषण हुआ है, जो रचनाकार के अभिव्यक्ति सामर्थ्य का प्रमाण है। दो उदाहरणों से उनकी इस शिल्पगत विशिष्टता को समझा जा सकता हैं : एक कविता से दूसरा कहानी से :

"सिंहासन ऊँचा है सभाध्यक्ष छोटा है
अगणित पिताओं के
एक परिवार के
मुँह बाये बैठे हैं लड़के सरकार के
लूले काने बहरे विविध प्रकार के
हल्की सी दुर्गन्ध से भर गया है सभाकक्ष।"[42]

(मेरा प्रतिनिधि)

"हमलोग अपनी फाउंटेनपेन बनाने की कम्पनी में सेलमैनों की नियुक्ति के लिए आदमी छाँट रहे थे। उस वक्त हमारे सामने एक लड़का बैठा हुआ था जिससे पूछा जा रहा था कि वह यह नौकरी क्यों करना चाहता है। बाकी सवाल जो सबसे पूछे जाते, वे पूछे जा चुके थे, जैसे तुम्हारे शौक क्या हैं? हर सवाल पर उम्मीदवार इस तरह अपना व्यक्तित्व निचोड़कर रख देता जैसे इसी के ठीक उत्तर पर उसे नौकरी मिल जाएगी। ऐसा कुछ था नहीं। नौकरी मिलना जिस बात पर निर्भर था, उसे कोई नहीं जानता था।"[43] *(रास्ता इधर से है)*

प्रथम उद्धरण में किसी सामान्य सभाकक्ष का वर्णन भी है और विशिष्ट सभाकक्ष का बिम्ब भी। इसी प्रकार दूसरे उद्धरण में सामान्य साक्षात्कार का वर्णन भी है और विशिष्ट साक्षात्कार का बिम्ब भी।

रघुवीर सहाय बिम्ब का एक अन्य तरह से भी प्रयोग करते हैं, जो मुख्यतः क्रियाओं पर आधारित होता है और इन क्रिया-आधारित बिम्बों द्वारा रचनाकार वर्तमान समाज के संश्लिष्ट यथार्थ का वर्णन करता है। कई बार शब्दों द्वारा जिन वास्तविकताओं का उद्घाटन सम्भव नहीं हो पाता, रचनाकार इन बिम्बों द्वारा उसे प्रत्यक्ष करता है। मसलन, "हँसी" के बिम्ब सहाय की रचनाओं में अनेक बार आये हैं। "हँसी" के इन बिम्बों द्वारा रचनाकार ने वर्तमान समाज में आदमी की बदलती हुई स्थिति का सफलतापूर्वक चित्रण किया है। इस सन्दर्भ में लोठार लुत्से की यह मान्यता काफी सटीक जान पड़ती है कि रघुवीर सहाय को हँसी की घटना काफी उलझाती रही है। स्वयं रघुवीर सहाय कहते हैं कि "सचमुच ऐसा शायद रहा है। क्योंकि आत्महत्या के विरुद्ध में ही आपको यह बिम्ब या यह प्रतीक कई बार मिलेगा, कई जगह मिलेगा।" *(लिखने का कारण, पृ. 102)* "नयी हँसी" नामक कविता में सहाय ने बिम्ब का एक नया गतिशील रूप प्रस्तुत किया है, जो समकालीन वास्तविकताओं का प्रभावपूर्ण चित्रण करता है :

"एक नयी ही तरह की हँसी है यह
पहले भारत में सामूहिक हास परिहास तो नहीं ही था
लोग आँख से आँख मिला हँस लेते थे
इसमें सब लोग दायें-बायें झाँकते हैं
और यह मुँह फाड़कर हँसी जाती है।"[44]

यही नहीं रघुवीर सहाय की रचनाओं में "हाय-हाय करता हुआ, हाँ-हाँ करता हुआ, हें-हें करता हुआ" मंत्री हैं, कुँकुआते हुए राजकवि हैं, धीरज से मुरझाते व्यक्ति हैं, "हाँफते डकारते हँकाते" भीमकाय भाषाविद हैं, खिसियाते कुलपति और घिघियाते उपकुलपति हैं। इन क्रिया-आधारित बिम्बों द्वारा रघुवीर सहाय ने भारतीय समाज के संश्लिष्ट यथार्थ को कुशलतापूर्वक विन्यस्त किया है और बिम्ब-प्रयोग की यह विशिष्ट भंगिमा उनकी बहुत बड़ी देन है।

जहाँ तक प्रतीक और रूपक की बात है, अपनी रचनाओं में वे इनसे प्रायः परहेज करते हैं क्योंकि इनसे सम्प्रेषणीयता में बाधा पहुँचती है और वे चाहते हैं कि आधुनिक कविता को इनसे मुक्त होना चाहिए। सहाय के अनुसार, यथार्थ का सीधे साक्षात्कार महत्त्वपूर्ण है, उसके लिए प्रतीक की गुफा में शरण लेने की आवश्यकता नहीं है। रघुवीर सहाय कहते हैं कि "प्रतीक का इस्तेमाल मैं नहीं करना चाहता हूँ। मैं सख़्त खिलाफ हूँ उसके, क्योंकि वह मुझे दयनीय बना देता है।" *(लिखने का कारण, पृ. 168)* सामान्यतः रघुवीर सहाय की रचनाओं में रूपकों और प्रतीकों का प्रयोग बहुत

कम हुआ है, फिर भी "हमारी हिन्दी" नामक कविता रूपक का उत्कृष्ट उदाहरण है, जिसमें हिन्दी को दुहाजू की नयी बीबी के रूप में चित्रित किया गया है :

"हमारी हिन्दी दुहाजू की नयी बीबी है
बहुत बोलनेवाली बहुत खानेवाली बहुत सोनेवाली
गहने गढ़ाते जाओ
सर पर चढ़ाते जाओ
वह मुटाती जाये
पसीने से गंधाती जाये घर का माल मैके पहुँचाती जाये"[45]

इसी प्रकार "रचता वृक्ष" कविता में वृक्ष कवि या कलाकार का प्रतीक हो सकता है। "काबुल स्वप्न" और "गुलाम स्वप्न" जैसी स्वप्न कविताओं में भी प्रतीक और रूपक बाँधे गये हैं। लेकिन सामान्यतः रघुवीर सहाय का रचनात्मक स्वभाव रूपकों और प्रतीकों के विरुद्ध है और यथार्थ से सीधे साक्षात्कार का समर्थक है।

रघुवीर सहाय की रचनाओं में भाषा को लेकर एक प्रकार का क्रीड़ा-भाव भी मिलता है। यह क्रीड़ा-भाव हल्के-फुल्के ढंग से संश्लिष्ट भावों को रचती चलती है। "शराब के बाद का सवेरा" ऐसी ही एक कविता है जिसमें अगम्भीर ढंग से एक गहरी व्यथा को रेखांकित किया गया है :

"जन्म के कितने दिनों के बाद आयी थी
वह मेरी मरी हुई माँ
जो महान मकान बना है पड़ोस में
वह मुझ पर गिर पड़ेगा
फिर मेरी गर्मियों की छुट्टियाँ हो जाएँगी
मेरे अपने स्कूल के अन्दर से निकलकर
बचपन के आखिरी दिन
आएँगे घर के कोने में
कहानियों की अलमारी की खुशबू
और ठंडा चिकना फर्श
मलबे के तले से एक हाथ छुड़ाकर
उसे टोता हूँ। ढ नहीं ट"[46]

उपर्युक्त उद्धरण में एक व्यक्ति की मनःस्थिति का चित्र खींचा गया है, जिसे शराब ने सहसा बचपन की स्थिति में पहुँचा दिया है। बचपन के उस पुराने लोक को सजीव करती है "ढ नहीं ट"। यह बेमतलब सा दिखने वाला पदबंध बचपन के बिल्कुल शुरू के दिनों में ककहरा सीखने का स्मरण कराती है, साथ ही नशे की अस्त-व्यस्त मनः स्थिति को भी पकड़ती है। ज़ाहिर है इसे बतर्ज नेमिचन्द्र जैन मात्र क्रीड़ा-कौतुक कहकर नहीं टाला जा सकता। डॉ. नामवर सिंह इसे शिल्प सिद्धि का

सूचक मानते हैं। हिन्दी साहित्य में निराला, भवानी प्रसाद मिश्र तथा प्रेमचन्द ने भी दुःखान्त स्थितियों के लिए इसी प्रकार के अगम्भीर ढंग का सहारा लिया है। छायावाद की रोमांटिक गम्भीरता को तोड़ते हुए निराला ने सरोज-स्मृति जैसे शोक-गीत के बीच में "वे जो यमुना के से कछार/पद फटे बिवाई के उधार/खाये के मुख ज्यों पिए तेल/चमरौधे जूते से सकेल" जैसे पीड़ा बिधे व्यंग्य को लाने का साहस किया। भवानी प्रसाद मिश्र ने अपनी कविता "गीत फ़रोश" तथा प्रेमचन्द ने अपनी कहानियों "पूस की रात" तथा "कफ़न" में आत्म-विडम्बनापूर्ण स्थिति के उद्घाटन के लिए इसी शैली का सहारा लिया है।

दरअसल क्रीड़ा-भाव रघुवीर सहाय की रचनाओं का बुनियादी गुण है, जिसे उनकी कहानी "खेल" अत्यन्त कलात्मक ढंग से प्रस्तुत करती है। इस क्रीड़ा-वृत्ति का एक रूप है नितान्त असम्बद्ध समझी जानेवाली वस्तुओं को अप्रत्याशित रूप से संयोजित कर नये अर्थ-छायाओं की सृष्टि। "फिल्म के बाद चीख" कविता इसका उत्कृष्ट उदाहरण है :

"सेना का नाम सुन देशप्रेम के मारे
मेजें बजाते हैं
सभासद भद भद भद कोई नहीं हो सकती
राष्ट्र की
संसद एक मन्दिर है जहाँ किसी को द्रोही कहा नहीं
जा सकता
दूधपिये मुँहपोंछे आ बैठे जीवनदानी गोंद
दानी सदस्य तोंद सम्मुख धर
बोले कविता में देशप्रेम लाना हरियाना प्रेम लाना
आइसक्रीम लाना है।"[47]

देश-प्रेम, हरियाना-प्रेम और आइसक्रीम के साथ-साथ "भद-भद-भद" में शब्दों का जो खिलवाड़ है और जीवनदानी तथा गोंददानी, गोंद एवं तोंद के तुक द्वारा संसद सदस्यों की उपहासास्पद स्थिति को निरावरण कर दिया गया है। इस सन्दर्भ में डॉ. नामवर सिंह की मान्यता उल्लेखनीय है : "स्पष्टतः यह कविता एक ओर चालू हास्य कविताओं से अलग है तो दूसरी ओर ऐसे ही विषयों पर लिखी गयी आक्रोश की आविष्ट रचनाओं से भिन्न है। आक्रोश की आवेशपूर्ण रचनाओं के साथ रघुवीर सहाय की इस कविता को रखने पर यह तथ्य उभरकर सामने आता है कि जीवन के प्रति यह क्रीड़ा-भाव कविता में अनर्गल भावावेश को संयत करके कविता की संरचना में ही कसावट नहीं लाता, बल्कि उसके तथ्य में भी गहराई, प्रौढ़ता और सघनता उत्पन्न करता है।"[48]

रघुवीर सहाय की रचनाओं में जहाँ यह क्रीड़ा-भाव नाटकीयता की सृष्टि करता

है वहाँ रचना की उपलब्धि बन जाता है, लेकिन कई जगहों पर शाब्दिक खिलवाड़ कविता में सर्जनात्मक सम्भावना का समावेश नहीं कर पाता है। ऐसी रचनाओं में शब्द-चमत्कार मुख्यतः कौतुक पर आधारित होता है और उसमें सान्द्रता बहुत कम देखने को मिलती है मसलन—"अगर कहीं मैं तोता होता" या "अतुकान्त चन्द्रकान्त" में। "अगर कहीं मैं तोतो होता" शब्द-क्रीड़ा का प्रतिनिधि उदाहरण है :

"अगर कहीं मैं तोता होता
तोता होता तो क्या होता?
तोता होता
होता तो फिर?

होता फिर क्या?
होता क्या? मैं तोता होता
तोता तोता तोता तोता
तो तो तो तो ता ता ता ता
बोल पट्ठे सीता राम"[49]

रघुवीर सहाय के रूप-विधान की एक महत्वपूर्ण विशेषता नाटकीयता है। उनके यहाँ नाटकीयता परस्पर विरोधी जीवन स्थितियों के संघात से पैदा होती है। संघर्ष, संवाद, अप्रत्याशित घटनाओं के संयोजन एवं वाक्यांशों की आवृत्ति द्वारा रघुवीर सहाय रचनाओं में नाटकीयता का समोवश करते हैं। यह नाटकीयता परिवर्तनशील जीवन-यथार्थ को अभिव्यक्त करने का प्रभावी तरीका है। रचनाकार के पास विकसनशील यथार्थ को प्रकट करनेवाला कोई अन्तिम शिल्प नहीं है, बल्कि यथार्थ के अनुरूप वह लगातार बदलता रहता है। इस प्रयास में उनकी रचनाओं में एक सम्भ्रम अथवा हिचकिचाहट की स्थिति बराबर बनी रहती है, जो नाटकीयता का मुख्य आधार है। इस सन्दर्भ में उनकी कहानी "मेरे और नंगी औरत के बीच" उल्लेखनीय है, जो संशय के शिल्प का अनूठा दृष्टान्त है :

"पर ठहरो! इसी का क्या प्रमाण है कि उसे सरदी लग रही है या इतनी सरदी लग रही है कि वह तुमसे कम्बल लेना स्वीकार कर सकती है? क्या तुम्हारे और उसके कपड़ों में जो भीषण अन्तर है उसी से तुम समझ रहे हो कि उसे सरदी लग रही है?

शायद...जहाँ तक सिर्फ़ समझने का सवाल है। तब तो वह दो कपड़े पहने होती तो शायद तुम गरमाये बैठे रहते, चाहे उसे सचमुच ठंड लगती रहती।

न...नहीं...पता नहीं"[50]

"संशय" के अतिरिक्त सम्बोधन अथवा आदेशमूलक भंगिमा द्वारा भी

रचनाकार नाटकीयता की सृष्टि करता है। इस दृष्टि से उनकी कविता "हँसो हँसो जल्दी हँसो" उल्लेखनीय है, जिसमें भवितव्य की पूर्वसूचना और आदेशपरक शैली द्वारा गहरी नाटकीयता उत्पन्न की गयी है :

"हँसो तुम पर निगाह रखी जा रही है
हँसो अपने पर न हँसना क्योंकि उसकी कड़वाहट
पकड़ ली जाएगी और तुम मारे जाओगे
ऐसे हँसो कि बहुत खुश न मालूम हो"[51]

इसी प्रकार "आत्महत्या के विरुद्ध" नामक कविता में वाक्यांशों की आवृत्ति द्वारा नाटकीयता का विधान किया गया है :

"समय आ गया है जब तक कहता है सम्पादकीय
हर बार दस बरस पहले मैं कह चुका होता हूँ कि समय आ गया है
... ...
गरजा मुस्टंडा विचारक—समय आ गया है
... ...
समय आ गया है
दस बरस बाद फिर पदारूढ़ होते ही
नेतराम, पदमुक्त होते ही न्यायाधीश
कहता है—समय आ गया है"[52]

हर सन्दर्भ में एक ही वाक्य अपनी आवृत्ति के बावजूद कहीं विडम्बना, कहीं गुस्सा, कहीं अवसरवादिता को ध्वनित करता है। इस प्रकार नाटकीयता रघुवीर सहाय की रचनाओं का बुनियादी स्वभाव है जिसके माध्यम से वह गतिशील यथार्थ को वाणी देते हैं।

रघुवीर सहाय के रचना-शिल्प का एक महत्त्वपूर्ण आयाम क्रमशः गद्यात्मकता की ओर अग्रसर होते जाना है। इसका अर्थ यह नहीं कि उनकी रचनाओं में छन्द और लय नहीं होते, बल्कि उनकी कुछ सर्वोत्कृष्ट कविताएँ छन्दों में बँधी हैं मसलन—"पढ़िए गीता", "अधिनायक", "अकाल", "रामदास", "टेलिविजन", "पानी-पानी", "हिन्दू पुलिस", "लुभाना" आदि। स्वयं रघुवीर सहाय "छन्द" शब्द का प्रयोग बहुत व्यापक अर्थ में करते हैं बहुत कुछ रवीन्द्रनाथ ठाकुर और आचार्य हजारीप्रसाद द्विवेदी की तरह। छन्द को वे कविता के लिए अनिवार्य मानते हैं।

"हर कविता छन्द में बँधी होती है। छन्द के बिना कविता होती ही नहीं। छन्द होता है तभी कविता लिखने की ज़रूरत पड़ती है। ...छन्द मगर ऐसी चीज़ है कि उसे कोई कवि सुन पाता है कोई नहीं सुन पाता।"[53]

ज़ाहिर है यहाँ उन्होंने "छन्द" शब्द का प्रयोग व्यापक अर्थ में किया है। वह

केवल "पद्यात्मकता" का सूचक नहीं है बल्कि एक विशेष प्रकार के "अनुशासन" को व्यंजित करता है। अपनी रचनाओं में वे "छन्द" का बहुत रचनात्मक इस्तेमाल करते हैं : कहीं "व्यंग्य" के लिए तो कहीं "क्रूरता और अमानवीयता" के उद्घाटन के लिए। छन्दों के माध्यम से रघुवीर सहाय जटिल जीवनानुभव को व्यक्त करते हैं। "पढ़िए गीता" नामक कविता में हल्के-फुल्के छन्द के माध्यम से नारी जीवन की स्थिति को बखूबी उद्घाटित कर दिया गया है। कविता इस प्रकार है :

"पढ़िए गीता
बनिए सीता
फिर इन सब में लगा पलीता
किसी मूर्ख की हो परिणीता
निज घरबार बसाइए।"[54]

डॉ. नामवर सिंह इस कविता के बारे में कहते हैं : "इस छन्द का प्रयोग न करके यही कविता यदि गद्य में लिखी जाती तो व्यंग्य के साथ ही इसमें जो करुणा और सहानुभूति निहित है वह गायब हो जाती।" *(पूर्वग्रह-102, पृ. 25)* "रामदास" कविता का एकरस छन्द जीवन में लगातार बढ़ रहे अमानवीयता और उदासीनता की स्थिति को द्योतित करता है। छन्द में लिखी सहाय जी की एक और प्रसिद्ध कविता है "अधिनायक", जिसमें छन्द "असमानता", "भय" और "क्रूरता" की स्थिति को एक साथ व्यक्त करता है। कई बार रघुवीर सहाय कथ्य के अनुरूप विशेष छन्द का चुनाव करते हैं, जैसे मंत्रीजी के घर का वर्णन करने के लिए वे "आल्हा" छन्द का इस्तेमाल करते हैं। कहना नहीं होगा कि यह छन्द कथ्य को पूरी सामर्थ्य के साथ व्यक्त करता है।

वास्तव में "छन्द" रघुवीर सहाय के रचना-विधान का महत्त्वपूर्ण आयाम है, लेकिन वे इसकी जड़ता में विश्वास नहीं करते। नये मानव-सम्बन्ध के उद्घाटन के लिए वे नए छन्द की खोज पर बल देते हैं : ऐसा छन्द जो भाषा को एक नया अर्थ दे सके और जिसमें "गद्य" और "पद्य" का निरा किताबी सवाल अर्थहीन हो जाए। अपनी एक कविता में लेखक इसकी स्पष्ट उद्घोषणा करता है :

"अरे अब ऐसी कविता लिखो
कि जिसमें छन्द घूमकर आय
घुमड़ता जाय देह में दर्द
कहीं पर एक बार ठहराय
कि जिसमें एक प्रतिज्ञा करूँ
वही दो बार शब्द बन जाय
बताऊँ बार-बार वह अर्थ

न भाषा अपने को दोहराय।"[55]

सहाय जी का मुख्य आग्रह "छन्द" के साथ रचनात्मक रिश्ता जोड़ने का था, छन्द के पारम्परिक स्वरूप को दुहराना उन्हें अभीष्ट नहीं था। कवि और छन्द के रिश्ते पर टिप्पणी करते हुए वे कहते हैं कि :

"यदि वह छन्द के साथ सचमुच रचनात्मक रिश्ता बनाना चाहता है और सचमुच बहुत बड़ा कवि होने का दम्भ करके बैठा नहीं रहता बल्कि छन्द की प्रबल शक्ति के सामने अपनी नगण्यता पहचानता है तो उसे नया छन्द खोजना होगा—वह गद्य में मिलेगा या "पद्य" में यह निरा किताबी सवाल है मगर उसका कवि जानता है कि वह नये नैतिक मानव सम्बन्ध में मिलेगा।"[56]

स्पष्ट है कि रघुवीर सहाय के यहाँ "गद्य", "छन्द" का विरोधी नहीं, बल्कि उसका पूरक है। वह नये मानव-सम्बन्धों के विश्लेषण और निरन्तर परिवर्तनशील यथार्थ को अभिव्यक्त करने के लिए आवश्यक है। निराला ने गद्य को ज़ीवन-संग्राम की भाषा इसी अर्थ में कहा था। बौद्धिकता और तर्क के आग्रह के कारण नयी कविता जिस प्रकार गद्योन्मुख होती गयी है, उसका असर रघुवीर सहाय की रचनाओं पर भी स्पष्ट दिखायी पड़ता है। उनके यहाँ नयी कविता की हल्की होती हुई "काव्य-लय" धीरे-धीरे गद्य का रूप लेने लगती है। रघुवीर सहाय के प्रथम रचना-संग्रह *"सीढ़ियों पर धूप में"* से लेकर उनके अन्तिम संग्रह *"एक समय था"* तक में इस परिवर्तन को साफ तौर पर देखा जा सकता है। *"सीढ़ियों पर धूप में"* में जितनी कविताएँ छन्दबद्ध हैं, उतनी *"आत्महत्या के विरुद्ध"*, *"हँसो-हँसो जल्दी हँसो"* और *"लोग भूल गये हैं"* में नहीं हैं। *"कुछ पते कुछ चिट्ठियाँ"* और *"एक समय था"* में तो शायद ही कोई कविता छन्दबद्ध है। इस प्रकार रघुवीर सहाय क्रमशः कविता को "गद्य" की बनावट में ढालते जाते हैं, जिसे डॉ. रामस्वरूप चतुर्वेदी "गद्य कविता" की संज्ञा देते हैं। इस प्रकार की कविताओं के संकेत "आत्महत्या के विरुद्ध" नामक काव्य-संग्रह से ही मिलने लगते हैं। "भीड़ में मैकू और मैं" नामक कविता से एक अंश उद्धृत किया जा रहा है जो गद्य-कविता का प्रतिनिधि उदाहरण कहा जा सकता है :

"गया बाजपेयी जी से पूछ आया देश का हाल
पर उढ़ा नहीं सका एक नंगी औरत को
कम्बल रेलगाड़ी में बीस अजनबियों के सामने
बेचू बल्द निरहू ढोड़े मँगरे पाँचू गोबरे
पाँच भाई
बैठे थे
जाने कहाँ से न जाने कहाँ को जा रहे थे
डाँड़ भरने के लिए : तीन दिन तीन रात मैंने सफ़र किया

तीसरे दर्जे में अन्त में एक भिनभिनाते कस्बे में पहुँचा
पिछड़े रिश्तेदार के यहाँ; ढोड़े मँगरे होरे रास्ते में उतर गये"[57]

स्पष्टतः रघुवीर सहाय की कविताओं में पारम्परिक लय की तुलना में एक प्रकार की "लयहीनता" पायी जाती है अथवा एक विशिष्ट प्रकार की लय पायी जाती है जो बातचीत की लय पर आधारित है। स्वयं रघुवीर सहाय के शब्दों में कहना चाहें तो उनमें एक विशेष प्रकार का छन्द पाया जाता है जहाँ गद्य और पद्य का विभेद समाप्त हो जाता है। उनकी कई कविताएँ तो गद्य के छापे में ही प्रस्तुत हुई हैं जैसे "बहस", "कैंसर", "प्रार्थना के शब्द", "घुटन के बाहर" आदि। यह आधुनिक युग में गद्य के चतुर्मुखी प्रसार का सूचक है।

निष्कर्षतः कहा जा सकता है कि रघुवीर सहाय रचना-शिल्प के पारम्परिक स्वरूप को तोड़कर एक नया शिल्प गढ़ते हैं जो परिवर्तनशील यथार्थ के साथ-साथ लगातार बनता-बिगड़ता रहता है। उनके यहाँ रचना का कोई बना-बनाया अन्तिम ढाँचा नहीं है, बल्कि जीवन-यथार्थ के अनुरूप वह निर्मित होती रहती है। वस्तुतः उनका रचना-शिल्प बहस और तर्क का है। उनकी भाषा सरपट भागती हुई भाषा नहीं है, बल्कि उसमें एक तरह का संशय, एक तरह की हिचकिचाहट लगातार दिखायी पड़ती है और ऐसा यथार्थ के लगातार बदलते स्वरूप के कारण है। इसी प्रकार बिम्ब, प्रतीक और रूपक को लेकर उनकी रचनाएँ एक भिन्न धारणा प्रस्तुत करती हैं। वे इन पारम्परिक उपकरणों की अनिवार्यता को तोड़ती हैं और इस बात का आग्रह करती हैं कि इनके बिना भी श्रेष्ठ रचना सम्भव है। विसंगति और शब्द-क्रीड़ा को भी वे एक नया अर्थ देते हैं जो वास्तविकता के उद्घाटन का एक समर्थ उपकरण बन जाती हैं। इसी तरह छन्द और गद्य के रिश्ते को वे एक नया रूप देकर ऐसी रचना सम्भव बनाते हैं जहाँ गद्य और पद्य का विभेद समाप्त हो जाता है। विविध जीवन-स्थितियों के अनुरूप रघुवीर सहाय विविध रचना-शिल्प का प्रयोग करते हैं और यही कारण है कि उनके रचना-विन्यास के बारे में किसी तरह का सरलीकरण सम्भव नहीं है। "रघुवीर सहाय की भाषा खबर की भाषा है", "वे आधुनिक नागर कवि हैं" अथवा "उनकी कविता गद्य कविता है" जैसे नारे आलोचक के लिए सुविधाजनक भले ही हों, रघुवीर सहाय की सृजनधर्मिता को सीमित ही करते हैं। वस्तुतः स्वातंत्र्योत्तर हिन्दी रचना में रघुवीर सहाय का सबसे बड़ा योगदान यही है कि उनकी रचनाएँ एक बनी-बनायी अवधारणा को तोड़ती हैं : संवेदना और रूप-विन्यास दोनों ही स्तर पर और एक नया विकल्प प्रस्तुत करती हैं। उनके शिल्प के बारे में इतना कहना पर्याप्त नहीं है कि वह बोलचाल के निकट है बल्कि वह पारम्परिक रचना-विन्यास को एक तरह की चुनौती देता है। जीवन-यथार्थ के अनुरूप ही रघुवीर सहाय का रचना-शिल्प परिवर्तनशील रहा है।

सन्दर्भ

1. प्रगतिशील साहित्य की समस्याएँ, पृ. 8
2. लिखने का कारण, पृ. 173
3. *यथार्थ यथास्थिति नहीं*, पृ. 80-81
4. वही पृ. 30
5. आत्महत्या के विरुद्ध, "वक्तव्य"
6. दूसरा सप्तक, "वक्तव्य", पृ. 138-39
7. डॉ. नामवर सिंह, पूर्वग्रह, अंक 102, पृ. 24-25
8. हँसो हँस जल्दी हँसो, पृ. 25-26
9. सीढ़ियों पर धूप में, पृ. 169
10. जो आदमी हम बना रहे हैं, पृ. 31
11. कुछ पते कुछ चिट्ठियाँ, पृ. 15
12. आत्महत्या के विरुद्ध, पृ. 13
13. लिखने का कारण, पृ. 100
14. तार सप्तक, वक्तव्य, पृ. 270
15. आत्महत्या के विरुद्ध, पृ. 27
16. रघुवीर सहाय, प्रतिनिधि कविताएँ, पृ. 5
17. सीढ़ियों पर धूप में, पृ. 102
18. लोग भूल गये हैं, पृ. 30
19. सीढ़ियों पर धूप में, पृ. 10
20. हँसो हँसो जल्दी हँसो, पृ. 6
21. विजय देव नारायण साही छठवाँ दशक, पृ. 244
22. आत्महत्या के विरुद्ध, पृ. 71
23. वही, पृ. 20
24. जो आदमी हम बना रहे हैं, पृ. 19
25. पूर्वग्रह, अंक 102, पृ. 71
26. हँसो हँसो जल्दी हँसो, पृ. 4
27. एक समय था, पृ. 66
28. कुछ पते कुछ चिट्ठियाँ, निवेदन
29. विजयदेवनारायण साही, साखी, पृ. 148
30. आत्महत्या के विरुद्ध, पृ. 40-41
31. लिखने का कारण, पृ. 164-65
32. लोग भूल गये हैं, पृ. 57
33. आत्महत्या के विरुद्ध, पृ. 61
34. डॉ नामवर सिंह, कविता के नये प्रतिमान, पृ. 123-24
35. सीढ़ियों पर धूप में, पृ. 168

36. डॉ. रामस्वरूप चतुर्वेदी, नयी कविता : एक साक्ष्य, पृ. 38
37. सुमित्रानंदन पंत, पल्लव की भूमिका, पृ. 30
38. आत्महत्या के विरुद्ध, पृ. 75
39. केदारनाथ सिंह, प्रतिनिधि कविताएँ, पृ. 91
40. डॉ. नामवर सिंह कविता के नये प्रतिमान, पृ. 125-26
41. अशोक वाजपेयी, फिलहाल, पृ. 102
42. आत्महत्या के विरुद्ध, पृ. 18
43. जो आदमी हम बना रहे हैं, पृ. 73-74
44. आत्महत्या के विरुद्ध, पृ. 68-69
45. वही, पृ. 70
46. वही, पृ. 60
47. वही, पृ. 28
48. डॉ. नामवर सिंह कविता के नये प्रतिमान, पृ. 158
49. सीढ़ियों पर धूप में, पृ. 146
50. जो आदमी हम बना रहे हैं पृ. 58-59
51. हँसो हँसो जल्दी हँसो, पृ. 25
52. वही, पृ. 25
53. अर्थात्, पृ. 219
54. सीढ़ियों पर धूप में, पृ. 149
55. लोग भूल गये है, पृ. 76
56. अर्थात्, पृ. 221
57. आत्महत्या के विरुद्ध, पृ. 23

❑❑